日本人のシンガポール体験

幕末明治から日本占領下・戦後まで

Daisuke Nishihara
西原大輔

人文書院

はじめに

この本は、主に幕末から戦後に至る百年あまりの間に、日本人が旅行記に記録し、絵画に描き、文学の舞台とし、音楽や映画の題材としたシンガポールのイメージを論じたものである。日本人の眼に映ったシンガポールの姿を日本文化史の中に探り、その全体像を描こうと試みた。

シンガポールの歴史の中で、日本の存在は想像以上に大きい。驚くべきことに、ペリー来航以前にも、既に最初の在留邦人がこの町に居住していた。また、航路が日本と欧州を結ぶ主要な交通機関であった頃、おびただしい数の日本人がシンガポールに寄港し、様々な感想を記していることも、これまで以上に認知されて良いだろう。文豪夏目漱石がシンガポール観光を楽しんだと言えば、意外に感じられるかも知れない。しかし実際は、洋行を経験したほとんどの日本人が、この熱帯都市に上陸し、何らかの文章を残しているのである。

近代シンガポールの歴史は、一八一九年に始まる。イギリス東インド会社のベンクーレン副総督トーマス・スタンフォード・ラッフルズ（Sir Thomas Stamford Raffles 一七八一～一八二六）は、マラッカ海峡のこの小さな島に目をつけ、一八一九年一月二十九日（文政二年一月四日）に上陸した。シンガポール川河口のボート・キー（Boat Quay）が、その場所とされている。清国やインドとの貿易が盛んになるにつれ、イギリスはマラッカ海峡に安定した良港を持つ必要に迫られていたのである。

ラッフルズ卿《きょう》上陸以来、シンガポールは大英帝国の海峡植民地として大発展を遂げた。イギリス人官僚による統治のもと、清国やインドからは次々と移民が来航し、商人や労働者として働いた。シンガポールはアジアの中継貿易の拠点であり、またマレー半島に産する天然ゴムの輸出港であり、欧州と東洋を結ぶ航路の石炭補給地でもあった。大日本帝国の勢力拡大につれて、シンガポールは英国の東アジア植民地利権を守る軍事要塞ともなった。

一九四二（昭和十七）年二月十五日、シンガポールは日本軍の占領するところとなり、三年半におよぶ昭南島《しょうなんとう》時代が始まる。第二次世界大戦後は再びイギリスの支配下に入ったが、日本統治時代に失墜した旧宗主国の権威を完全に回復することはできなかった。独立運動はしだいに盛んになり、マレーシア連邦の成立と分離を経て、一九六五年八月九日にシンガポール共和国が誕生する。

中継貿易にのみ依存することの限界を認識していたシンガポール政府は、日本などの協力を得て急速に工業化を進める一方、対立しがちだった諸民族の調和と融合を目指し、英語を共通言語とするみごとな国際都市を築きあげた。近年のグローバル化も、この熱帯小国の発展の追い風になっている。現在シンガポールは、海運、貿易、空輸、観光、工業、金融、情報などの様々な面で優れた産業資本を有し、日本を含む東アジアで一人あたりの国内総生産が最も高い国として、空前の繁栄を謳歌《おうか》している。

シンガポールは赤道近くに位置し、国土は琵琶湖よりやや広い程度。この熱帯小国が、約三千億ドルもの国内総生産を生み出しており、一人あたり名目ＧＤＰは、日本の一・六倍にも達している。人口約五百五十万人のうち、三分の一が外国人という、国際的な都市国家である。英語が実質的な公用語で、国民の四分の三が華人。他にマレー系やインド系の人々などが住んでいる。人民行動党（ＰＡＰ）が長期政権を運営し、男子には二年間の徴兵義務がある。経済的に豊かで、治安が良い一方、統治には権威主義的な一面が見られる。在留邦人三万五千人、日系企業二千社以上と、我が国との関係も極めて深い。

今日の日本人にとって、シンガポールは非常に人気のある観光地であり、駐在員が最も赴任したい都市の一つでもある。この本を手にとっておられる読者の皆様は、シンガポールと何らかのつながりをお持ちの方々であろう。私自身、一九九二（平成四）年にシンガポール国立大学日本研究学科で教鞭を執《と》った経験がある。二十代の一年間、私はシンガポールでがむしゃらに働いた。毎日が新鮮な体験の連続だったシンガポール国立大学での日々は、既になつかしい青春のひとこまになっている。

それ以来、私は毎年のようにシンガポールを訪れてきた。そして、この小さな美しい国との縁が深まるにつれ、日本人とシンガポールとの関係を歴史の中に探ってみたいという思いが、ますます強くなっていった。ショッピングセンターが建ち並び、熱気に溢《あふ》れた華やかなオーチャード通りを歩く時、私はこの地を訪れた日本の先人に思いを致さずにはいられない。シンガポールと日本人の長いかかわりを追ったこの本に、私は特別な思い入れを抱いている。

目次

はじめに　1

第一章　明治維新まで　11
第一節　高丘親王の伝説　11
第二節　最初の在留邦人音吉　18
第三節　幕末の遣欧使節団　24

第二章　明治文学の中のシンガポール　41
第一節　文明開化期　41
第二節　森鷗外と夏目漱石　50
第三節　永井荷風と二葉亭四迷　61

第三章　寄港者が見たもの　77
第一節　港の光景　77
第二節　熱帯都市の魅惑　86
第三節　娘子軍および政治活動家　100
第四章　大正・昭和の美術と文学　119
第一節　シンガポールを訪れた芸術家　119
第二節　金子光晴と森三千代　131
第三節　寄港した文学者たち　149
第五章　シンガポール陥落　165
第一節　マレー作戦　165
第二節　徴用作家井伏鱒二　181
第三節　第二次徴用作家たち　196

第六章　昭南島時代　209
第一節　日本占領下での統治　209
第二節　昭南島の日本文学　223
第三節　昭南を訪れた文化人　235
第七章　第二次世界大戦後　253
第一節　チャンギー刑務所　253
第二節　客船から飛行機へ　262
あとがき　279
地図
事項索引
人名索引
Contents

日本人のシンガポール体験

——幕末明治から日本占領下・戦後まで

第一章　明治維新まで

第一節　高丘親王の伝説

高丘親王の事跡

日本とシンガポールとのかかわりを平安時代まで遡《さかのぼ》ることができるという事実は、人々の歴史ロマンをかきたてずにはおかない。様々な文献に伝えられている高丘《たかおか》（真如《しんにょ》）親王（七九九～八六五）の物語は、近代日本人の想像力を強く喚起した。日本画家川端龍子《かわばたりゅうし》は、一九四二（昭和十七）年のシンガポール陥落に刺激されて《真如親王》（一九四三年）を描き（図1）、澁澤龍彦《しぶさわたつひこ》は小説『高丘親王航海記』（文藝春秋社、一九八七年）を書いた。ジョホール・バル（Johor Bahru）の日本人墓地には、一九七〇年建立の真如親王供養塔が設置されている。

高丘親王は、第五十一代平城《へいぜい》天皇（七七四～八二四）の第三皇子である。母は伊勢継子《いせのつぐこ》（七七二～八一二）で、在原業平《ありわらのなりひら》（八二五～八八〇）はその甥にあたる。八〇九（大同四）年の第五十二代嵯峨《さが》天皇（七八六～八四二）即位とともに皇太子となったものの、薬子《くすこ》の変の責任を問われ、その地位を廃せられた。のちに出家して東大寺に入り、真如と名乗っている。空海《くうかい》（七七四〜八三五）の弟子となって仏門に深く帰依したが、真言の教義を深めようと、八六二（貞観四）年に大陸に渡った。しかし、唐の仏教は衰退していたため、さらに天竺《てんじく》へ行こうと試み、その途上の羅越国《らえつこく》で亡くなった。終焉《しゅうえん》の地羅越国は、マレー半島南端のシンガポールやジョホール付近とされている。僧慶政《けいせい》（一一八九〜一二六八）の『閑居友《かんきょのとも》』（一二二二年）には、虎に襲われて亡くなったとある。

高丘親王の物語は様々な文献に登場するが、ここでは広く読まれた中世の説話集『撰集抄《せんじゅうしょう》』（桜楓社、一九八五年）第六から引用しよう。高丘親王と共に入唐した僧宗叡《しゅうえい》は帰国したが、親王は帰朝しなかった。そのため、高丘親王の消息を在唐の日本人僧中瓘《ちゅうかん》に問い合わせたところ、インドへ行く途上で虎に食われて薨去《こうきょ》されたという返事が来た。

さても、宗叡《しゅうえい》は帰朝すれども、ともなひつる親王は見え給はねば、もろこしへ生死《いきしに》を尋ね給へる返事に、「渡天とて師子州《ししう》にて、むらがれる虎のあひて、くひ奉《たてまつ》らんとしけるに、『我身を惜しむにはあらず。我はこれ仏法のうつは物なり。あやまつ事なかれ』とて、錫杖《しゃくぢゃう》にてあばへりけれど、つひに情なくくひ奉りつと、ほのかになんきこゆ」と侍《はべ》りけるに、御門《みかど》をはじめまゐらせて、もゝのつかさ、皆たもとをしぼりけり。（一五五頁）

十三世紀に成立したと考えられている『撰集抄』では、薨逝《こうせい》の地が「師子州」となっているが、高丘親王に関する基本史料の一つ『日本三代実録』では「羅越国」で遷化《せんげ》したとされており、こちらを信じるべきである。羅越国については、東洋史学者桑原隲蔵《くわばらじつぞう》（一八七〇〜一九三一）らの考証がある。『新唐書《しんとうじょ》』

に収められている賈耽《かたん》「皇華四達記《こうかしたつき》」に拠《よ》った記述等を頼りにして、マレー半島南端と推定されており、これが定説になっている。(1)また、『広辞苑』で知られる新村出《しんむらいずる》（一八七六～一九六七）は、「羅越」をマレー語のlaut（海）の音訳としている。

高丘親王への関心は、明治・大正時代から既に芽生えていた。新村出は一九二五（大正十四）年一月一日の『中外日報』で、「真如法親王の記念碑を新嘉坡に建つるの議」を提唱している。戦後になって大著『真如親王伝研究』（吉川弘文館、一九六五年）をまとめた杉本直次郎《すぎもとなおじろう》（一八九〇～一九七三）は、新村出の影響を受けてこの研究に志した。一九三一年、杉本直次郎は欧州留学からの帰途、シンガポールに上陸してジョホールに至り、「炎天の下、いまは見る影もなき、むかしの羅越国とおぼしきあたり、無言の椰子の樹陰に憩《いこ》いながら、ひとり往事を追懐し、無量の感慨に耽《ふけ》った」「暮色蒼然《ぼしょくそうぜん》として、ようやく四辺に迫って来ても、俯仰低回《ふぎょうていかい》、なお去るに忍びないものがあった」（一〇頁）と回想している。

南進論の高まりの中で

戦前、高丘親王に関心が集まった背景には、南進論の高まりがあった。日本人の南方雄飛の先駆者として、親王の事跡が理解されたのである。大澤広嗣《おおさわこうじ》『戦時下の日本仏教と南方地域』（法藏館、二〇一五年）によれば、一九四二（昭和十七）年にシンガポールが陥落するや、ジャーナリズムの興味がにわかに高丘（真如）親王や羅越国《らえつこく》に向かい、同年九月には、細川護立《ほそかわもりたつ》（一八八三～一九七〇）を会長とする真如親王奉讃《ほうさん》会《かい》が組織された。奉讃会はシンガポールに記念建造物を建てることを目標としたが、これは結局実現しなかった。

日本の南方占領が高丘親王への関心を呼び覚ましてゆく様は、次に引用する谷崎潤一郎《たにざきじゅんいちろう》（一八八六～

一九六五）の随筆「シンガポール陥落に際して」の一節からも如実にうかがわれる。東南アジアへの進軍という状況の中で、タイで活躍した山田長政《やまだながまさ》（？～一六三〇）や、羅越国で逝去《せいきょ》した高丘親王が注目を浴び、南進政策の歴史的正当性を補強する文化的装飾として機能した。『谷崎潤一郎全集』第二十二巻（中央公論社、一九六八年）から引用しよう。

一千百年の遠い昔、おん傷《いた》はしくも金枝《きんし》玉葉《ぎよくえふ》の御身《おんみ》を以《もつ》てマレー半島に薨《こう》じ給ひし真如法親王など、幾世代の我々の祖先の血が冥々《めいめい》の裡《うち》に国民を導いたのであるかも知れない。思うて此処《ここ》に至れば、我が国に依《よ》る大東亜の解放と云《い》ふことは決して偶然でないことが分る。それは実に五十年どころではなく、悠久の時代から約束された日本国の進路であつて、南洋はわれ〳〵の民俗学的故郷であり、われ〳〵が常におぼろげに感得してゐた有史以前の祖先の地であり、同時に又、仏印《ふついん》、泰《タイ》、フイリツピン、マレイ、ビルマ、蘭印《らんいん》等々の住民は、いつかわれ〳〵の帰つて来る日を待つてゐた骨肉の同胞であると云《い》へよう。

（三四八―三四九頁）

シンガポール陥落にともなう高丘親王熱は、宝塚歌劇団にも波及した。一九四二年四月には、月組による「歌劇　真如王記」が東京宝塚劇場で、翌五月には兵庫県の宝塚劇場で上演された。また、日本軍による南方占領という状況の中で、高丘親王に関する著作も数多く刊行された。発行順に並べてみよう。

小池四郎・大岩誠『高岳親王の御事蹟』（日本南方協会、一九四二年三月）
穂積厳信『マレー最初の日本人　真如法親王』（昭南社、一九四二年四月）

新村出《しんむらいずる》『高丘親王の御事蹟』（六大新報社、一九四二年十一月）
水原堯栄《みずはらぎょうえい》『真如親王御伝』（金尾文淵堂、一九四二年十一月）
久野芳隆《くのよしたか》『真如親王』（照文閣、一九四三年五月）
志賀白鷹《しがはくよう》『南進の先覚　真如親王』（大阪堂書店、一九四四年三月再版）

いずれも時局と深くかかわった出版である。「驚くべきほど神速なシンガポールの攻略は、或《あるい》は、高岳親王の尊霊の導き給へるところ」（小池四郎・大岩誠、一頁）、「馬来半島の、遂《つひ》に我が有《いう》に帰するにあたりて、親王の御事蹟顕彰の声鬱然《うつぜん》として起るあり」（水原堯栄、二頁）、「マライ半島並《ならび》にシンガポールは全く御稜威《みいつ》の遍《あまね》く光被《くわうひ》する場所となつたが」（久野芳隆、一八三頁）、「親王の御英魂《ごえいこん》に誓ひ奉りて御稜威《みいつ》のもと、大東亜共栄圏建設の、その重大なる責務を、果し切らなければならない」（志賀白鷹、二三八頁）といった表現が、戦時下における高丘親王への関心のあり方を如実に示している。親王の逸話は、国定教科書『初等科国史　上』（一九四三年）や『師範歴史　本科用巻二』（一九四三年）に掲載された。

川端龍子および澁澤龍彦

戦争中に高丘親王を絵画の題材としたのが、日本画家川端龍子《かわばたりゅうし》（一八八五〜一九六六）である。《真如親王》は、戦時下の一九四三（昭和十八）年に制作された【図1】。画面の中央右寄りには、草で編まれた象徴的な船に乗った真如親王が、強い意志を持った表情で進行方向を見つめている。法衣《ほうえ》をまとい、左腕に白い数珠《じゅず》を懸け、両手には木の枝でできた粗末な錫杖《しゃくじょう》が握られている。船上には、二人の色黒の従者がおり、その内の一人は櫓《ろ》を操《あやつ》っている。絵の左半分には、親王の船を先導するかの如《ごと》くに海面を飛

図1　川端龍子《真如親王》1943年、縦242×横484センチ、大田区立龍子記念館蔵。第二次世界大戦中、川端龍子は大画面の愛国的な作品を多く描いた。

ぶ七匹のトビウオが描かれている。

トビウオは、シンガポール近海を航海した日本人の記録にしばしば登場する魚でもあった。一八六二（文久二）年の竹内遣欧使節団の市川渡《いちかわわたる》は、マラッカ海峡で「海面ニ文鰩魚《トビウヲ》ノ夥《おびただ》シク群飛スルヲ見ル」（『尾蠅欧行漫録《びようおうこうまんろく》』）と書いている。(2) また、日本画家久保田米僊《くぼたべいせん》（一八五二〜一九〇六）は、一八八九（明治二十二）年の洋行の途上でシンガポールに立ち寄って多くの絵を残したが、『米僊漫遊画乗』（田中治兵衛、一八九〇年）には「飛魚之《の》図」が収められている。

川端龍子の《真如親王》は、南方を目指す親王の気迫が強調された作品である。当時の文献には、高丘親王の意志力を強調する傾向があった。『師範歴史』には、「その御気魄はまことに感激のほかなく、真に懦夫《だふ》をして起《た》たしめるの概《がい》あり」（一九四一―一九五頁）とあり、久野芳隆《くのよしたか》『真如親王』所収の陸軍少将松室《まつむろ》孝良《たかよし》「序」にも、「親王の泰然とした動ぜざる御勇猛心を我々は学ばねばならぬ」とある。川端龍子《真如親王》における決意に満ちた表情は、同時代の親王のイメージを忠実に反映した表現となっている。

一方戦後に入ると、高丘親王の物語は新たな視点で読み換えられて行くことになる。澁澤龍彦《しぶさわたつひこ》（一九二八～一九八七）の『高丘親王航海記』（文藝春秋社、一九八七年）である。この小説では、南進の先覚者という位置付けではなく、遥かな未知の異国への憧れという文脈で親王の旅が展開してゆく。「航海記」は、大航海時代以来の西洋人が、新たな海域を地理的関心に基づいて探検する姿を強く連想させる言葉でもある。

小説は、一行が広州《こうしゅう》から天竺《てんじく》に向けて船出する所から始まる。作品の末尾で、死期が近いことを悟った高丘親王は、生きたままインドの地を踏むことを諦《あきら》める。そのかわり、「羅越《らえつ》と天竺のあいだを渡り鳥のように往復」する虎に我が身を与えることにより、「虎の腹中に首尾よくおさまって、悠々として天竺へ乗りこむ」（二二〇頁）ことを積極的に選択した。澁澤龍彦は、羅越国で抵抗空しく虎に襲われた高丘親王の物語を、仏教の捨身飼虎《しゃしんしこ》説話と結びつけ、自らの意志で虎に食われるという独自の解釈で筋を展開したのである。

作品には次のような一節がある。「シンガプラは熱帯植物のおびただしく陸地をおおった、どこから見ても荒涼とした島であった。むかしの港の跡らしき石を積んだ遺構もあるにはあるが、近時、ここが港として使われていたとは思えず、石はむなしく波にあらわれているばかりである」（二三二頁）。『高丘親王航海記』では、日本人の浪漫をかきたてる南洋の異郷として、シンガポールが描かれていると言えるだろう。

第二節　最初の在留邦人音吉

オットソンと名乗った日本人

日本と近代シンガポールとのかかわりは、ジョン・マシュー・オットソン（John Matthew Ottoson 一八一六～一八六七）という一人の人物から始まる。オットソン、元の名を音吉《おときち》と言い、幕末の日本人漂流民であった。仲間に「おとさん」と呼ばれていたことから、英語名をオットソンと名乗った。この音吉こそが、最初のシンガポール在留邦人ということになる。波乱に満ちた音吉の生涯を、春名徹《はるなあきら》の『にっぽん音吉漂流記』（晶文社、一九七九年）等によって簡潔にたどってみよう。

音吉は一八一六（文化十三）年、現在の愛知県美浜町《みはまちょう》小野浦《おのうら》に生まれた。一八三二（天保三）年、数え年十七歳の時、宝順丸《ほうじゅんまる》に乗り組んで江戸に向かったが、途中遠州灘《えんしゅうなだ》で嵐に遭遇、船は難破し、アメリカ・ワシントン州フラッタリー岬付近まで流された。生き残ったのは、岩吉・久吉《きゅうきち》・音吉の三人だけだった。一八三五年、一行はイギリス船でロンドンに向かい、ただちにマカオに送られ、ドイツ人宣教師ギュツラフ（Karl Friedrich August Gützlaff 一八〇三～一八五一）に預けられる。三人はギュツラフに日本語を教え、初の聖書日本語訳に協力した。

音吉の運命を大きく変えたのが、一八三七年のモリソン号事件である。音吉を含む漂流民七人を日本に送還しようとした非武装のアメリカ商船モリソン号は、異国船打払令（一八二五年）により浦賀奉行《うらがぶぎょう》および薩摩藩《さつまはん》から砲撃され、音吉は帰国を断念せざるを得なかった。自分が祖国に受け入れられないことを悟った音吉は、イギリス側の人間として生きてゆく決断をする。英国商船や英国軍艦に搭乗して働き、自らオットソンと名乗って後に貿易業に従事することになった。一八四九（嘉永二）年、音吉は英国軍艦マリナー号に乗船、通訳として浦賀に同行した。鎖国日本に赴くにあたっては、自ら清国人を装い、林《リン》阿多《アトウ》という偽名を用いている。アトウという音には、この漂流民の本名が響いている。この時、日本人画家による音吉の肖像画が残された【図2】。

一八六二年、オットソンは太平天国の乱で混乱する上海を離れ、妻の故郷シンガポールに定住することになった。上海を発ったのは二月一日、シンガポール到着はその数日後のことと思われる。シンガポール到着から間もない一八六二年二月十七日（文久二年一月十九日）および翌十八日、音吉は、折から寄港した竹内遣欧使節団の一行をホテルに訪ねた。使節団側の資料からは、この時の会話の内容を知ることができる。野沢郁太《のざわいくた》「遣欧使節航海日録」、市川渡《いちかわわたる》「尾蠅《びよう》欧行漫録」、益頭駿次郎《ましずしゅんじろう》「欧行記」、福沢諭吉《ふくざわゆきち》「西航記」、淵辺徳蔵《ふちべとくぞう》「欧行日記」には、それぞれこの漂流民への言及が見られる。幕府使節団と音吉との出会いについては、第一章第三節「幕末の遣欧使節団」で詳しく述べることにしたい。その後オットソンは、一八六四年十二月二十日（元治元年十一月二十二日）にシンガポールで市民権を獲得、一八六七年

図2　塩田恭順庵編纂『海防彙議補 十』国立公文書館蔵。西洋の服に身をつつみ、自信に満ちた表情で指をさしている。音吉はこの時点で、完全に江戸時代の身分制度の外に立っていた。

一月十八日（慶応二年十二月十三日）に同地で亡くなった。

ギュツラフの日本語訳聖書

音吉が初めてシンガポールと接点を持ったのは、おそらく一八三五年十一月のことと思われる。この年、岩吉・久吉《きゅうきち》・音吉の三人の漂流民は、ロンドンからゼネラル・パーマー号でマカオへと送られた。マカオ到着は一八三五年十二月の初めである。航海の途上、三名の日本人は必ずやシンガポールに立ち寄り、島に上陸したに違いない。第一節で取り上げた高丘親王を除けば、日本人がシンガポール島に足を踏み入れたのは、この時が最初だったと推測される。ラッフルズ卿《きょう》のシンガポール上陸（一八一九年）から、わずか十六年後のことである。しかし残念なことに、この旅についての詳細はよくわかっていない。

音吉が次にシンガポールとかかわりを持ったのは、マカオでギュツラフによる初の聖書日本語訳プロジェクトにかかわった時である。日本語に訳された『約翰福音之伝』（ヨハネによる福音書）および『約翰上中下書』（ヨハネの手紙）は、一八三七年五月に「新嘉坡堅夏書院《けんかしょいん》」から出版された。堅夏書院は、アメリカ伝道協会の出版所である。初めての聖書の和訳が熱帯の地シンガポールで印刷されたということ自体、極めて興味深いものがある。ドイツ人宣教師ギュツラフは、一八三二年にイギリス使節の通訳となり、香港政庁で宣教師の養成に携わった。『約翰福音之伝』は、「ハジマリニ カシコイモノゴザル。コノカシコイモノ　ゴクラクトモニゴザル」と始まる。完成した原稿は、一八三六年十二月三日（天保七年十月二十五日）にマカオを出港したマレー号で運ばれ、シンガポールで刊行された。

一八三七年の日本語訳聖書の発行に次いで、音吉とシンガポールとの関係が見られるのは、一八四九年にギュツラフ夫人（Mary Gützlaff）がシンガポールで病死した時のことである。音吉は夫人のために、フォート・カニング（Fort Canning）に墓碑を建てた。この経緯については、Leong Foke Meng, *The Career of Otokichi*（シンガポール日本人会・史蹟史料部、二〇〇五年）に詳しい（五一―五二頁）。これによれば、セント・アンドリュース教会の埋葬記録から、費用は音吉が負担したことがわかるという。

また、一八五二年十一月十一日（嘉永五年九月三十日）には、姓名未詳の英国人女性との間に生まれた娘エミリー・ルイザ・オットソン（Emily Louisa Ottoson）が、享年四歳九か月と六日で夭折し、ギュツラフ夫人の墓の近くに埋葬された。この墓碑も現存するが、死亡日が一八六二年十一月十一日と誤って刻まれている。一九一二年にストールウッドという人物によってフォート・カニング墓地の調査が行われており、死亡年は一八五二年と記録されている。現存墓碑に刻まれた数字が比較的新しく、碑自体が後年に再整備されたと思われる節があり、またシンガポール環境庁（ＮＥＡ）の記録でも一八五二年となっていることから、やはり一八五二年が正しいと考えられている。

音吉はこの頃、マレー人とドイツ人との混血であるルイザ・ベルダー（Louisa Belder）と再婚した。これら複数の事実から、音吉は少なくとも一八四〇年代後半から一八五〇年代にかけて、シンガポールに拠点を持っていたと考えられる。

シンガポールでの音吉の足跡

実は、シンガポールの在留邦人第一号として音吉の名が知られるようになったのは、比較的最近のことである。漂流民音吉の存在は、福沢諭吉《ふくざわゆきち》（一八三五～一九〇一）らの記録にひっそりとどめられたまま、いつの間にか忘れ去られていった。その後百年以上の空白を経て、再び音吉の存在が脚光を浴びたのは、一九七九（昭和五十四）年に春名徹《はるなあきら》の『にっぽん音吉漂流記』が出版された時のことである。実際、この四年前に刊行された矢野暢《やのとおる》『「南進」の系譜』（中央公論社、一九七五年）では、日本人娼婦を最初のシンガポール渡航者とする誤った推測が行われており、この高名な東南アジア研究者の視界にすら、まだ音吉の姿が入っていなかったことがうかがえる。『「南進」の系譜』は、東南アジア研究の嚆矢《こうし》となる著作であったため、その後も娘子軍《じょうしぐん》を最初のシンガポール在留邦人と推測する誤った認識は拡散し続けた。音吉が在留邦人第一号として一般に広く知られるようになったのは、主に一九九〇年代以降のことである。

音吉とシンガポールとのかかわりを考証した貴重な文献として、前述の *The Career of Otokichi* のほかに、『戦前シンガポールの日本人社会――写真と記録（改訂版）』（シンガポール日本人会、二〇〇四年）がある。この本は、一八六四年十二月二十日付の音吉の市民権獲得登録の写しを写真版で掲載し、さらにシンガポール国立公文書館蔵の埋葬記録も示している（一五頁）。これによると、埋葬日は一八六七年一月十九日、墓地区画は英国国教会派、墓番号二二六、死因は喀血で、住所はアーサーズ・シート／シグラップ（Arthur's Seat/Siglap）となっている。また、*The Singapore Daily Times* の一八六七年一月二十一日号の記事によれば、音吉が亡くなったのは一月十八日であったという。

音吉が葬られたブキ・ティマ路（Bukit Timah Road）沿いのこの墓地は、現在のＫＫ婦人小児科病院付近にあった。しかし、一九七〇年に再開発のため取り壊され、遺骨は島の北西郊外チョア・チュー・カン（Choa Chu Kang）政府墓地の、改葬区画五八一番の一角に埋められた。

The Career of Otokichi からは、所有していた不動産等についての詳しい情報を知ることができる（二六・六五・六六頁）。一八六二年四月二十二日（文久二年三月二十四日）、竹内使節団後発隊の淵辺徳蔵《ふちべとくぞう》が音吉の家を訪ねた。この家は、ジョン・ベネット（John Bennett）というエンジニアから借りていたもので、

一八六三年三月には音吉が五千ドルで買い取る契約が成立した。一八五六《ママ》年九月一日から九十九年間のリースであった。その敷地は、オーチャード路（Orchard Road）とオクスレー路（Oxley Road）が交わるT字路を北西の角とする、東西に長い長方形の一角で、現コンコルド・ホテル前の駐車場およびイスタナ公園（Istana Park）の西側の一部を占める広大な屋敷であった。

この不動産を息子ジョン・ウイリアム・オットソン（John William Ottoson）の名義にするという一八六五年十月十四日付の譲渡証書の写しが、*The Career of Otokichi* に掲載されている（五六—六〇頁）。音吉にとって幸いなことに、この時期、都市化の進展と共に不動産価格が高騰した。音吉は一八六六年七月、オーチャードのこの土地を貸し出し、他の場所に住むことに決めた。新たに見つけた物件は、中心部より東へ八キロほどの郊外シグラップで、貸主は医師ロバート・リトル（Robert Little）と長老派教会のマーティン・リトル（Martin Little）兄弟だった。(3) この土地が、音吉の終焉《しゅうえん》の地となった。

音吉の息子の帰化

音吉は、自分の息子が日本へ帰国することを願っていた。その遺志を継いだ長男は、一八七九（明治十二）年四月、シンガポールから横浜へ「帰って」いる。

音吉には、四人の子供があった。先妻である英国人女性との間に生まれた娘エミリー・ルイザは一八五二年に夭折したが、後妻ルイザ・ベルダーとの間にも、三人の子供がいた。上から順に、長男ジョン・ウイリアム（John William）、長女アイダ（Ida）、次女ジュリア（Julia）の三人である。*The Career of Otokichi* によれば、音吉が残したオーチャードの土地は、一八七九年一月十五日にロバート・リデロウ（Robert Liddelow）に売却されている（六六頁）。ウイリアムが日本へ移住したのは、同年六月以前のことである。音吉の息子による日本帰化の試みは、これより二年程前の『朝野新聞《ちょうや》』一八七七年七月三十一日号の無題の記事に報じられた。記事はまず音吉の生涯を紹介し、次いで彼が息子ジョン・ウイリアムを日本へ帰らせようとしたことを述べた後、以下のように結ばれている。句読点を補いつつ引用したい。

此度《このたび》、尾州知多郡横須賀本町の薬商村瀬利兵衛といふ人が、支那にて貿易し、東印度に廻りて帰る時、オトソンより右の次第を物語り、帰籍の志願を同人へ依頼し、且《か》つ洋字にて委《くは》しく音吉の履歴を記したるものを託せしとの事が、愛岐日報に出ました。

ウイリアムは、たまたまシンガポールを訪れた日本人の商人に、「日本へ帰籍せん」との意志を伝えたのであろう。この二年後の一九七九年六月十八日、『東京日日新聞』にはオットソンが神奈川県庁に入籍願を提出したという記事が出ている。シンガポールで屋敷を売却したのが一月十五日、入籍願の提出が六月、そして同年七月に日本国籍を取得し、山本音吉となった。*The Career of Otokichi* によれば、彼はその後神戸の居留地に住み、近藤りんと結婚して一九二三（大正十二）年に台湾へと渡り、一九二六年に亡くなった（二二一—二三頁）。

第三節　幕末の遣欧使節団

竹内遣欧使節団

日本人自らが初めてシンガポールに関する記録を残したのは、一八六二（文久二）年の竹内遣欧使節団派遣に際してのことだった。徳川幕府は幕末に計七回、海外に外交団等を派遣している。第一回は、咸《かん》臨丸《りんまる》の太平洋横断でも有名な一八六〇（万延元）年の新見《しんみ》遣米使節であり、第二回がここで取り上げる竹内遣欧使節である。さらに、第三回の池田遣仏使節（一八六四年）、横浜製鉄所建設のため英仏に使わされた第四回の柴田剛中《しばたたけなか》一行（一八六五年）、第五回小出《こいで》遣露使節（一八六六年）、第六回は武器購入のため渡米した小野友五郎《おのともごろう》一行（一八六七年）、そして第七回の徳川昭武《とくがわあきたけ》遣仏使節（一八六七年）と続く。これ以外に、留学生の派遣も行われた。

使節団を率いる竹内下野守保徳《たけうちしもつけのかみやすのり》（一八〇七～一八六七）の使命は、安政の修好条約で諸外国に約束した、江戸・大阪・兵庫・新潟の開市開港を延期させることにあった。今日から見ると極めて往生際の悪い先延ばし策に見えるが、将軍のお膝元である江戸を外国人が自由に闊歩するということになれば、過激な攘夷論はますます勢いを増し、江戸幕府が攘夷派と列強諸国との板挟みになって窮地に陥ることは目に見えていた。イギリス公使オールコック卿《きょう》（Sir Rutherford Alcock 一八〇九～一八九七）は、ようやく軌道に乗り始めた日本との貿易を失わないためにも、ここは一つ徳川政権と妥協を図る方が得策と判断し、使節の派遣に協力したのである。

竹内遣欧使節団は、一八六二年一月二十一日（文久元年十二月二十二日）、イギリス軍艦オージン号で出発、翌一八六三年一月二十九日（文久二年十二月十日）にフランス船エコー号で帰国している。一行の中には、これが二度目の洋行となる福沢諭吉や、のちにジャーナリスト・劇作家として活躍する福地源一郎《ふくちげんいちろう》（桜《おう》痴《ち》）（一八四一～一九〇六）も加わっていた。さらには、明治政府の外交官となる寺島宗則《てらしまむねのり》（別名松木弘安、一八三四～一八九三）、詩人上田敏《うえだびん》（一八七四～一九一六）の祖父筋にあたる上田友助、洋画家岡鹿之助《おかしかのすけ》（一八九八～一九七八）の祖父岡鹿之助《ママ》（一八三一～一九一一）も、この使節団に名を連ねている。オールコックと共に別な船で一行の後を追った二名を加えた合計三十八名が、シンガポールを一八六二年に訪問した人々であった。

富士川英郎《ふじかわひでお》『江戸後期の詩人たち』（平凡社、二〇一二年）によれば、蘭学者大槻玄沢《おおつきげんたく》（一七五七〜一八二七）の次男で、洋学者の大槻磐渓《おおつきばんけい》（一八〇一〜一八七八）は、竹内使節団の一員市川渡《いちかわわたる》を見送る漢詩を作っている。その一節に、「香港去りて繞《めぐ》る新嘉坡（香港去繞新嘉坡）」（三一九頁）とあり、早くもシンガポールが登場している。詩には使節団が訪れる外国の地名がたくさん読み込まれており、この洋学者が海外の地理情報に敏感であったことがうかがわれる。

タンジョン・パガの新港に到着

一八六二年二月十七日（文久二年一月十九日）、オージン号はシンガポールに到着した。午前八時頃にいったんシンガポール川河口付近に投錨したが、午前十時過ぎにさらに別な場所へと移動し、接岸している。これは、現在のタンジョン・パガ（Tanjong Pagar）コンテナ・ターミナル付近で、一八五〇年代から新たに建設された新港（New Harbour）である。新港は後にケッペル港（Keppel Harbour）と改名された。

当時は、海上交通の主役が帆船から蒸気船へと移り変わった時期で、竹内使節団の船が着岸した新港には、石炭積み込み施設を備えた最新の港湾設備があった。これに対し、現在マーライオン像が立っているシンガポール川河口一帯は、ラッフルズ卿《きょう》上陸以来の古い港だったが、コリア・キー（Collyer Quay）と呼ばれる海岸や、陸地から直角に突き出したジョンストン桟橋（Johnston's Pier）には、蒸気船に不可欠な石炭貯蔵施設がなかった。また、旧港では荷役《にえき》を専ら艀《はしけ》に頼っていたのに対し、十分な水深がある新港では、大型船舶を直接埠頭に接岸することができた。そのため一八六〇年代以降は、新港がシンガポール港発展の主役となってゆく。一八一九年のラッフルズ上陸以来、重要な港として機能してきたボート・キー（Boat Quay）は、三十年余りを経て、主役の座を新港に譲ったのだった。

タンジョン・パガの最新の機能的港湾施設について、市川渡《いちかわわたる》の「尾蠅《びよう》欧行漫録」は、「海岸ニ夥《おびただ》シク煤石《ばいせき》ヲ蓄積セリ」、「海面ニ長廊《ちやうらう》ノ如《ごと》キモノヲ三ケ所ニ建テ、一所ニ大船三艘程ツ、モ船端附《ふなばたづけ》ニシテ、煤《ばい》石運入《せきはこびいれ》ノ便ニ構ヘタリ」と、その効率重視の築港の様子を的確に描写している[4]。ただし、実用本位のこの埠頭の景観は、黒光りする石炭の山や美観に欠けた倉庫が、荷役《にえき》をする苦力《クーリー》の姿と相まって、殺風景この上ないものであった。

四十六年後の一九〇八（明治四十一）年には、耽美派の作家永井荷風《ながいかふう》（一八七九〜一九五九）がこの薄汚い波止場に立ち寄り、ニューヨークの華やかな豪華客船出港風景と対比しつつ、「東洋と云《い》ふ処《ところ》は実にひどい処だ」、「あゝ新嘉坡《シンガポール》。英領海峡殖民地の船着場新嘉坡。荷船、土蛮、出稼人……自分はふいと流行だの、粋《すゐ》だの、華奢《きやしや》だのといふものが、如何《いか》に此《この》天地とは無関係であるかに驚かされた」[5]と嘆くことになる。

竹内使節団の一員高島祐啓《たかしまゆうけい》（一八三二〜一八八二）は、『欧西紀行』巻之四（早稲田大学図書館蔵）に、付近の海岸風景の絵を四点収めている。「椰子木《やしぼく》ヲ以《もつ》テ造ル所／漁家之《の》図／土人暑《しよ》ヲ水中ニ凌《しの》グノ図」には、水上に建てられた小屋の前で泳ぐ人物が描かれている。「新嘉波港台場 並《ならびに》 椰林《やりん》繁茂之《の》図」「同海岸石炭倉之《の》図」は、海上から陸地を望んだ風景画であり、以上三枚はどれも山の高さがかなり誇張されている。一方「新嘉波旅館眺望之《の》図」は、陸地から海を隔てて、尖塔のある市街地や対岸の島（本来は陸続きの島の東部）を視野に収める。モデルとなった塔は、前年一八六一年に建てられたばかりのセント・アンドリュース教会（St. Andrew's Cathedral）か、一八四六年竣工のグッド・シェファード教会（Cathedral of the Good

図3　高島祐啓『欧西紀行』巻之四、1867年、国立国会図書館蔵。右頁「新嘉波港」、左頁「同所 石炭倉之図」。右頁では、フォート・カニングの丘（Fort Canning Hill）の高さが極端に誇張されている。左頁にはタンジョン・パガ（Tanjong Pagar）の桟橋が見える。

Shepherd）のどちらかであろう。これらは木版単色刷である。

一方、別の版の『欧西紀行』巻之四（国会図書館蔵）には、彩色されたシンガポールの絵が七頁にわたって収められている。挿絵にはそれぞれ、「新嘉波港《シンガポール》」「同所 石炭倉之《の》図」「漁家 盛夏凌於暑水中之《の》図」「同所土人女子之《の》風俗」「同漁夫 常服以赤布纏身躰」「新嘉波《シンガポール》自旅舎望海上之《の》図」とある。これらが、日本人画家が初めて描いたシンガポールの絵画ということになる【図3】。

在留邦人音吉と出会う

使節団の主だった人々は、正午頃に十五発の祝砲に迎えられて上陸、馬車でホテルに向かった。その後、宿で水浴びと食事を済ませて夜に帰船している。紋付袴《もんつきはかま》姿のサムライたちにとっては、洋式のホテル自体が既に異文化体験であった。「入湯と申《まうし》ても、余程大なる陶器の中に水を多分入置《いれおき》、湯を少《すこし》入《いれ》候《さふらふ》 事故《ことゆゑ》、水同然也《なり》」（野沢郁太「遣欧使節航海日録」）と、わざわざ記録している。[6] 一行が立ち寄ったホテル「プリハートメリーホー」（市川渡「尾蠅《びよう》欧行漫録」）の詳細は不明だが、橋を渡り「七八丁ノ街中ヲ過《すぎ》テ右折」しているところから、現在のシティ・ホール駅付近にあった宿であろうと思われる。

竹内遣欧使節団のシンガポール滞在中の最大の出来事は、彼らがこのホテルで、最初の在留邦人音吉《おときち》（一八一六〜一八六七）の訪問を受けたことだろう。福沢諭吉「西航記」および野沢郁太「遣欧使節航海日録」によれば、それはシンガポール到着当日の西暦二月十七日（和暦一月十九日）のことであった。福沢と野沢の二人は、ホテルには宿泊せずにそのまま船に戻っている。しかし、二月十七日の夜にシンガポールに上陸、ホテルに一泊して翌朝帰船した市川渡の「尾蠅欧行漫録」では、音吉との出会いを翌二月十八日（和暦一月二十日）「朝」としている。音吉は、十七日および十八日の両日にわたって、二度ホテルを訪れたものと思われる。

　音吉と使節団との出会いを伝聞により間接的に記録した市川渡「尾蠅欧行漫録」によれば、使節団がシンガポールに到着したことを知った音吉は、「歓《よろこ》ビニ堪《た》ヘズ」やって来た。長年日本を離れていたこの漂流民は、母国語を忘れかけており、「語中ニハ暫《しばら》ク考ヘナガラ答フル事ナドモ」ある様子で、「数十年邦語ヲ為《な》サザルニヨリ、遺忘シテ直《ただち》ニ口ニ出《いで》ザル言モ多ク有之《これあり》」と音吉は説明した。「邦人ヲ懐《なつか》シミ、恋々《れんれん》帰居スルニ忍ビザル情態ニ見エ」たとも記録されている。

　一方、福沢諭吉の「西航記」にも、「旅館にて日本の漂流人音吉なるものに遇《あ》へり」とある。音吉は、漂流からイギリス国籍の取得を経て現在に至るまでの経緯を福沢に語った上で、「近頃病《やまひ》に罹《かか》りて摂生の為《た》め十日前［上海から］本港に来《きた》り、偶《たま》ま日本使節の来るを聞き来訪」したのだという(7)。市川渡の「尾蠅欧行漫録」では、音吉を「年齢凡《およそ》五十許《ばかり》ノ一異人」としている。音吉は日本を離れて三十年を経ていたため、この武士の目には彼が異人に見えたのであろう。

　不思議なことに、福沢諭吉にはこの初対面のはずの音吉が、どこかで会ったことのある人物のように思われた。尋ねてみると、音吉は「九年前英国の軍艦に乗り長崎に至りしことあり」と答えた。ペリー来航の翌年にあたる一八五四年、音吉は通訳としてイギリス軍艦ウインチェスター号に乗船して、長崎に来航した。その時に、長崎遊学中の福沢諭吉と出会っていたのである。

竹内使節団と音吉との会話の中心は、音吉の身の上というよりも、むしろ「支那の近況」にあった。イギリス・フランスとのアロー戦争は、一八六〇年の北京条約で終結していたが、一八五一年に始まった洪秀全《こうしゅうぜん》（一八一四〜一八六四）の太平天国の乱は依然として猖獗《しょうけつ》を極めていた。益頭駿次郎《ましずしゅんじろう》の「欧行記」が、音吉の語った内容を最も詳しく記録している。[8] 長髪賊《ちょうはつぞく》は南京を根拠地として略奪を繰り返しており、英仏の居留地がある上海の周囲も賊軍で固められ、貿易は停滞していた。音吉が上海を離れ、シンガポールに定住することになった理由の一つに、大陸の不安定な政治情勢があった。

これより約二か月後の一八六二年四月二十二日（文久二年三月二十四日）にも、シンガポールで音吉と会った日本人がいる。竹内使節団の淵辺徳蔵《ふちべとくぞう》と森山多吉郎《もりやまたきちろう》である。二人は、使節の後発隊としてイギリス公使オールコックの帰国に同行しつつ、使節団本隊にロンドンで合流している。音吉は二人の日本人をホテルに訪ねた。淵辺は「乙吉の案内にて所々見物」した上、彼の自宅に立ち寄り、その家屋敷の豪華さに驚いている。句読点や濁点を補いつつ引用しよう。「馬車も所持せり。庭は二《ママ》階屋にて、間七八席あり。庭も広く、花木など植《うゑ》たり。童僕小婢《どうぼくせうひ》も使へり。此《この》家は借家のよし。一年に借賃六百元にて借《かりる》といふ。何業《なにわざ》にてかかる生計を成《なす》やと問《とひ》しに、洋学も相応に出来、語学も可也《かなり》出来る故《ゆゑ》に、貨物の口入《くちいれ》などして暮すよしなり」[9]。貿易業で大成功した音吉の豊かな生活ぶりがうかがえる記録である。

漢詩を吟じ和歌を詠じる

シンガポールを訪れた竹内遣欧使節団のサムライたちは、徳川時代の高い教育を受けた教養人でもあった。何人もの人物が、この港で漢詩や和歌を残している。使節団の小使兼賄方《こづかいけんまかないかた》であった杉孫七郎《すぎまごしちろう》（一八三五〜一九二〇）は、『環海詩誌《かんかいしし》』で音吉との出会いおよび熱帯の風情を、二首の五言絶句の漢詩の形

で記録した。拙訳を添えて引用しよう。(10)

異郷遇漂客　異郷にて漂客《へうかく》に遇《あ》ふ
対話涙潜然　対話して涙潜然《せんぜん》たり
豈得無帰思　豈《あ》に帰思《きし》なきを得んや
辛苦三十年　辛苦《しんく》すること三十年

(訳)外国で漂流民に出会った。向かい合って話を聞くにつけ、密かに涙を禁じ得なかった。故郷に帰りたいと思わないはずがない。苦しんで来たのだ、三十年もの間。

草屋竹檐連水心　草屋竹檐《さうをくちくたん》、水心に連なり
客身奈此瘴烟深　客身奈《な》んぞ此《ここ》に、瘴烟《しやうえん》深し
黄昏過雨微涼動　黄昏《くわうこん》、雨過ぎて、微涼動く
月上参差椰子林　月は上る、参差《しんし》たる椰子の林に

(訳)竹でできた粗末な建物が水上に建っている。私はなぜ旅先で、こんな熱帯の地に身を置いているのだろうか。夕立がさっと通り過ぎて、やや涼しい風が吹いた。連なる椰子の林の上に、月が昇って来た。

シンガポールで詩心をかきたてられたのは、杉孫七郎だけではなかった。洋行中に多くの絵を残した高島祐啓《たかしまゆうけい》は、『欧西紀行』巻之四(国会図書館蔵)で、三首の和歌を詠んでいる。夜九時過ぎに馬車でホテ

ルに向かったこの文人は、月光の降り注ぐ車上で旅情を動かされた。寒い冬の日本を離れ、赤道直下のシンガポールに来てみると、虫が頻《しき》りに鳴いている。

手《た》づなとりいそぐ車にくつわむし音《ね》をそへて鳴《なく》野辺の夕ぐれ
年月はいかにふるとも鈴むしの又なく比《ころ》に立かえり来《こ》ん

西暦の二月に常夏の国を訪れ、時ならぬ虫の音に季節感が倒錯した驚きが、この二首に表現されている。馬車はさらに北上してシンガポール川を渡り、街中へと進んで行った。「是《これ》ヨリ市橋《しけう》ヲ渡レバ、両傍《りやうばう》商居《しやうきよ》ニシテ人家数千軒、男婦《だんぷ》皆納涼ス」として、さらにもう一首詠んでいる。頃は旧暦一月であったため、歌には「春」が詠み込まれている。

春ながら夜半《よは》のあつさにたへかねてしんがぽうるにすずむしのなく

柴田剛中と中井桜洲の漢詩

竹内使節団による詩歌は以上の通りだが、ここではさらに柴田剛中《しばたたけなか》（一八二三～一八七七）の漢詩も紹介しておきたい。竹内使節の一員でもあった柴田剛中は、その三年半後にも再び徳川幕府の使節として渡仏した。彼はこの洋行の帰り道、一八六六年二月二十日（慶応二年一月六日）にシンガポールに寄港し、数首の漢詩を作った。来星は既に四度目ということになる。七言絶句二首のみを左に掲げよう。一首目はシンガポール川あたりの風景を吟じたもの、二首目は美しい海景を詠ったものである。原文を『日本思想大系66西洋見聞集』(岩波書店、一九七四年)より引用し(四六三・四六五頁)、拙訳を添える。

炎蒸身似坐甑中　炎蒸《えんじょう》　身は似たり　甑中《そうちゅう》に坐するに
団扇万揮無寸功　団扇　万揮《ばんき》するも　寸功無し
隔岸誰家一燈閃　岸を隔てて　誰《た》が家か　一燈　閃《きらめ》く
有人定倚夜来風　人有り　定めて倚《よ》らん　夜来の風に

(訳)気候は蒸し暑く、まるで蒸し器の中に坐っているみたいだ。団扇《うちわ》でしきりにあおいでも、全く効果がない。向こうの川岸に、明かりを点した一軒の家がある。きっと夜風に涼んでいることだろう。

船行島嶼布碁間　船は行く　島嶼《とうしょ》布碁《ふご》の間を
椰子林昏湾又湾　椰子林　昏《くら》し　湾　又　湾
水走山飛惚忙甚　水走　山飛　惚忙《こつぼう》　甚《はなは》だし
吟眸難得半時間　吟眸《ぎんぼう》　得難《えがた》し　半時の間

(訳)船は碁石を散らしたような島々の間を進んで行く。椰子の林は薄暗く、入江の後にも入江が続いている。水は走り山は飛び、慌ただしく変化する光景に見とれてしまう。詩を作る上でも目を楽しませる上でも、何と貴重な時間であることだろう。

さらにもう一首、幕末の留学生の漢詩を紹介しておこう。中井桜洲《なかいおうしゅう》(一八三八〜一八九四)は外交や政治で活躍した人物で、貴族院議員や京都府知事などを歴任した。一八六六年十二月七日(慶応二年十一月一日）にシンガポールに到着した桜洲は、この地の熱帯の暑さと港湾の国際性に注目している。万国の旗が帆柱に翻《ひるがえ》るシンガポール港の様子は、世界を実感できる光景であった。拙訳を添えて引用したい。

気候宛如三伏時　気候宛《あたか》も三伏《さんぷく》の時の如《ごと》し
満艙炎暑汗沾肌　満艙《まんさう》炎暑、汗肌を沾《うるほ》す
臨風四顧歩船板　風に臨み四顧して船板を歩む
林立帆檣各国旗　林立、帆檣《はんしやう》、各国の旗(11)

（訳）気候はまるで三伏の時期のようだ。船内は猛烈に暑く、汗で肌が湿ってくる。風を浴びて周囲を眺めつつ甲板を歩くと、林立する船のマストには各国の旗が翻《ひるがえ》っている。

帰路再びシンガポールに寄港

竹内使節団は日本への帰途、一八六二年十二月二十九日（文久二年十一月九日）の午後三時半、フランス船ユーロップ号で再びシンガポールに立ち寄った。既に前日の夜にシンガポール近くに到着していたが、「此辺《この》は暗礁多くして夜間近づくべからず」（福沢諭吉「西航記」）として、洋上で一泊し、翌日改めて入港したのである。港内には、見覚えのある英国軍艦が停泊していた。行きに使節をスエズまで送ってくれたオージン号だった。

福沢諭吉の記録にあるように、シンガポール付近の海域には暗礁が多く、航海上危険な場所が多数存在する。マラッカ海峡の海上交通量が増大するにつれ、安全な航行を担保する施設が必要になっていた。南シナ海側のペドラ・ブランカ島（Pedra Branca）には、一八五一年にホースバラ灯台（Horsburgh Lighthouse）が建設された。淵辺徳蔵《ふちべとくぞう》は往路の入港直前にこの灯台を目にしている。「此《この》台は小島上に築く。高さ数十丈にして、上に燈を設く。燈の囲《かこひ》に窓有《あり》て、玻瓈《はり》板を張り、機関を以《もつ》て終夜周転する故《ゆゑ》に、向ひたる時、光明《くわうみやう》星のごとく、窓に背く時は、此《この》明滅の光を以《もつ》て、遠しと雖《いへ》ども星光と弁別して迷《まよは》ざるなり。英人云《いふ》、此《この》燈台より新嘉坡まで海程三十里と」（「欧行日記」）。一方、シンガポール南方のサトゥム島（Pulau Satumu）にも、一八五四年にラッフルズ灯台（Raffles Lighthouse）が建設された。市川渡《いちかわわたる》の「尾蠅《びよう》欧行漫録」に、「二小島上ニ高灯台ヲ見る」とあるのが、このラッフルズ灯台である。

　一行はシンガポール寄港中、西暦一八六三年の正月を迎えている。福地桜痴《ふくちおうち》が生麦《なまむぎ》事件の発生を知ったのは、この時のことである。「懐往事談《かいおうじだん》」には、「十月《ママ》下旬新嘉坡に着したるに、日本に於て一大変事起れりと云《い》う風聞に接したり(12)」とある。旧暦八月二十一日に起きた生麦事件を、同十一月九日以降に知ったことになるから、二か月以上もの時間差がある。電信が世界を繋ぐ以前は船が情報を運んでいたため、このようなずれが生じたのである。日本とシンガポールの間には、またまだ時間的にも空間的にも相当な距離があった。

　時あたかも、フランス軍によるインドシナの植民地化が進んでいた時期である。仏海軍は日本人一行をユーロップ号から小さなエコー号に乗り換えさせ、ユーロップ号をヴェトナム方面の輸送作戦へとまわしたのだった。

　日本のサムライたちを乗せたエコー号は、一八六三年一月四日（文久二年十一月十五日）朝八時、シンガポール港を離れた。この時、熱帯の小さな島シンガポールでは、激動する十九世紀のアジア情勢が交錯していた。生麦事件の第一報に驚く日本の外交使節、インドシナの植民地化を進めるフランスの輸送船、太平天国の乱を避けて激増する清国人移民、東奔西走するイギリス軍艦など、様々な思惑をもった人々が、この海峡都市の歴史を作りつつあったのである。

一八六四年の池田使節団

竹内使節団に次いでシンガポールを訪れたのが、一八六四年の池田遣仏使節団である。この外交団は、横浜鎖港という全く実現可能性のない交渉に臨むために、フランスへと派遣された。崩壊直前の徳川幕府が、いかに合理的判断力を失っていたかがうかがわれる。池田《いけだ》筑後守《ちくごのかみ》長発《ながおき》（一八三七〜一八七九）は使命半ばで早々に帰国し、一転して積極開国策を進言、幕府に処分された。スフィンクスの前に立つサムライたちの有名な写真は、この池田使節団一行を撮影したものである。

使節団を乗せたフランス郵船アルフェー号は、一八六四年三月四日（文久四年一月二十六日）午後四時頃にシンガポール港に接岸、翌三月五日（一月二十七日）午後一時頃に早々と出港している。外国奉行支配定役《じょうやく》杉浦譲《すぎうらゆずる》（一八三五〜一八七七）の「奉使日記」には、三月五日の早朝に上陸し「ユーロップホテルにて朝餐《てうさん》す」(13)とある。一方、岩松《いわまつ》太郎《たろう》の「航海日記」には、この時に供された食べ物が書かれている。メニューを「茶屋にて差出候品《さしいだしさふらふしな》」(14)として記録している。

一行が立ち寄ったフランス人経営の旅宿オテル・ドゥ・ルーロップ（Hotel de l' Europe）は、一八五七年創業（一八五五年または一八五八年とする文献もある）で、Europe Hotelという英語名でも知られていた。ホテルの跡地は、パダン（Padang）に面した旧最高裁判所の敷地に相当する。一九三二（昭和七）年まで営業していたこのホテルは、日本人の旅行記に最も頻繁に登場する宿泊施設である。シンガポールの老舗の宿としては、一八八七（明治二十）年創業のラッフルズ・ホテルが有名だが、欧米人の牙城《がじょう》たるこの高級ホテルに日本人はあまり寄りつかず、旅行者の記録にその名が現れることは少ない。

わずか半日の滞在にもかかわらず、杉浦譲はシンガポールの先進的都市開発に感銘を受け、格調高い文章でこれを記録した。一八一九年のイギリスによる領有以来、岸壁や街灯および道路を整備し、ジャングルを切り開き山を崩し海を埋め立て、通信や交通が発達したことに注目している。「英領に属せしより埠頭燈道人力を尽し、榛荆《しんけい》を披《ひら》き草莽《さうまう》を誅《ちゆう》し、山を截《た》ち海を埋め、経営修理せし功跡《こうせき》見へたり」、「伝信機四方に通じ馬車東西に駆け、頗《すこぶ》る欧州之《の》一班を見る」、「波戸場ハ浮桟《ふさん》を以《もつ》て碇泊之《の》船々に通じ、石炭囲場《かこひば》其咫尺《そのしせき》にありて、積入方《つみいれかた》甚《はなはだ》便なり」。最後に言及されている最新の港湾施設は、二年前に竹内使節団が利用した、タンジョン・パガの新港のことである。

杉浦譲は、シンガポールで父に手紙を書いている。その一節に、非常に興味深い部分がある。封建社会が爛熟した江戸末期、ふとした偶然からはるばるヨーロッパまで旅することになった一人のサムライの、困惑と喜びが率直に述べられているのである。「雲海茫々路《ばうばうのみち》、万里苦勤も国家之御為《のおんため》、絶域異郷を経歴し、風俗諸体を考へ、夢にも不見《みざる》国々見物仕《つかまつり》候《さふらふ》事は、人間難得仕合《えがたきしあはせ》にて御坐《ござ》候《さふらふ》」。[15]はからずも遣欧使節に加わり、万里の波濤《はとう》を乗り越えて熱帯シンガポールの地を踏んだ杉浦譲にとって、これは偽《いつわ》らざる実感であっただろう。

渋沢栄一の『航西日記』など

一八六七（慶応三）年の徳川昭武遣仏使節は、結果として幕府最後の外交使節団となった。当時パリで開催されていた万国博覧会に、将軍徳川慶喜《とくがわよしのぶ》（一八三七〜一九一三）の名代《みょうだい》として徳川昭武《とくがわあきたけ》（一八五三〜一九一〇）が赴いたのである。ところが万博会場に出向いて見ると、驚いたことに、薩摩藩《さつまはん》がまるで独立国であるかの如《ごと》く、幕府の許可を得ないまま勝手に出品していた。徳川昭武一行をさらに驚愕させたのは、ちょうど彼らがヨーロッパに滞在していた時に幕府が瓦解《がかい》、大政奉還が行われ、彼らを派遣した政権自体が存在しなくなってしまったことである。幸いこの使節団には、日本資本主義の父とも言うべき渋沢《しぶさわ》栄一《えいいち》（一八四〇～一九三一）が加わっていた。今日から振り返れば、まるで渋沢青年を教育するために派遣されたかのような使節団であった。

日本人の一行を乗せたフランス船アンペラトリス号は、一八六七年三月五日（和暦一月二十九日）午後五時にシンガポールに到着、使節団は翌三月六日（和暦二月一日）朝六時に上陸し、その日の夕方五時には出港している。渋沢栄一は『渋沢栄一滞仏日記』（日本史籍協会、一九二八年）所収「航西日記」で、シンガポールの進んだ社会資本に注目し、「埠頭の修営より、石炭の置場、電線の設け、馬車の備《そなへ》も在《あり》て、総《すべ》て人工を用《もちひ》し功績も見えて、英国の志を東洋に逞《たくまし》うする素あるを見るに足れり」（二〇頁）と述べている。

使節のトップだった徳川昭武も、この旅の記録を残した。興味深いことに、帰途の日記は勉強中のフランス語で書かれている。『徳川昭武幕末滞欧日記』（山川出版社、一九九九年）である。一行は、往路と同じアンペラトリス号に乗船、一八六八年十一月十九日（明治元年十月六日）にシンガポールに到着した。翌二十日の午後には、猿売りが船上にやってきた。「船の士官がその猿を手にする。猿はマストに登ってしまい、商人は困り果てて涙を流し、猿の名を呼ぶが、猿は戻らず、どうしようもない」（一〇九頁）。当時シンガポールに入港した船の甲板では、珍奇な動物を商う物売りがしばしば店をひろげたようである。

最後に、薩摩藩《さつまはん》が独自に派遣した留学生についても触れておこう。この使節団については、犬塚孝明《いぬづかたかあき》『薩摩藩英国留学生』（中央公論社、一九七四年）に詳しい。イギリスと謀《はか》って秘密裏に日本を離れた十五人の薩摩藩留学生団は、一八六五年五月十一日（慶応元年四月十一日）から翌日にかけて、マドラス号でシンガポールに寄港した。一行は浜辺で音楽を聞いたり（畠山義成）、オランダ人夫婦が別離の際に口を吸い合うのを見て驚いたり（松村淳蔵）している。[16]

興味深いのは、幕臣柴《しば》田《た》剛中《たけなか》が、彼らのシンガポール通過を察知していたことである。二か月後の一八六五年七月四日（慶応元年閏五月十二日）、上海寄港中の柴田は、乗船したシンガポール号関係者から、「三ケ月程以前新嘉坡おゐ《ママ》て御国人《おくにびと》拾名程見受《みうけ》し旨《むね》」[17]の情報を入手していた。もちろんこれは、薩摩藩英国留学生がシンガポールで目撃されたものであった。国禁であったはずの海外渡航は、あっという間に有名無実となり、明治維新以降は、様々な日本人がシンガポールを訪れることになる。

注

（1）「高岳親王の御渡天に就いて」、『桑原隲蔵全集』第一巻（岩波書店、一九六八年）、二四一—二四五頁。羅越のlaut音訳説は、「真如親王の記念と新嘉坡」、『新村出全集』第九巻（筑摩書房、一九七二年）、四二五頁。

（2）日本史籍協会編『遣外使節日記纂輯二』（東京大学出版会、一九七一年）、二九二頁。

（3）Leong Foke Meng. *The Career of Otokichi*（シンガポール日本人会・史蹟史料部、二〇〇五年）、一七—一八頁。この部分の記述には典拠が明示されていないが、シンガポール政府土地管理局の文書によるものと推定される。

（4）日本史籍協会編『遣外使節日記纂輯二』（東京大学出版会、一九七一年）、二八七頁。以下、市川渡「尾蠅欧行漫録」からの引用や言及は、同書二八八—二九一頁、および五四五—五四八頁による。引用にあたっては、適宜句読点や濁点を補った。

（5）「ふらんす物語」、『荷風全集』第四巻（中央公論社、一九四八年）、二八二—二八三頁。

（6）日本史籍協会編『遣外使節日記纂輯二』（東京大学出版会、一九七一年）、一三三—一三四頁。引用にあたっては、適宜句読点を補った。
（7）『福沢諭吉全集』第十九巻（岩波書店、一九六二年）、一一頁。以下、「西航記」からの引用や言及は、同書一一・一二・五九頁による。
（8）日本史籍協会編『遣外使節日記纂輯三』（東京大学出版会、一九八七年）、一四〇—一四三頁。
（9）日本史籍協会編『遣外使節日記纂輯三』（東京大学出版会、一九八七年）、一九頁。以下、淵辺徳蔵「欧行日記」からの引用は、同書一六—一七頁。引用にあたっては、適宜句読点や濁点を補った。
（10）杉孫七郎『環海詩誌』からの引用は、次の文献によった。尾佐竹猛『幕末遣外使節物語』（講談社、一九八九年）、一七六頁。宮永孝『幕末遣欧使節団』（講談社、二〇〇六年）、五六—五七頁。
（11）中井桜洲「西洋紀行 航海新説」、『明治文化全集』第七巻（日本評論社、一九六八年）、二八三頁。中井桜洲「漫遊記程」によれば、桜洲は一八七六（明治九）年四月十六日にもシンガポールに寄港している。同書、三二八頁。米国・英国からの帰任の途上であった。
（12）福地桜痴「懐往事談」、『明治文学全集』第十一巻（筑摩書房、一九六六年）、二九二頁。
（13）『杉浦譲全集』第一巻（杉浦譲全集刊行会、一九七八年）、一三五頁。以下、杉浦譲「奉使日記」からの引用は、同書一三六頁による。
（14）日本史籍協会編『遣外使節日記纂輯三』（東京大学出版会、一九八七年）、三六九頁。
（15）文久四年一月二十六日付杉浦七郎右衛門宛書簡、『杉浦譲全集』第一巻（杉浦譲全集刊行会、一九七八年）、三六三頁。書簡には、漢詩および和歌が各三首ずつ添えられている。「天竺シンガポールより」と書かれた宛名書きからは、思いがけず遥かな異郷に身を置いた一人の武士の戸惑いを読み取ることができよう。
（16）『新修森有礼全集』第四巻（文泉堂書店、一九九九年）、二七・六七頁。
（17）「柴田剛中日載」、『日本思想大系66西洋見聞集』（岩波書店、一九七四年）、二六七頁。

第二章　明治文学の中のシンガポール

第一節　文明開化期

岩倉使節団および『八十日間世界一周』

明治時代に入ると、視察や留学や実業など様々な目的で、多くの日本人が欧州に渡航するようになった。一八七一（明治四）年から一八七三年にかけての二十二か月間、アメリカおよびヨーロッパを巡覧した総勢五十名弱の岩倉使節団も、洋行の帰途シンガポールに寄港している。使節団には、特命全権大使岩倉具視《いわくらともみ》（一八二五～一八八三）をはじめ、木戸孝允《きどたかよし》（一八三三～一八七七）、伊藤博文《いとうひろぶみ》（一八四一～一九〇九）、福地源一郎《ふくちげんいちろう》（一八四一～一九〇六）らが参加していた。一行の旅の記録を詳細に書き残したのが、久米邦武《くめくにたけ》（一八三九～一九三一）編『米欧回覧実記（五）』（岩波書店、一九八二年）である。

米国・欧州からの帰路、使節団がアウア号でシンガポールに入港したのは、一八七三年八月十八日のことだった。残念なことに、「虎狼痢《コレラ》ノ流行スルヲ以《もっ》テ、上陸ヲ為《な》サズ、港口ニ泊セリ」（三二一頁）という結果になった。それでも『米欧回覧実記』には、書物から得た地理や人口の情報のほか、船中からわずかに観察した光景も記録されている。「夜、海岸ニ薪火ヲ焚《た》クコト数箇所、石炭ヲ船ニ積ム、土民荷物ヲ運搬スルニ、曳也《エイヤ》ノ声ヲナシテ、終夜声アリ」（三一三頁）。すなわち、シンガポール港では、灯火を点《とも》して夜通し荷役《にえき》を行っていたというのである。

現在、ほとんどの日本の港湾や空港では、日中しか荷役を行っていない。結果、海運・空運の利便性が犠牲にされ、我が国の港や飛行場は、国際的なハブとしての競争力を失ってしまった。損なわれた国益は計り知れない。久米邦武の記述は、二十四時間三百六十五日眠らず稼働し続ける、今日の効率的なシンガポール港やチャンギー空港のあり方を思わせるものがある。「此《この》埠頭ヨリ、西ハ印度、東ハ支那、呂宋《ロソン》、南ハ爪哇《ジャワ》、豪斯多剌利洲《オ、スタラリヤ》ヘ郵船ヲ出ス、四達《したつ》ノ要港トナリ、東南洋ヘ貿易往来スルモノ、最モ注意スベキ地トス」（三一三頁）。実務に長けた頭脳明晰な久米邦武の観察力がうかがわれる一節と言えよう。

このようなシンガポールの情報は、元来実用的書物に紹介される性質のものである。しかし文明開化期には、虚構を専らとする文学もまた、日本人の世界的な視野の拡大に貢献した。後に横浜正金《しょうきん》銀行の副支配人となる川島忠之助《かわしまちゅうのすけ》（一八五三〜一九三八）は、ジュール・ヴェルヌ（Jules Verne 一八二八〜一九〇五）の小説を『新説 八十日間世界一周』（丸家善七・山中市兵衛・慶應義塾出版社、一八七八〜一八八〇年）と題して翻訳出版している。読書という娯楽を通して世界地理を学ぶことができる、まさに面白くてためになる読物であった。横浜正金銀行は、地球規模で支店を拡大した日の丸国際銀行であり、そのグローバルな視野のあり方は『八十日間世界一周』の内容とも通じ合っている。

地球を八十日間で一周して見せるという賭けをした英国紳士「フヲツグ氏」は、従者「パスパルツー」を伴って、ロンドンからアジア方面に向かう。ジュール・ヴェルヌの作品は、フランス人読者に対して世界の様々な地域を紹介するという一面も持っており、シンガポールを、町全体が公園のような都市として描写している。ここでは句読点を補いつつ、川島忠之助の訳を引用しよう。

新嘉峰《シンガポール》ハ、土地太《はなは》ダ広濶タルニ非《あら》ズ。山嶽ノ囲ムナキヲ以《もっ》テ、景色太《はなは》ダ壮宏タルニ非ズト雖《いへど》モ、閑雅ニシテ、自《おのづか》ラ其中《そのなか》ニ風致アリ。之《これ》ヲ比スレバ、広苑中《くわうゑんちゅう》ヘ衢街《くがい》ヲ区画セシト一般ナリ。（前篇、一六八―一六九頁）

公園の中に町を作ったようなものだという引用部分末尾の表現は、あたかもガーデン・シティーを標榜する今日のシンガポールを活写したような文章である。作中で「フヲッグ」「アウダ」の二人は、優雅な馬車に乗ってこの緑豊かな町を散策し、船に残った「パスパルツー」はマンゴスチンを購入、「一タビ之《これ》を歯牙《しが》ノ間《の》ニ上ボスレバ甘美窮《きはま》リナキ仙菓」（一七〇頁）を「アウダ」に献上するのだった。

仮名垣魯文『西洋道中膝栗毛』

文明開化は、庶民にも地理的視野の拡大をもたらした。明治初期には、内田正雄《うちだまさお》『輿地誌略《よちしりゃく》』（一八七〇～一八八〇年）や藤井惟勉《ふじいいべん》『万国地誌略』（一八七四年）のような地理書が多数発刊されている。鎖国から解き放たれた明治の人々は、世界がどのように広がり、どのような民族が住み、いかなる産物があるのかに、大いに興味を持ったのである。啓蒙思想家福沢諭吉は、一八六九（明治二）年、やさしい七五調で書かれた『世界国尽《くにづくし》』を出版し、誰もが世界の地理を楽しみながら学べるようにした(1)。このような海外への関心の高まりを、文学者はたちまち作品に取り込んでいった。

開化期の戯作を代表する仮名垣魯文《かながきろぶん》（一八二九～一八九四）は、十返舎一九《じっぺんしゃいっく》（一七六五～一八三一）の滑稽本

『東海道中膝栗毛』を踏まえつつ、その孫の代の弥次郎と北八を『西洋道中膝栗毛』（万笈閣、一八七〇〜一八七六年）に登場させた。英語のできない二人は、通弁の通次郎とともに、汽船で横浜からロンドンへと旅してゆく。シンガポールでも、弥次さん北さんは滑稽な事件を引き起こした。畑からスイカを盗んだところを見つかってしまい、杭に縛られたまま放置されていたところ、突然大きなトラが現れたのである。二人は間一髪で縄を解いて逃げ出した。実は、トラだと思ったのは、同船の異人モテルさんであった（四編上）。かくして弥次郎と北八は、無事シンガポールを出港する。

商舩《ふね》ハ「シンガポウル」を出帆して「マラツカ」の瀬戸に入り、右に「マレヤ」の地方《ちかた》を見、左に「スモタラ」の島を眺めて、次第に北西《きたにし》にうち向ひぬ。弥次郎北八のふたりの者ハ、この景色《けいしよく》を舩窓《ふなまど》よりこわ〴〵望みて、日記の端に、麻羅津迦《まらつか》の瀬戸に入江の嶋々は実にマレヤの景色《けしき》とぞ見る（四編下、一丁表―一丁裏、句読点加筆）

江戸時代の十返舎一九『東海道中膝栗毛』では、弥次さん喜多（北）さんは江戸っ子の優越感を保ったまま日本全国を旅した。しかし、明治時代の仮名垣魯文『西洋道中膝栗毛』の二人は、マラッカ海峡の風景を小さな船窓から「こわ〴〵」と覗《のぞ》いている。弱肉強食・自然淘汰・優勝劣敗・適者生存の恐るべき帝国主義の世界にいきなり放り込まれた当時の日本人の心情が、「こわ〴〵」という一語に込められていると言えるだろう。それでも、「稀《まれ》」と地名「マレヤ（マラヤ）」を掛けて洒落ている点は、戯作ならではのご愛嬌である。

海外渡航経験のなかった仮名垣魯文は、どのようにしてこのようなシンガポールの地理を知ったのだろうか。『西洋道中膝栗毛』の記述を福沢諭吉『西洋旅案内』（尚古堂、一八六七年）とつき合わせてみると、両者には多くの共通点が見られる。たとえば『西洋旅案内』には、「シンガポウルを出帆して、マラッカの瀬戸に入《いり》、右にマレヤの地方《ぢかた》を見、左にスモタラの島を詠《ながめ》て」（上、二十六丁裏）と、『西洋道中膝栗毛』とほぼ同一の表現がある。ほかにも、「この地には胡瓜茄子西瓜の類沢山あり」（『西洋旅案内』上、二十五丁裏）に対し、「此地《この》にハ胡瓜茄子西瓜の類沢山ありて」（『西洋道中膝栗毛』四編上、七丁裏）など、まさに瓜二つの文章がいくつか見られる。本のはしがきに相当する「総編本文読例」で作者自らが認めているように、仮名垣魯文が福沢諭吉の著作を利用したことは明らかである。その『西洋旅案内』の情報は、福沢が一八六二（文久二）年の竹内遣欧使節団等に参加した際の見聞に基づくものであった。

なお、シンガポールを舞台とする『西洋道中膝栗毛』四編上（一八七一年）には、数枚の挿絵が添えられている。その中の「新嘉坡府」と題された一点に注目したい【図4】。画面左下に「一蕙斎芳幾画《いっけいさいよしいくが》」とあるように、これは浮世絵師落合芳幾《おちあいよしいく》（一八三三～一九〇四）の絵である。シンガポールの町を想像力に頼って描写したもので、遠景の海には外洋を航海する船が四隻浮かんでいる。近景には塔のある西洋館や、二頭引きの馬車、町を行く数人の西洋人の姿が見える。この挿画に表象されているシンガポールは、極めてハイカラで非アジア的である。「新嘉坡府」は、大英帝国の植民地であることを強く意識しつつ描かれたものと言えよう。もちろん、落合芳幾もシンガポールを訪れたことはなかった。

図4　落合芳幾「新嘉坡府」。『西洋道中膝栗毛』四編上（万笈閣、1871年）。想像に頼って描かれた作品。横浜のようなハイカラな雰囲気である。

図5　オテル・ドゥ・ルーロップ（Hotel de l'Europe）。旧最高裁判所の敷地にあり、パダン（Padang）の広場に面していた。写真は1907年に建て替えられる前のもの。Cheah, Jin Seng, *Singapore: 500 Early Postcards* (Singapore: EDM, 2006), p. 87.

矢野龍渓の翻案小説

海外に出たことのなかった仮名垣魯文に対し、小説家矢野《やの》龍渓《りゅうけい》（一八五〇～一九三一）は、洋行の途中実際にシンガポールを訪れた上で、この町を創作の舞台とした。古代ギリシャを背景とする政治小説『経国美談』（一八八三～一八八四年）で大成功を収めた龍渓は、一八八四（明治十七）年四月、二年余りにおよぶ外遊に出かけた。ヨーロッパからアメリカを巡察し、一八八六年八月に帰国している。

矢野龍渓がシンガポールに到着したのは一八八四年五月七日、出発は翌五月八日であった。同年五月二十九日の『郵便報知新聞』「矢野文雄通報　第二　新嘉坡発」にその報告がある。重要なのは、小説家が「新嘉坡ホテル、デ、ラ、ヨウロウプ」に宿泊していることだろう【図5】。オテル・ドゥ・ルーロップ（Hotel de l'Europe）については、既に第一章第三節「幕末の遺欧使節団」で触れたが、矢野龍渓『嘉坡《シンガポール》通信報知叢談　志別土《しべっと》商人物語』（駸々堂、一八八七年）は、この宿泊施設をモデルにして書かれた作品である。杉田英明《すぎたひであき》『アラビアン・ナイトと日本人』（岩波書店、二〇一二年）によれば、『アラビアン・ナイト』の原話を要約した一種の翻案物であるという。

「第一回」は、『郵便報知新聞』一八八六年十月一日号の初出では「新嘉坡通信」と題されており、物語が語られる枠組みを提示している。小説の語り手はまず、シンガポール在住のイギリス人「ジョセープ クラーク」から矢野氏宛に届いた手紙を紹介するという形をとって、フランス人「ロイ、ミッチエル」

がこの町に豪華な旅館を建設し、面白い話を聞かせる旅行者を無料で宿泊させるという広告を出したことを知らせている。そして「第二回」からは、ホテルを訪れた旅人が不思議な物語を語ってゆくことになる。この架空の「壮厳《ママ》華麗なる」旅館は、次のように描写されている。句読点を補って引用したい。

　此《こ》の建築は、其《そ》の規摸《ママ》左迄《さまで》広大なるものに之《こ》れなく、部屋数ハ、僅《わづ》かに百にも充《み》たざることなるに、其《そ》の内造作《うちざうさく》装飾杯《など》の美事《みごと》なること、実に人を驚かせり。（中略）百余の部屋〳〵、悉皆《のこらず》同一の美事《みごと》なる飾付けありて、何《いづ》れの部屋〳〵も、皆王公貴人に辱《はづか》しからぬ有様なり。（中略）旅館の外面も、渾《すべ》て上磨《じやうみが》きの光沢ある花岡石《みかげ》を用ひ、又諸処に青赤の大理石を交《まじ》へて、レニーサンス風の美事《みごと》なる三階の飾付を為《な》せり。（二―四頁）

この記述が実際の「ホテル、デ、ラ、ヨウロウプ」とどの程度共通するかは、残念ながら検証することは難しいが、矢野龍渓は一八八四年五月七日にこのホテルに一泊し、「此《これ》は大なる旅館なり。幾棟も立継ぎたり。部屋数ハ多く立派な所もあらん」（第五面）と、『郵便報知新聞』一八八四年十月二日号で述べている。有名なラッフルズ・ホテルが開業したのは、この三年後の一八八七年であり、当時「ホテル、デ、ラ、ヨウロウプ」こそが、シンガポールを代表する宿泊施設であった。もちろん、最初の在留邦人音吉の妻ルイザがこのホテルの経営にかかわっていた時期があることなど[2]、作家は知るよしもなかっただろう。

龍渓は夜、ホテルの目の前にあったパダン（Padang）やエスプラネード（Esplanade）を散策した。「月《つき》明《あかり》に乗じて、海岸の緑草氈《せん》の如《ごと》き遊歩場を逍遥して涼を納《い》れ、喬樹《けうじゆ》の下に停立して暫時《ざんじ》休息し」た（『郵便報知新聞』一八八四年五月二十九日)。なお、矢野龍渓が『アラビアン・ナイト』を翻案するにあたり、シンガポールを小説の舞台としたのは、この町が異国的で多国籍的な性格を持っていたからである。龍渓は、「街上にハ回教風の円屋根の殿堂あり。或《あるい》ハ支那風の金碧粉装せる反《そ》り屋根の廟宇あり。或《あるい》ハ欧洲風の尖鋭形の屋根ある高堂あり。思ひ〳〵様々なり」とも書いている。多民族社会のシンガポールこそ、奇譚を語る空間にふさわしいと小説家は直感したのだろう。

久保田米僊のスケッチ

明治前期には、美術の分野でもシンガポールを描いた作品を見ることができる。日本画家久保田米僊《くぼたべいせん》(一八五二〜一九〇六)は、一八八九(明治二十二)年にパリで開催された万国博覧会に参加した。米僊は渡欧の際に描いた作品を集め、博聞本社から『米僊漫遊画乗』と題して出版した。一八九〇年に刊行されたその「貳《に》」には、洋行途上で立ち寄ったシンガポール関連のスケッチが十四点掲載されている。管見《かんけん》の限りでは、一八六二(文久二)年の竹内遣欧使節団の高島祐啓《たかしまゆうけい》に次ぐ、日本人によるシンガポールの写生ということになる。目次より一覧を列挙する。

(十九)新嘉坡埠頭遠望之《の》図/(二十)仝《どう》/(廿一)仝《どう》船舶輻湊《ふくそう》之《の》図/(廿二)土人蟻集《ぎしふ》之《の》図/(廿三)新嘉坡山之手通《ハイストリ》市街汽車光景/(廿四)新嘉坡花園/(廿五)仝《どう》土人住居/(廿六)洋人土民雑居街/(廿七)土人生計図/(廿八)土人狩虎図/(廿九)漁角沙魚図/(三十)回教寺院/(卅一)飛魚之《の》図/(卅二)解纜発砲

図6　久保田米僊「新嘉坡山之手通街上汽車之光景」、『米僊漫遊画乗』(博聞本社、1890年)。一階が商店、二階が住居の「ショップ・ハウス(shophouses)」が連なる。中央付近には馬車や人力車が見える。絵の題名は、目次と若干の異同がある。

私が特に注目したいのは、「(廿三) 新嘉坡山之手通《ハイストリ》市街汽車光景」である【図6】。この絵の中央には、煙を吐きながら走る蒸気式路面鉄道が描かれている。シンガポールに市街汽車が開業したのは、久保田米僊がシンガポールを訪れる三年前の一八八六年のことだった。ところが路面蒸気鉄道は、新たに普及した人力車との競争に破れ、一八九四年に線路が撤去されてしまう。その後一九〇五年に路面電車が敷設されるまで、シンガポールに市街鉄道はなかった[3]。米僊の「新嘉坡山之手通《ハイストリ》市街汽車光景」は、わずか八年程のみ存在した市街汽車を題材としている点で、非常に貴重なものと言えるだろう。

描かれているのは「山之手通《ハイストリ》」、すなわちハイ街(High Street)であるから、これと交差する線路はノース・ブリッジ路(North Bridge Road)に敷かれていることになる。当時シンガポールには三路線の市街汽車があった。絵の中の車輌は、タンジョン・パガ路(Tanjong Pagar Road)からノース・ブリッジ路を経て、ローチョー(Rochor)まで北上する路線のものだろう。画面右上に破線が見える点にも着目したい。これはフォート・カニングの丘(Fort Canning Hill)であり、絵はハイ街の南側の建物群を捉えている。

もう一点、「(廿四) 新嘉坡花園」を取り上げよう【図7】。シンガ

図7　久保田米僊「新嘉坡花園」、『米僊漫遊画乗』（博聞本社、1890年）。植物園を描いたもの。右頁手前にはホースで散水する人物が見られる。

ポールの植物園を描いたこの絵の左端には、門柱を見ることができる。現タングリン門（Tanglin Gate）である。左ページでは椰子が盛んに繁り、右ページには白鳥湖（Swan Lake）が水を湛《たた》え、今日と同じく池畔を人が散策している。シンガポール植物園が現在の場所に開園したのは、幕末の一八五九年であった。久保田米僊が訪問したおよそ二十年後、植物園はゴムの木の種をマレー半島一帯に販売し、二十世紀初頭を中心とするゴム園ブームで大きな役割を果たした。夏目《なつめ》漱石《そうせき》（一八六七〜一九一六）の小説『彼岸過迄《ひがんすぎまで》』（一九一二年連載）にも、シンガポールのゴム・プランテーションのイメージが登場する。植物園は、古くからの観光名所であると同時に、今日では庭園都市シンガポールの緑化行政の中枢を担っている。

第二節　森鷗外と夏目漱石

森鷗外の「航西日記」

森鷗外《もりおうがい》（一八六二〜一九二二）の短編小説「舞姫」（一八九〇年）は、ヴェトナムの場面から始まる。洋行から帰航の途上にあった主人公太田豊太郎は、サイゴン港に停泊中の汽船の中で、「東《ひんがし》に還《かへ》る今の我は、西に航せし昔の我ならず(4)」と感慨を漏らしている。作者である鷗外自身も、ドイツ留学のために欧州航路を旅して「航西日記」を記し、帰国の際には「還東日乗《かんとうにちじょう》」を書いた。

一八八四（明治十七）年九月十一日、若きエリート森林太郎が乗船したフランス郵船メンザレエ号は、午前八時に新港（New Harbour）の埠頭に接岸した。この地に停泊した幕末の遣欧使節と同様、鷗外はまず蒸気船での航海に必要不可欠な石炭貯蔵施設に目を向け、「岸に沿ひて煤庫《ばいこ》多し」(5)と書いている。森鷗外は、わずか二十五時間の滞在時間を利用して、船に群がる丸木船にコインを投げたり、馬車で植物園を観光したり、オテル・ドゥ・ルーロップ（Hotel de l'Europe）で休憩したりした。シンガポールでは二首の漢詩が作られたが、そのうちの一首では、この島がイギリスの戦略的開発によって大貿易港となった経緯が詠まれ、二首目では熱帯の町の光景が描写されている。古田島洋介《こたじまようすけ》注釈『鷗外歴史文学集』第十二巻（岩波書店、二〇〇〇年）から引用したい（二〇八―二一〇頁）。

聞説蛮烟埋水郷
埔頭今見列千檣
英人応有点金術
塊鉄之頑乍放光

聞説《きくなら》く 蛮煙 水郷《すいきやう》を埋《うづ》めりと
埔頭《ほとう》 今見る 千檣《せんしやう》を列《つら》ぬるを
英人 応《まさ》に有るべし 点金《てんきん》の術
塊鉄《くわいてつ》の頑《ぐわん》 乍《たちま》ち光を放てり

（訳）聞くところによると、昔のシンガポールは、毒気を含んだもやが立ちこめる海辺の村にすぎなかったという／けれども、今こうして目に入るのは、数多くの商船が埠頭に停泊している光景である。／／イギリス人は鉄を黄金に変える技術を身につけているに違いない／鉄のかたまりのように発展の見込みもない未開の土地が、いくらも経たないうちに、まるで黄金のように光り輝く大貿易港に発展したのだ。

日暮離舟立樹陰　日暮《にちぼ》 舟を離れて 樹陰に立てば
隔林有寺送鯨音　林を隔てて 寺有り 鯨音《げいいん》を送る
児童幾個膚如漆　児童 幾個《いくこ》か 膚《はだ》 漆の如《ごと》く
蛮語啾々売彩禽　蛮語 啾啾《しゅうしゅう》として 彩禽《さいきん》を売る

（訳）夕暮れどき、船をおりて木蔭にたたずんでいると／林の向こうに寺があるらしく、鐘の音が鳴りひびいてくる。／真っ黒な肌をした子どもたちが数人／何かぺちゃくちゃしゃべりながら、色あざやかな小鳥を売っている。

第一首は近代文明を、第二首は熱帯風物を描写している点で、両者は対照的である。幕末の竹内遣欧使節団以来、シンガポールを訪れた日本人は、大英帝国による優れた港湾開発や都市整備に瞠目《どうもく》する一方、南洋の動植物や肌の黒いマレー人・インド人の見慣れない習俗に関心を持った。いわば、文明と野蛮の二面をこの街から読み取ろうとしたのである。森鷗外の漢詩においても、「英人」「点金術」「放光」といった光輝く西洋文明を示す表現と、未開性を表わす「蛮烟」「蛮語」のような語彙が同居している。鷗外の「航西日記」においては、シンガポールを視る日本人の二種類のまなざしが交差していると言えるだろう。

鷗外が参照した成島柳北「航西日乗」

森鷗外が「航西日記」を書くにあたっては、いくつかの文献を参照したことが知られている。その一つが成島柳北《なるしまりゅうほく》（一八三七〜一八八四）の「航西日乗」である。旧幕臣の柳北は、薩長主導の新政府に背を向け、柳橋《やなぎばし》の花街を舞台にした漢文随筆集『柳橋新誌《りゅうきょうしんし》』（一八七四年）で文名を上げた。格調高い漢文体と低俗極まる内容との落差が印象的な戯文である。

成島柳北は、東本願寺法主大谷光瑩《おおたにこうえい》（一八五二〜一九二三）に随行して欧米を漫遊したのだが、その洋行は鷗外より十二年も前の一八七二（明治五）年と、国家によらない渡航としては非常に早い部類に属する。しかし、「航西日乗」が『花月新誌』に発表されたのは一八八一年十一月三十日以降であり、連載が完結したのは、鷗外が横浜港を離れるわずか二週間程前の一八八四年八月八日のことである。鷗外にとって柳北の航海記は、自分の行く手を照らす最新の情報であり、手本とすべき先例であった。

一八七二年十月三十一日（和暦九月二十九日）、成島柳北の乗ったフランス郵船ゴタベリイ号は、午後六時にタンジョン・パガ（Tanjong Pagar）に到着した。シンガポールでの「航西日乗」の文章を読むと、その表現に森鷗外「航西日記」と共通する部分が多いことに改めて気付かされる。たとえば、柳北の「土人皆黒面跣足《こくめんせんそく》ニシテ紅花布《こうくわふ》ヲ纏《まと》ヒ」「回教ノ徒ト見エ桶様《をけやう》ノ帽ヲ戴《いただ》ケリ」「鼻ヲ穿《うが》ツテ金環ヲ垂レシ者アリ」[6]に対して、鷗外の日記にも「土人渾身黧黒《こんしんりこく》にして、肩腰に紅白の布を纏《まと》ふ」「回教を奉ずる者、帽を戴《いただ》くこと桶《をけ》のごとし」「女の鼻、金環を穿《うが》つ」とあり、言葉遣いまでそっくりである。「いはゆる新港《ニウホルト》なり」（鷗外）とあるのは、柳北の「此《この》港ハ新港《ニウホルト》ト名ヅク」に依ったもので、「いはゆる」とは、成島柳北が言うところの、という意味であろう。

ほかにも、「瓜片様《くわへんやう》ノ小舟」「小銀銭ヲ水中ニ投ズレバ跳《をどり》テ水ニ没シ」「地質ハ皆赭色《あかいろ》ナリ」（柳北「航西日乗」）に対し、「舟は狭にして小。瓜を剞《こ》すがごとし」「銀銭を水中に投ずるを請ひ、没して」「土色の赤きこと」（鷗外「航西日記」）と、顕著な類似が見られる。森鷗外は、漢詩創作においても成島柳北の影響を受けている。柳北の「幾個蛮奴」「語啾々」「珍禽」といった表現が、鷗外の「児童幾個」「蛮語啾々」「彩禽」を導き出したことは明らかだ。いったいこれらの事実は、何を意味しているのだろうか。

一般に旅行者は、異郷で目にしたものを自分自身の眼力で発見していると思いがちである。しかし、私たちは旅に出ると、持参したガイドブックを握りしめ、そこに書かれている記述と全く同じ光景を探し出そうとする。旅行案内書と眼前の現実が一致した時、私たちはようやく安堵し、見るべきものを見たという満足感を覚える。すなわち、旅の経験は実体験そのものからだけ作られるのではない。先行する言説によっても形成されるのである。旅行記はそれ以前の旅行記に依拠しつつ生産され、同一の観察が反復されてゆく。欧州航路の旅日記においては、この現象がひときわ顕著である。シンガポールに関しても、航海日記を通して定番の観察や観念が繰り返され、日本人のシンガポールのイメージが形成されていった。森鷗外の「航西日記」は、イメージ生成の現場の様子を如実に物語っているという点で、非常に貴重な文献であると言えるだろう。

興味深いことに、森鷗外が参考にした「航西日乗」の作者成島柳北自身も、一八六六年に西洋に赴いた清国官吏斌椿《ひんちん》による『乗槎筆記《じょうさひっき》』を読んでいる。シンガポール出港後の一八七二年十一月二日（和暦十月二日）の記述に、「此日《このひ》乗槎筆記（清国斌椿所著《あらはすところ》）ヲ同行人ニ借テ読ム」「亦是《またこ》レ一個ノ東道主人《とうだう》ト為《な》スニ足レリ」とある。「東道主人」とは、案内人という意味である。当時の日本には、漢文で読める欧米旅行記の需要があったのだろう、明治五年六月には、重野成斎閲・大槻東陽訓点による『乗槎筆記』の和刻本が出版されている。成島柳北が日本を離れる三か月前の刊行であった。

また、成島柳北が渋沢栄一『航西日記』を参照していたことが指摘されており、(7) さらに推測を逞《たくま》しくすれば、柳北の漢詩にある「南辺は麻陸《マロツコ》　北は蘇門《スモタラ》」という地理認識は、福沢諭吉『西洋旅案内』（一八六七年）の「右にマレヤの地方《ぢかた》を見、東にスモタラの島を詠《ながめ》て」という一節に由来する可能性もある。先行する旅行記の記述は、のちの旅日記に用いられるという形で、次々と波及し拡散してゆく。欧州航路の文学には、テクストの連鎖的相互参照現象が見られるのである。

夏目漱石の一日観光

森鷗外に遅れること十六年、英国留学に赴く満三十三歳の夏目金之助《なつめきんのすけ》（一八六七〜一九一六）は、一九〇〇（明治三十三）年九月二十五日、プロイセン号でシンガポールに到着した。この日一日、漱石はシンガポール観光を楽しんでいる。幸いなことに、ドイツへ行く国文学者芳賀矢一《はがやいち》（一八六七〜一九二七）が同じ汽船に乗船し、日誌を残している。(8) そのため、シンガポールでの漱石の足跡を、二人の記録を照らし合わせつつたどることができる。植物園、博物館、日本人町が主な見学地であった。漱石日記の九月二十五日の部分を、『漱石全集』第十九巻（岩波書店、一九九五年）より、句読点を補って引用しよう。

二十五日［火］　昧爽《まいさう》、シンガポール着。頗《すこぶ》ル熱キ処《ところ》ト覚悟セシニ、非常ニ涼シクシテ、東京ノ九月末位ナリ。尤《もつと》モ曇天ナリ。土人、丸木ヲクリタル舟ニ乗リテ、船側ヲ徘徊ス。船客銭ヲ海中ニ投ズレバ、海中ニ躍入《をどりい》ツテ之《これ》ヲ拾フ。土人ニテ日本語ヲ操《あやつ》ル者、日本旅館松尾　某《なにがし》ノ引札《ひきふだ》ヲ持シテ至ル。命ジテ馬車二台ヲ二円五十銭宛《づつ》ニテ雇《やと》ハシメ、植物園ニ至ル。熱帯地方ノ植物青々トシテ、頗《すこぶ》ル美事《みごと》ナリ。又、虎・蛇・鰐魚《わに》ヲ看《み》ル、Conservatory アリ。夫《それ》ヨリ博物館ヲ見ル。余リ立派ナラズ。帰途松島《ママ》ニ至リ、午《ご》飯《はん》ヲ喫《きつ》ス。此処日本町ト見エテ、醜業婦街上ヲ徘徊ス。妙ナ風ナリ。午後三時、再ビ馬車ヲ駆ツテ船ニ帰ル。三時半ナリ。（一八―一九頁）

漱石はシンガポール入港を、夜明けを意味する「昧爽《まいさう》」と書いている。芳賀矢一「留学日誌」によると、「午前六時」に「甲板にいづれば、前面に新嘉坡の市街」が見えたという。「八時にいたりて、船いよ〳〵埠頭に近づき、埠頭に投錨せしは、朝餐《てうさん》を終へたる頃なりき」とあるから、プロイセン号は船舶で混雑する港内をゆっくり慎重に航行し、タンジョン・パガの岸壁まで二時間余りかけて進んだことになる。芳賀矢一の日記の九月二十四日の項には、「今夜新嘉坡に着すべし」ともあるので、船は安全のために夜明けを待ってから港に入ったものと思われる。港内には「日本三井の剣山丸《つるぎさんまる》」が停泊していた。

波止場から上陸した夏目金之助らは、「日本旅館松尾　某《なにがし》ノ引札《ひきふだ》」を持った「土人」から馬車を二台雇っている。芳賀矢一によれば、この人物は日本人町にあった松尾旅館の「舟兵衛」という人物であった。舟兵衛は日本人ではなく、マレー人が便宜的に日本名で使われていたものだろう。漱石日記には「松島」で昼食をとったとあるが、芳賀矢一の日誌から、それが松尾兼松の経営する松尾旅館であったことがわかる。「松島」は誤りだろう。

松尾旅館は、孫文《そんぶん》（一八六六～一九二五）を支援した革命の志士宮崎滔天《みやざきとうてん》（一八七一～一九二二）の『三十三年之夢《の》』（国光書房、一九〇二年）にも登場する。夏目漱石が寄港する三か月ほど前の一九〇〇年六月二十九日、大陸での武装蜂起を支援していた滔天は、シンガポールに到着し松尾旅館に宿泊した。しかし七月六日、部屋に突然英国警察が土足で踏みこんで来て、そのまま逮捕されてしまった。この地に滞在していた亡命政治家康有為《こうゆうい》（一八五八～一九二七）が、滔天のことを李鴻章《りこうしょう》（一八二三～一九〇一）が差し向けた刺客と思いこんだため、イギリス警察を動かして拘束させたのだった。画家黒田清輝《くろだせいき》（一八六六〜一九二四）も、滔天の来訪より十九日早い六月十日に松尾旅館を訪れている。[9] 様々な人物が足跡を残したその松尾旅館で、夏目漱石らは昼飯を食べた。「鯛のてり焼、さしみ等あり 米は印度米なれども非常に甘かりき」と、芳賀矢一は書いている。

漱石が見た日本人町の娘子軍

シンガポールで夏目漱石に最も強い印象を残したのは、日本人町の売春婦の姿だった。彼女らは娘子《じょうし》軍《ぐん》、または海外醜業婦と呼ばれていた。今日一般的な「からゆきさん」という言い方は、山崎朋子《やまざきともこ》『サンダカン八番娼館』（筑摩書房、一九七二年）や森崎和江《もりさきかずえ》『からゆきさん』（朝日新聞社、一九七六年）などにより、戦後になって普及した呼称である。漱石の日記には、「此処日本町ト見エテ、醜業婦街上ヲ徘徊ス。妙ナ風ナリ」とあり、一九〇〇（明治三十三）年九月二十七日付夏目鏡子宛書簡では、「一種奇天烈《きてれつ》ノ感ヲ起サシメ候《さふらふ》[10]」と書かれている。シンガポールで春を鬻《ひさ》ぐ日本人女性は、日本の海外進出の尖兵として国益になっているのか、それとも国の恥なのか。漱石は英語で書いた「断片四A」で、彼女たちを国辱として痛烈に非難する側に立ち、「add ill-fame and infamy to their mother country（母国に悪評と汚名を加える）」と断じた。一方で、漱石に遅れること一年半、一九〇二年三月二十八日に讃岐丸《さぬきまる》で寄港した島《しま》村抱月《むらほうげつ》（一八七一〜一九一八）は、「国辱なりと罵《ののし》るもあれば、国益なりと笑ふもあり[11]」と書いている。

夏目漱石の一方的な批判とは対照的に、戦後の女権活動家山崎朋子《やまざきともこ》（一九三二〜 ）は、娘子軍に全面的な同情と共感を語っている。シンガポールの日本人街の跡を訪れたこの女性知識人は、『サンダカンの墓』（文藝春秋社、一九七七年）で、「ただ一度だけ与えられたかけがえのない人生を、海外売春婦としてしか生きることの許されなかった同胞たちよ」「わたしのこの挨拶を受けておくれ」と強く呼びかけ、「わたしの眼は、知らぬ間に生あたたかいもので濡れて来て」（四五頁）と、滂沱《ぼうだ》の涙を流す。このようなとらえ方は、いわば娘子軍消滅後の戦後思想の産物であり、戦前の旅行記にはほとんど見られない発想である。

ロンドンへ赴く国家の選良夏目金之助《なつめきんのすけ》にとって、海外で日本人がどのように見られているかは、非常に切実な問題であっただろう。洋行途上のシンガポールで目撃した日本人売春婦は、漱石の日本人としての誇りをいたく傷つけた。体面を気にしつつ書かれた日記や妻への手紙では、「妙ナ風」「奇天烈《きてれつ》ノ感」といった間接的な表現しか使っていないが、英文の「断片四A」では、外国語ということもあって、内面にしまい込まれた憤怒が率直に流露している。「Poor abandoned souls!（哀れな阿婆擦《あばず》れども）」という強い表現こそが、夏目漱石の本心であった。なお同行の芳賀矢一は、関心がなかったのか、あるいは筆記することを憚《はばか》ったのか、娘子軍には全く言及していない。

欧州航路を旅した日本人の記録にシンガポールの娘子軍が登場するのは、一八八四年五月七日上陸の矢野龍渓が最初である。龍渓も漱石同様、「不外聞《ふぐわいぶん》の事にて嘆《なげか》はしき次第」（『郵便報知新聞』一八八四年十月二日）と否定的である。一八八七年七月十三日にイラワデー号で来港した商人高田善治郎も、「本邦人ノ信用ハ頓《とみ》ニ地ニ落チ、其《その》害ヤ、遂《つ》ヒニ当地ト本邦トノ間ニ行ハルル貿易上ニ迄《ま》デ及ボシ、歎《たん》ズベキノ至リナリ」[12]と述べている。一九〇八年十二月に讃岐丸で寄港した桜井鷗村《さくらいおうそん》（一八七二〜一九二九）などは、「我が国辱を晒《さら》しつ、あるのだ！」[13]と激高している。娘子軍に対する否定的認識は、欧州航路を旅した比較的上層の日本人に広く共有されていたと言うことができよう。

漱石の小説『彼岸過迄』

夏目漱石は、英国留学の行きと帰りにシンガポールを経由した。何らかの文章が残されているのは往路のみだが、二度のシンガポール通過は、漱石の作品にささやかな痕跡を残している。一九一二（明治四十五）年の『東京朝日新聞』に連載された小説『彼岸過迄《ひがんすぎまで》』である。登場人物田川敬太郎は、大学を出たものの就職口がなく、毎日下宿でごろごろしている無為の若者である。「遺伝的に平凡を忌む浪漫趣味《ロマンチック》の青年」敬太郎は、学生時代、シンガポールでゴム・プランテーションの経営をすることを夢見ていた。『漱石全集』第七巻（岩波書店、一九九四年）より引用したい。

> 新嘉坡《シンガポール》の護謨林《ごむりん》栽培などは学生のうち既に目論《もくろ》んで見た事がある。当時敬太郎は、果しのない広野《ひろの》を埋め尽す勢で何百万本といふ護謨の樹が茂つてゐる真中に、一階建のバンガローを拵《こし》らへて、其《その》中に栽培監督者としての自分が朝夕起臥《きが》する様を想像して已《や》まなかつた。彼はバンガローの床をわざと裸にして、其《その》上に大きな虎の皮を敷く積《つもり》であつた。壁には水牛の角を塗り込んで、夫《それ》に鉄砲を懸け、猶其《なほその》下に錦の袋に入れた儘《まま》の日本刀を置く筈《はず》にした。さうして自分は真白なターバンをぐる〳〵頭へ巻き付けて、広いヱランダに据え付けてある籐《とう》椅子の上に寐《ね》そべりながら、強い香《かほり》のハヴナをぷかり〳〵と鷹揚に吹かす気でゐた。夫《それ》のみか、彼の足の下には、スマタラ産の黒猫、——天鵞絨《びろうど》の様《やう》な毛並《けなみ》と黄金其儘《こがねそのまま》の眼と、それから身の丈《たけ》よりも余程長い尻尾を持つた妖しい猫が、脊中を山の如《ごと》く高くして蹲踞《うづく》まつてゐる訳になつてゐた。彼はあらゆる想像の光景を斯《か》く自分に満足の行くやうに予《あら》かじめ整へた後で、愈《いよいよ》実際の算盤《そろばん》に取り掛つたのである。所が案外なもので、まづ護謨を植ゑる為《ため》の地面を借り受けるのに大分《だいぶん》な手数と暇が要《い》る。夫《それ》から借りた地面を切り開くのが容易の事でない。次に地ならし植付に費やすべき金高《かねだか》

が意外に多い。其上《そのうへ》絶えず人夫《にんぷ》を使つて草取をした上で、六年間苗木の生長するのを馬鹿見たやうに凝《じつ》と指を銜《くは》へて見てゐなければならない段になつて、敬太郎は既に充分退却に価すると思ひ出した所へ、彼に色々の事情を教へてくれた護謨通は、今暫《しば》らくすると、あの辺で出来る護謨の供給が、世界の需用以上に超過して、栽培者は非常の恐惶を起すに違ないと威嚇したので、彼は其後《そのご》護謨の護の字も口にしなくなつて仕舞つたのである。(一一三―一一四頁)

夏目漱石がいったいどんな情報源を用いて、このような詳細な描写を行ったのかは不明である。少なくともロンドンへの往路では、漱石がシンガポールのゴム園を見学した事実はない。また、欧州航路寄港者のゴム園見学がシンガポールの定番観光コースとなったのは、漱石の洋行から十数年後の大正時代以降のことに過ぎない。植物園でゴム林を見た経験を敷衍《ふえん》した表現、あるいは、書物を通して得た知識であったかも知れない。引用前半のゴム・プランテーションのバンガローの描写は、細部に至るまで実にみごとであり、後半のゴム栽培の算盤勘定《そろばんかんじょう》も相当的確なものと思われる。

『彼岸過迄』が連載された一九一二年は、マレー半島におけるゴム熱が正に過熱していた時期にあたる。アメリカでの自動車大衆化によって、タイヤ用ゴムの需要が急増したためである。ジャーナリスト長谷川如是閑《はせがわにょぜかん》(一八七五～一九六九)は、一九一〇年九月頃にシンガポールに立ち寄ったが、その著書『倫敦《ロンドン》』(政教社、一九一二年)でゴム園ブームに触れている。「熱の出初《ではな》だけに半分はカラ騒ぎの最中だが、本国の英国では、新嘉坡で護謨を植れば、乞食も一晩で銀行が建てられるかの如《ごと》く騒いで居た事は、僕等《ぼくら》の倫敦で見聞した所である」(五四九―五五〇頁)とある。第三章第二節「熱帯都市の魅惑」で述べるように、日本人もまた、一九一〇年代に次々とシンガポールやジョホールでのゴム園経営に乗り出した。文豪漱石は『彼岸過迄』で、最新の経済動向を敏感に捕捉し、創作活動に生かしたのである。

第三節　永井荷風と二葉亭四迷

永井荷風『ふらんす物語』

第一高等学校（現在の東京大学教養学部）の受験に失敗し、学歴貴族になり損ねた永井荷風《ながいかふう》（一八七九～一九五九）は、漫然とアメリカに留学した。その後、元高級官僚だった父の縁故で、ワシントンの日本大使館に臨時雇用され、ニューヨークおよびフランス・リオンの横浜正金《しょうきん》銀行で下働きの職を得た。米仏での足かけ六年間におよぶ自由奔放な生活に終止符を打ち、荷風がロンドンから日本郵船讃岐丸《さぬきまる》で帰国の途についたのは、一九〇八（明治四十一）年のことだった。満二十八歳の永井壮吉《そうきち》青年を乗せた客船は、同年七月上旬にシンガポールに到着した。

荷風は帰国後、米欧滞在の経験に基づいた『あめりか物語』『ふらんす物語』を上梓《じょうし》し、颯爽《さっそう》と文壇に登場するのだが、この『ふらんす物語』には、シンガポールに関する数ページの短い文章が収められている。当初、雑誌『秀才文壇』第九巻第一号（一九〇九年一月）に「悪寒《おかん》」と題して発表され、次いで『ふらんす物語』（博文館、一九〇九年）に収録された。しかし、この単行本は納本直後に発禁となったため、残念ながら多くの読者を得ることはできなかった。「悪寒」は、敗戦後の『荷風全集』第四巻（中央公論社、一九四八年）で「新嘉坡の数時間」と改題され、以後広く親しまれた。以上のような経緯から、ここでは中央公論社版『荷風全集』より引用してゆくことにしたい。

「新嘉坡の数時間」は、極めて魅力的な作品である。それは、登場する人物を荷風が徹底して醜く描き、

図8　タンジョン・パガ（Tanjong Pagar）の石炭庫。この地区には荷役に従事する多くの苦力が住んでいた。タンジョン・パガは、政治家リー・クワン・ユー（1923～2015）を生んだ選挙区でもある。Toh, Jason, *Singapore through 19th Century Photographs* (Singapore: EDM, 2009), p. 72.

植民地シンガポールを醜悪な苦役《くえき》の巷《ちまた》として表象しているからである。当時フランスで流行していたゾラの自然主義文学の影響もあったと思われる。新進気鋭の作家永井荷風は、東南アジアで目撃した光景を活用し、西洋崇拝・東洋嫌悪の一元的な語りを展開することによって、独自の文学世界を作り上げた。

　荷風を日本へと運ぶ讃岐丸が接岸したのは、一八六二（文久二）年の竹内遣欧使節団以来、あまたの日本人が上陸してきたタンジョン・パガ（Tanjong Pagar）の波止場だった。『ふらんす物語』「新嘉坡の数時間」は、次のように始まる。「顧《かへりみ》れば西の方《かた》欧羅巴《ヨーロッパ》の天地は如何《いか》に遥《はる》けく隔《へだ》つてしまつたか。曇《くも》つた大西洋、晴れた地中海、苦熱の紅海、暴風の印度洋。船は今新嘉坡に到着した」（二八一頁）。『ふらんす物語』の語り手は、「欧羅巴の天地」を美の国・芸術の国として理想化し、返す刀で日本および東洋を醜悪かつ不愉快な地として描いてゆく。この一貫した語りの中で、シンガポールは醜いアジアの象徴として表象されることになった【図8】。

　欧州航路の汽船が停泊するタンジョン・パガの埠頭は、市街地から遠く離れており、海運および物流の拠点として、実用本位の薄汚れた倉庫や石炭庫などが建ち並んでいた。貨物や石炭の運搬は、苦力《クーリー》と呼ばれる貧しい低賃金労働者の肉体労務によって行われた。

汽船は古い木製の桟橋に繋がれて居る。桟橋の向《むかう》には汚れた瓦屋根の倉庫が引続いてゐて、熱帯の青空ばかり、陸地の眺望の凡《すべ》てを遮《さへぎ》つてゐる。甲板からは耳を聾《ろう》する機械の響《ひびき》と共に、荷物が桟橋へと投出される。醜い馬来の土人や汚い支那の苦力《クーリー》が幾人と数知れず、互《たがひ》の身を押合ふやうに一方では取出された荷物をば、倉庫の中に運んで行く。と、一方では倉庫の中から石炭を運び出して船へと積込む。いづれも腰のまはりに破れた布片《ぬのきれ》一枚を纏《まと》ふばかりなので、烈日の光と石炭の粉《こ》、塵埃《ぢんあい》の烟《けむり》の渦巻く中に、行きつ戻りつ、是等《これら》の労働者の動いてゐる有様は、最初は人間ではなくて、唯黒い汚い肉の塊《かたま》りが、芋でも洗ふやうに動揺してゐるとしか思はれなかつた。やがて動く手足の筋肉が重い物を背負ふ度々、松の瘤《こぶ》のやうに高く張出して、汗が瀧のやうに流れ滴《したた》るさまに気の付いた時は、久しく機械と電気の力ばかりに驚かされてゐた自分は、まるで心を毟《むし》られるやうな痛ましさ、恐しさに打たれねばならなかつた。東洋と云《い》ふ処《ところ》は実にひどい処《ところ》だ。ひどい力役《りきえき》の国であると感じた。（二八一―二八二頁）

明治第二世代の視点

竹内遣欧使節団以来、多くの日本人がシンガポールの港の機能性や、貿易拠点としての発展性を肯定的に評して来た。幕末の例を挙げると、「大船三艘程ツ、モ船端附《ふなばたづけ》ニシテ、煤石《ばいせき》運入《はこびいれ》ノ便ニ構ヘタリ」（市川渡《いちかわわたる》「尾蠅《びよう》欧行漫録」）、「大船を岸ニ付《つけ》て、直《ただち》に積込《つみこむ》。之《これ》至て便利なり」（淵辺徳蔵《ふちべとくぞう》「欧行日記」）、「波戸場ハ浮桟《ふさん》を以《もつ》て碇泊《ていはく》之《の》船々に通し、石炭囲場《かこゐば》其《その》咫尺《しせき》にありて、積入方《つみいれかた》甚《はなはだ》便なり」（杉浦譲「奉使日記」）、「大型船も接岸できる立派な港である」（『徳川昭武《あきたけ》幕末滞欧日記』）というのが、タンジョン・パガの港湾施設の評価であった。明治初期には、多くの船が行き交う繁華な貿易港であるという認識も一般的であった。シンガポールは「印度支那海の咽喉《いんこう》に当り、船舶爰《ここ》に輻湊《ふくそう》し、年を逐《お》ふて繁栄に赴けり」（浅野長勲《あさのながこと》『海外日録』）、「近時東洋要路ノ津ト為《な》リ市《し》船《せん》叢《そう》泊《はく》シ貿易繁盛ノ処《ところ》タリ」（『板垣君欧米漫遊日記』）、「印度、支那、呂宋《ロソン》、爪哇《ジャワ》、豪洲《ヲースタリヤ》等へ郵船ノ往《わう》返《へん》絡《らく》繹《えき》トシテ運輸自在、所謂《いはゆる》四通八達ノ要港ナリ」（野《の》津《づ》道貫《みちつら》『欧米巡回日誌』）等に見られるように、寄港者の多くがシンガポール港を称賛している。(14)

一方永井荷風は、それまでの経済的視点に代って、美醜という価値観を持ち込むことにより、シンガポール港の見方をみごとに反転させた。荷風の記述が幕末の外交使節団や森鷗外と大きく異なる原因は、とりもなおさず世代の違いにほかならない。荷風は明治第二世代である永井荷風は、明治第一世代が苦労して作り上げてきた近代国家の成果の上に立っている。荷風はもはや、汽船が直接接岸できる機能的桟橋に驚くこともなければ、波止場の脇に倉庫や石炭庫が効率的に配置されていることに感心したりはしない。青年荷風にとって、それは至極当然なことに過ぎなかった。

いやむしろ逆に、欧州航路の船客のための美しく豪華な送迎用客船ターミナルがなぜないのかと、却ってがっかりしたのではなかろうか。永井青年の脳裏には、ニューヨークの港の華やかな風景があった。「かの紐育《ニューヨーク》埠頭の出船入船に、花園かと怪しむ女の衣服、打振るハンケチ、投合ふ花束、人の呼ぶ声、泣く声、笑ふ声。奏する音楽の賑《にぎは》しさに引比べて、何と云《い》ふ烈《はげ》しい相違であらう」（二八三頁）と、荷風は述べている。

タンジョン・パガの港としての姿は、幕末から明治末にかけて施設が徐々に拡充されて行ったものの、本質的にはさほど変化がなかった。ここはあくまでも、貿易貨物と石炭燃料補給のための実用本位の港湾であった。タンジョン・パガについて記述した日本人の記録を定点観測することにより、観察者である日本側の変化もうかがい知ることができる。

西航と東航の違い

私は、『ふらんす物語』がシンガポールを罵倒するに至った一つの要因として、永井荷風が日本行きの船に乗って初めてこの海峡都市に到着した点に注目したいと思う。欧州航路には、ヨーロッパ方面に進む航海（西航・往航）と、その逆のルート（東航・復航）がある。大多数の日本人は、横浜や神戸から乗船し、上海・香港やサイゴンを経由してシンガポールに入港した。欧州へ赴く邦人船客にとって、シンガポールは最初に上陸する熱帯都市であり、西洋文明に近付きつつあるという感覚もあった。そのため日本人旅行者は、熱帯の気候や動植物、黒い肌をしたインド人・マレー人、欧米風の進んだ社会資本などに興味を魅かれた。

これに対し、アメリカまたはシベリアを経由してヨーロッパに渡航し、帰国の際に初めてこの地にやってきた東航途上の日本人は、シンガポールを見る視点が、西航の場合とは相当に異なっていた。帰朝の途にある日本人にとって、西洋的な事物、肌の黒いインド人、熱帯の風物は、既に欧州やアデンやコロンボでお馴染みのものであり、新奇さを感じることはない。永井荷風自身、前の寄港地コロンボでは、「初めて仰ぐ椰子の林や裸体の土蛮、恐しい水牛や烈《はげ》しい日の光。驚くべき草木の茂りを目のあたり、久しく夢みた熱帯の美に酔はされてゐたが、かゝる新奇に対する一時の恍惚は」、シンガポールでは「跡方もなく消え失せてしまつた」（二八一頁）と述べている。

東航の旅客の目に飛び込んでくるのは、それまで目撃して来たのとは異なる光景や人物の姿である。まず、東洋の植民地に生きる西洋人が、ヨーロッパで交際した上流の白人とは全く異質な雰囲気を醸《かも》している点に、日本人は敏感に反応した。荷風には、植民地シンガポールをうろついている西洋人が、いかにも人品が劣っているように見えた。「倉庫の前には役人らしい人相の悪い西洋人が二三人、兜形《かぶとがた》の帽子を冠《かぶ》つて、大股《おほまた》に歩いてゐる」、「殖民地通ひの荷船」の「欄干に身を倚《よ》せてゐる人達をば、遠くから眺めると、何《いづ》れも角張つた鋭い顔立、悲しい中《うち》にも荒々しい眼付の船員、水夫、また出稼《でかせぎ》に行くらしい人足体《にんそくてい》のものばかり」（二八二―二八三頁）であった。

植民地シンガポールには、一攫千金を狙う冒険的イギリス人が跳梁跋扈《ちょうりょうばっこ》していた。サマセット・モーム（William Somerset Maugham 一八七四～一九六五）は、英国人専用のタングリン・クラブ（Tanglin Club）で講演した時、「ここの人達を見て、私は、本国の召使《めしつかい》が滅多に戻って来ないことが、もはや驚きではなくなった」と言い放った。イギリスでは身分の低い下僕に過ぎない人間が、南洋では紳士を気取っていることを痛烈に風刺したのである。そのため、モームをクラブに紹介したシュッツマンは、直ちに好ましからざる人物のリストに載せられてしまった[15]。アメリカとフランスで長い歳月を暮らした永井荷風も、植民地に生きる西洋人の人品が劣っていることを鋭敏に感じとった。東航の船で初めてシンガポールにやってきたからこそ、このような視点で観察することができたと言えよう。

東航の旅の記録が西航と異なる第二の点は、彼らがシンガポールで日本の存在を強く意識していることである。長谷川如是閑《はせがわにょぜかん》（一八七五～一九六九）は『倫敦《ロンドン》』（政教社、一九一二年）で、「始終此《こ》の辺を往来する船員共《ども》は此処迄《ここまで》来ると日本に帰つたやうな心持《こころもち》がするといふ」（五四六頁）と書いている。フランスからの帰途、一九一六（大正五）年六月に到着した島崎藤村《しまざきとうそん》（一八七二～一九四三）も、「新嘉坡まで帰ればもう日本に帰つたも同じやうなものだとは熱田丸の船員からよく聞かされたことだ[16]」と語っている。一方、欧州留学の帰途、一九二四年十二月十二日に榛名丸《はるなまる》で入港した斎藤茂吉《さいとうもきち》（一八八二～一九五三）は、「ここに来て日本語の断片を街上に聞くとき吾等《われら》涙ぐみつも[17]」という短歌を詠んでいる。作品としての出来は悪いが、ドイツやオーストリアでの長い医学研修を経てようやく東洋にたどり着いた喜びが、率直に表現されていると言えるだろう。

永井荷風もまた、シンガポールで日本の存在を強く意識した。斎藤茂吉らとは異なり、荷風は『ふらんす物語』「新嘉坡の数時間」で、むしろ日本への嫌悪感を語っている。「久しく西洋化した日本人ばかりを見てゐたせいか、純粋に内地的な二人の様子が如何《いか》にも物珍らしく見えると同時に、現代の日本に対する悪感情がます〳〵混乱して来る」（二八五頁）、あるいは、「今から十日を出《いで》ずして自分はその国の地を踏まねばならない」（二八九頁）といった記述は、この作家が、シンガポールで日本の存在を身近に感じ始めたことを示している。

三井の石炭

永井荷風は「新嘉坡の数時間」で、讃岐丸《さぬきまる》に積みこまれる燃料の石炭に言及している。それを運ぶのは、「腰のまはりに破れた布片《ぬのきれ》一枚を纏《まと》ふばかり」の「醜い馬来の土人や汚い支那の苦力《クーリー》」であった。しかし荷風は知っていただろうか。「黒い汚い肉の塊り」の「是等《これら》の労働者」が積み込んでいた石炭こそ、九州大牟田《おおむた》の三井三池《みいけ》炭坑などで採掘された日本の産品であり、その輸出の利益が、めぐりめぐって永井荷風のような上層日本人の経済を潤していたことを。

一八七六（明治九）年に官営三池炭鉱の委託販売権を得た三井物産は、後に石炭をアジア各地に輸出することを考えた。一八九〇年に三池炭鉱が三井に払い下げられると、P&O社、北ドイツ・ロイド社、マリティーム・メサジェリ社など、欧州航路を運航していた英独仏の主要な企業に掛け合い、シンガポールで三池炭を補給する契約を取り付けた。世界各地から蒸気船が日々寄港する東洋貿易の中心地シンガポールには、膨大な石炭の需要があったのである。

三井物産は一八九一年七月一日、六番目の海外支店をシンガポールに開設した。支店長はわずか十九歳の福井菊三郎という人物であった。夏目漱石がシンガポールに上陸した際、同船の芳賀矢一が港で「三井の剣山丸《つるぎさんまる》」を目撃していることは、先に述べた通りである。三池炭鉱払い下げから十年後の一九〇〇年、三井は剣山丸のような自前の船舶を、南洋方面に投入するまでになっていた。支店誕生の十一年後、荷風より約六年早い一九〇二年十月十六日にシンガポールに到着した渋沢栄一は、三井の石炭に言及し、「当地出入の貨物中、最も石炭を巨額とし、十中の六七は日本炭にして、三井物産会社其《そ》の大部分を取扱ふ」(18)と述べており、石炭輸出の急速な拡大がうかがわれる。名門ラッフルズ・ホテルのロング・バー(Long Bar)は、カクテルのシンガポールスリングが誕生した店として知られているが、今も店内の壁には古い三井物産の広告が掛けられている。

欧州航路を旅した日本人の記録を読んでいると、しばしば三井物産シンガポール支店の社員が登場する。多くの名士が三井の世話で観光を楽しんだ。たとえば、一九〇六年六月四日に讃岐丸で立ち寄った政治家長谷場純孝《はせばすみたか》(一八五四~一九一四)は、三井物産支店長馬場玲蔵と社員笠原寛美の出迎えを受け、市内を観光している。翌日は、社員鵜飼登次郎の案内でジョホールまで出かけ、夜には社宅で八名程の社員が同席し、日本料理に舌鼓を打った。この日は三井物産側にとっても、二年後に衆議院議長になるような有力な政治家と親睦を深める貴重な機会であっただろう。

三井物産がもてなした来客は、政治家ばかりではない。後に慶應義塾塾長になる小泉信三《こいずみしんぞう》(一八八八~一九六六)は、一九一二(大正元)年十月二日に熱田丸《あつたまる》でシンガポールに寄港し、三井物産社員三人に町を案内してもらっている(19)。西本願寺の大谷光瑞《おおたにこうずい》(一八七六~一九四八)は、一九一五年一月四日に到着した際、「三井支店阿部氏の厚意に依《よ》り、社宅に一宿」しており、一九二八(昭和三)年六月二十一日に訪れた時にも、「高橋三井支店長の宅に投ず」[20]とある。また、俳人高浜虚子《たかはまきょし》（一八七四〜一九五九）と小説家横光利一《よこみついち》（一八九八〜一九四七）が一九三六年三月四日に箱根丸《はこねまる》でシンガポールに入港した時は、三井物産支店長松本季三志が挨拶に船まで訪れている。[21]三井物産の支店長は、シンガポールを通過する日本人名士をもてなすことが仕事の一つになっていた。これを経済的に支えていたのが、シンガポール港の石炭なのであった。

二葉亭四迷の火葬

『浮雲』『其面影《そのおもかげ》』『平凡』などの小説をはじめ、ロシア文学の翻訳でも知られる二葉亭四迷《ふたばていしめい》（一八六四〜一九〇九）は、ペテルブルグからの帰国の船中で亡くなり、シンガポールのパシル・パンジャン（Pasir Panjang）の丘で火葬された。永井荷風がシンガポールを通過した翌年の出来事である。日本人墓地公園には今も「二葉亭四迷終焉之碑《しゅうえんのひ》」があり、多くの人が訪れる場所となっている。

二葉亭四迷は、単なる小説家であることには満足できず、積極的に天下国家の経綸《けいりん》にかかわろうとした。特に、ロシアの南下から日本をどう守るかに心を砕き続けた。一九〇八（明治四十一）年六月、作家は朝日新聞の特派員としてペテルブルグに赴くが、まもなく肺結核に罹《かか》る。そのため、一九〇九年四月九日、ロンドンから賀茂丸《かもまる》に乗船、帰国することになった。しかし、五月十日午後五時十五分、ベンガル湾上北緯六度二分、東経九十二度三十四分の位置で終に息を引き取った。スマトラ島北端の西方三百キロ程の位置である。遺体は熱帯では腐りやすかったが、特別の配慮によって水葬を行わず、シンガポールまで運ばれて荼毘《だび》に付された。中村光夫《なかむらみつお》『二葉亭四迷伝』（講談社、一九五八年）では、日本郵船賀茂丸近藤事務長の報告を引用しつつ、火葬の様子が次のように述べられている。

図9　二葉亭四迷の火葬。野口駿尾画。左から、シンガポール在住の楳仙和尚（1870～1912）、日本郵船賀茂丸近藤事務長、船の給仕吉原氏または添田氏。

十三日午後四時二十五分、「国旗を以《もっ》て蔽《おほ》ひ、二箇の花輪を以《もっ》て飾」られた二葉亭の棺は「二頭曳《びき》の輿《こし》馬車」で、賀茂丸をはなれ、午後五時二十二分にバセバンシャンに到着しました。共済会から二木《ふたき》会長はじめ、数名の会員と会付の曹洞宗《さうとうしゆう》の僧侶、梅仙師《ばいせんし》、二名の船客、事務長と船医、給仕四人が随行しましたが、「山腹に到る道路険悪にして其《そ》の困難一方《ひとかた》ならず」でした。しかし梅仙師の読経後、事務長の手で薪に火が点ぜられ、再び読経があつて、一同帰途につき、現場には事務長と、吉原、添田の二給仕が残つて、徹夜で監視することになりました。（中略）火葬は夜中の一時に完了しましたが、三人はそのまま夜明けを待ち、午前六時十五分に梅仙師が再び登山してきたので、読経のあと遺骨を拾ひにかかり、「一片の遺骨も他郷に残すに忍ぶ可《べ》からざるを以《もっ》て、最も注意して収集」し、午前七時四十分に灰燼《くわいじん》をとりかたづけて帰途につきました。（三六八―三六九頁）

二葉亭とも付き合いの深かったロシア文学翻訳家内田魯庵《うちだろあん》（一八六八～一九二九）の著書『思ひ出す人々』（春秋社、一九二五年）には、このパシル・パンジャンの丘での火葬を描いた絵が掲載されている【図9】。賀茂丸に乗船していた画家野口駿尾《のぐちしゅんび》（一八八一～一九四六）の手によるものである。「事務長の近藤末五郎君と小生にて故人の骨を拾ふ」「シンガポールの日本人にて僧あり読経す」「舩《ふね》のボーイ一夜会葬」などとあり、一同の背後にはマラッカ海峡の海が見えている。絵には「シンガポール着の前日逝去《ママ》せらる同港の山上に火葬」とある。『新嘉坡の宿』（興亜書房、一九四二年）を書いた小説家森三千代《もりみちよ》（一九〇一～一九七七）は、「火葬にした時」、死体が「一度直立した」（六八頁）という話を在留邦人から聞いている。

二葉亭の遺体が焼かれたパシル・パンジャンは、シンガポール市街西方の地名で、東西四キロ程の広い地域を指す。火葬が行われた正確な位置は不明だが、現在のブキ・チャンドゥ（Bukit Chandu）一帯と推測される。「ブキ」はマレー語で丘の意味で、かつては麓《ふもと》にアヘン工場があったため、オーピアム・ヒル（Opium Hill）とも呼ばれていた。モダニズムの作家吉行《よしゆき》エイスケ（一九〇六～一九四〇）は、英国植民地政府公認のこの麻薬製造施設を、小説「阿片工場」（一九三一年）で描いている。この丘は、第二次世界大戦でマレー人部隊が日本軍と戦った激戦地でもある。

一九〇九年当時のパシル・パンジャンの丘は、どのような場所だったのだろうか。西村竹四郎『在南三十五年』（安久社、一九三六年）には、一九一〇年頃のこの丘の様子が描かれている。そこは「設備も何んにもない茅《かや》の生ひ茂つた山上であつた。印度人は焼いた骨の一小部分を拾ひ、他を放棄して行くので人骨塁々《るいるい》、堆《うづたか》くなつてゐる。その上をざく〳〵靴で踏みくだいて行くのは気持《きもち》のよいものでない。そして柩《ひつぎ》は人骨の上に安置され薪を積み油を澆《そそ》がれ、北邙《ほくばう》山上一片の烟《けむり》と消えて行く」（七八頁）。現在この地には、Reflections at Bukit Chandu という小さな戦争記念館が建ち、その西側には、海を見下ろす美しいケント・リッジ公園（Kent Ridge Park）が広がっている。

日本人墓地の石碑

二葉亭四迷の死は、没後二十年を経て、シンガポールの在留邦人によって記念されることになった。

図10　二葉亭四迷終焉之碑の前で。右より佐藤春夫、大佛次郎、読売新聞深田氏。1943年11月撮影。

チュアン・ホー・アヴェニュー（Chuan Hoe Avenue）の日本人墓地公園には、一九二九（昭和四）年七月十四日に建てられた「二葉亭四迷終焉《しゅうえん》之《の》碑《ひ》」が現存する。碑銘は、先に引用した『在南三十五年』で知られる医師西村竹四郎（号黯南《あんなん》、一八七一〜一九四二）の手によるもので、石碑正面左下には「黯南書」とある。同書によれば、石碑は「古藤、当房、堀切諸氏の尽力」で建立され、当初の予定では揮毫を「徳富蘆花先生に依頼する筈《はず》であつた」（五二一頁）という。徳富蘆花《とくとみろか》（一八六八〜一九二七）は、二葉亭四迷終焉之碑建立以前の一九一九（大正八）年二月十四に日本人墓地を訪れ、「新嘉坡郊外サラングン［Serangoon］の彼護謨《かのゴム》林中に、二葉亭を記念の何かがありたいと思ふのは、これも自然の人情ではあるまいか[22]」と書いているから、その縁を頼ろうとしたものと思われる。

これ以降、多く寄港者が新名所となった二葉亭四迷終焉之碑を訪れている。洋行途上の俳人高浜虚子は、一九三六年三月五日に碑を拝し、同年四月十五・十六日の『大阪朝日新聞』に随筆「四迷の碑」を書いている。また、国際ペンクラブ大会出席のため、りおでじゃねいろ丸で南米に向かった島崎藤村は、同年七月二十六日に日本人墓地を訪れた。虚子の弟子山口青邨《やまぐちせいそん》（一八九二〜一九八八）も、一九三七年三月四日に二葉亭の石碑に詣でている[23]。さらに、佐藤春夫《さとうはるお》（一八九二〜一九六四）は第二次世界大戦下の一九四三年十一月九日、作家大佛次郎《おさらぎじろう》（一八九七〜一九七三）らとともに、碑の前で記念撮影をしている【図10】。二葉亭四迷終焉之碑がある邦人墓地の歴史は、明治時代にまで遡《さかのぼ》る。以下、『シンガポール日本人墓地——写真と記録（改訂版）』（シンガポール日本人会、一九九三年）によって、墓苑の概略を述べておこう。一八九一（明治二十四）年七月二日、二木多賀治郎《ふたきたがじろう》（?～一九一二）が自分の所有する土地を提供し、日本人共同墓地が正式に誕生、同時に在留邦人の共済会が発足した。しかし、この地に埋葬されたことが確実な最古の墓石は、その二年前の一八八九年十二月十三日に亡くなった佐藤登満のものであるという。

一八九三年、後に二葉亭四迷の火葬をとり行うことになる楳仙《ばいせん》和尚がシンガポールに渡航、墓地に草庵を営んだ。一九一一年には、この地に曹洞宗釈教山西有寺が建立されている。一九一二年二月に楳仙遷化《せんげ》後、お寺は大塚智仙和尚、北川法主和尚、堀江大給和尚、堀江晴行和尚によって継続されたが、敗戦後の邦人引き揚げによって荒廃してしまった。

現在日本人墓地公園には九一〇基の墓石があり、そのほとんどは色街の娘子軍のものである。このほか、戦後ジョホール・バル（Johor Bahru）で病死した南方軍総司令官寺内寿一《てらうちひさいち》（一八七九～一九四六）をはじめとする軍人の墓碑も多くある。在留邦人の有力者としては、二木多賀治郎、医師中野光三（一八六九～一九二三）、医師西村竹四郎、楳仙和尚、大和商会の長野実義（一八六五～一九一五）、南洋日日新聞社社長古藤秀三（一八八五～一九三〇）、石原産業シンガポール支配人西村吉夫（一八九三～一九三四）らが眠っている。

洋行途上にあった斎藤茂吉は、一九二二年十一月十五日に熱田丸《あつたまる》でシンガポールに上陸し、日本人墓地を訪れた。「私は墓石を見てまはつたが、中には千葉県人平野艶蔵長女春、生後百日などといふのもあり、一々感慨の深いもののみであつた」[24]とある。この墓石（D六五番）は、現存している。墓碑には「千葉県人平野艶蔵長女春枝生後百日」と彫られている。一九一四年六月十五日に亡くなった幼女の墓である。平野氏は歯科医であった。斎藤茂吉は日本人墓地で、「「にほんじんはかの入口」の標《しるし》あり遊子樹《じゆ》といふ樹さへ悲しも」「火葬場にマングローヴ樹《じゆ》植ゑたりき其処《そこ》の灰を手にすくひても見つ」という短歌を作っている。

注

(1) 福沢諭吉は『世界国尽』(慶應義塾、一八六九年)で、「満落花《まらくわ》の南の端に新賀堀《しんがぼふる》といふ小島あり。英吉利領の港にて諸国の舩《ふね》の立寄る所なり」と説明している。内田正雄『輿地誌略』(大学南校、一八七〇年)には、「海角ノ小島ニ新嘉坡府アリ東洋貿易枢要ノ地ニシテ飛脚船ノ碇泊場ナリ此地《この》赤道下ニ在《ある》ニ因《より》テ気候極メテ炎熱ナリ」とある。また、藤井惟勉『万国地誌略』(二書堂、一八七四年)には、「海浜ニ島アリ、新嘉坡《シンガボウル》ト名《なづ》ク、其《その》地南洋西洋ノ衝ニ当リ、帆檣《はんしやう》林立シ、東西ノ百貨畢《ことごと》ク萃《あつま》リ、貿易尤《もつと》モ繁盛ナリ、諸海国ノ中市トス」とある。

(2) Leong Foke Meng, *The Career of Otokichi* (シンガポール日本人会・史蹟史料部、二〇〇五年)、二二頁。ホテルは一九〇七年に建て替えられ、一九三一年まで営業した。

(3) Toh, Jason, *Singapore Through 19th Century Photographs* (Singapore: EDM, 2009), p. 42.

(4) 『鷗外全集』第一巻(岩波書店、一九七一年)、四二五頁。

(5) 森鷗外「航西日記」、『新日本古典文学大系明治編5海外見聞集』(岩波書店、二〇〇九年)、四二三頁。原文は漢文。以下「航西日記」からの引用は、同書四二三―四二四頁による。なお、鷗外はドイツから帰朝の途上、一八八八(明治二十一)年八月二十二日にシンガポールに到着、翌八月二十三日に出港している。しかし「還東日乗」には、「二十二日。泊新嘉坡。／二十三日。朝。発新嘉坡。」としか記されていない。『鷗外全集』第三十五巻(岩波書店、一九七五年)、二二三頁。

(6) 成島柳北「航西日乗」、『新日本古典文学大系明治編5海外見聞集』(岩波書店、二〇〇九年)、二六二頁。原文は漢文。以下「航西日乗」からの引用は、同書二六二―二六四頁による。

(7) マシュー・フレーリ「航西の東道主人――成島柳北「航西日乗」とそれ以前の海外紀行文」、『京都大学国文学論叢』第八号(二〇〇二年)、六四―八九頁。

(8) 「留学日誌」、『芳賀矢一選集』第七巻(国学院大学、一九九二年)、一五三―一五四頁。引用にあたっては句読点を加筆した。

(9) 『黒田清輝日記』第二巻(中央公論美術出版、一九六七年)、五四九―五五一頁。なお、シンガポールの日本人墓地には、松尾兼松の子供の墓がある。一八九八年十一月二十三日没。区画E七六。『シンガポール日本人墓地――写真と記録(改訂版)』(シンガポール日本人会、一九九三年)、一三〇頁。

(10) 『漱石全集』第二十二巻(岩波書店、一九九六年)、一九〇頁。「断片四A」は、『漱石全集』第十九巻(岩波書店、一九九五年)、三六頁。

(11) 『抱月全集』第八巻(日本図書センター、一九九四年)、一二四頁。

(12) 高田善治郎「出洋日記」、『明治欧米見聞録集成』第十八巻(ゆまに書房、一九八七年)、二七八―二七九頁。

(13) 桜井鷗村『欧洲見物』(丁未出版社、一九〇九年)、五七二頁。

(14) 引用は以下の文献による。市川渡「尾蠅欧行漫録」、日本史籍協会編『遺外使節日記纂輯二』(東京大学出版会、一九七一年)、二八七頁。淵辺徳蔵「欧行日記」、日本史籍協会編『遺外使節日記纂輯三』(東京大学出版会、一九八七年)、二二頁。杉浦譲「奉使日記」、『杉浦譲全集』第一巻(杉浦譲全集刊行会、一九七八年)、一三六頁。『徳川昭武幕末滞欧日記』(山川出版社、一九九九年)、一〇九頁。浅野長勲『海外日録』(出版者不明、一八八四年)、一五頁。「板垣君欧米漫遊日記」、『明治欧米見聞録集成』第二巻(ゆまに書房、一九八七年)、九〇―九一頁。野津道貫「欧米巡回日誌」、『明治欧米見聞録集成』第四巻(ゆまに書房、一九八七年)、五九頁。

(15) 西原大輔「サマセット・モームのシンガポール」、『比較文学・文化論集』第十号(一九九四年)、一一九頁。
（16）『藤村全集』第八巻（筑摩書房、一九六七年）、一五八頁。
（17）『斎藤茂吉全集』第二巻（岩波書店、一九五三年）、二三九頁。
（18）渋沢栄一「欧米紀行」、『明治欧米見聞録集成』第二十六巻（ゆまに書房、一九八九年）、四五五頁。引用にあたっては読点を補った。三井物産の石炭輸出については、『挑戦と創造――三井物産一〇〇年のあゆみ』（三井物産株式会社、一九七六年）、および横田陟「シンガポールに於ける日本企業の生い立ち」、『シンガポール』二〇一二年夏号、一三一―一三三頁、を参照した。
（19）『青年小泉信三の日記』（慶應義塾大学出版会、二〇〇一年）、二四九―二五〇頁。
（20）『大谷光瑞全集』第九巻（大乗社、一九三五年）、二二一・三八九頁。
（21）高浜虚子『渡仏日記』（改造社、一九三六年）、四四頁。
（22）『徳冨蘆花集』第十四巻（日本図書センター、一九九九年）、七三頁。
（23）高浜虚子『渡仏日記』（改造社、一九三六年）、五七頁。『藤村全集』第十四巻（筑摩書房、一九六七年）、一三二―一三三頁。山口青邨『伯林留学日記』上巻（求龍堂、一九八二年）、二四頁。
（24）『斎藤茂吉全集』第十巻（岩波書店、一九五四年）、二二四頁。二首の短歌の引用は、『斎藤茂吉全集』第一巻（岩波書店、一九五二年）、三四六頁による。

第三章　寄港者が見たもの

第一節　港の光景

甲板からコインを投げる

幕末以来百年間、多くの日本人が欧州航路でヨーロッパに赴いた。小説家横光利一《よこみつりいち》（一八九八〜一九四七）は『欧州紀行』（創元社、一九四〇年）で、「欧洲航路の船客といふものは、どこかの学校へ入学したやうなものだ」（一三頁）と述べている。洋行者にとっては、船旅自体が既に異文化体験であった。そのため、特に往路で詳細な日記を書く傾向が顕著に見られ、寄港地シンガポールでの見聞についても、多数の記録が残されることとなった。これらの文献を読んで気づくのは、渡航者のシンガポールでの体験や感想が極めて似通っているということである【図11】。

例えば、丸木舟に乗ったマレー人へのコイン投げである。シンガポール港に到着した客船の舷側《げんそく》には、たくさんのカヌーが近寄って来る。そして甲板上の船客に向かい、硬貨を海中に投じるよう要求する。旅客が外洋船の高いデッキから小銭を抛《ほう》り投げると、肌の黒い男たちは水面下に躍《おど》り入り、お金を水中

図11　新田丸進水記念航路図、1939年５月20日。日本郵船欧州航路の主な寄港地は、横浜、神戸、上海、香港、シンガポール、ペナン、コロンボ、アデン、スエズ、ポートサイード、ナポリ、マルセイユ、ロンドン、アントワープなど。

でつかみ、浮き上がってくる。今日の視点からすれば、何ともあさましい帝国主義的遊戯だが、当のマレー人にとっては、それなりに良い収入になったのだろう。

シンガポール港頭での船からの投銭について書かれた最初の日本語文献は、一八六五年五月五日（慶応元年四月十一日）の薩摩藩《さつまはん》英国留学生松村淳蔵《まつむらじゅんぞう》（一八四二～一九一九）によるものである。『新修森有礼《もりありのり》全集』第四巻（文泉堂書店、一九九九年）所収の「松村淳蔵洋行日記」には、「黒人裸体、亦《また》よく水に入《いる》、銭を水に投ずるに入水して能《よく》水ごゝろを知る」（二七頁）とある。それ以来、実に夥《おびただ》しい数の日本人が、全く同じ経験を書き記してきた。管見《かんけん》の限りでは、一九三七（昭和十二）年に至るまで、同様の記述を確認できる。

客船の周囲に集まったマレー人の数は、「数十名」（中井桜洲）から「二箇の小艇」（芳賀矢一）までやや幅がある。年齢は、「児童」（浅野長勲《ながこと》）、「童子」（釈宗演《しゃくそうえん》）、「子供」（桜井鷗村）と、いずれも年少であるが、「十二三の子」（与謝野晶子）、「十二三より二十四五ぐらい」（黒田清輝）という具体的な数字を挙げた記録もある。彼らの姿は様々な比喩で語られる。「亀の子の如《ごと》く」（渋沢栄一）、「海獺《かいたつ》ノ如《ごと》シ」（中井桜洲）、「猶《な》ホ魚ノ如《ごと》ク」（板垣退助）、「蛙の水を潜《もぐ》るが如《ごと》く」（鳥尾小《こ》彌太《やた》）、「猿が舟に乗つて河童《かっぱ》の真似をする」（佐竹義文）と、動物に譬《たと》えられることが多い。乗っていた小船は、「丸木ヲクリタル舟」（夏目漱石）、「小さなうつろ舟」（巌谷小波《いわやさざなみ》）、「カノオ」（黒田重太郎）などと表現

されている。(1)

一方、水中に潜る立場からすれば、なるべく高額な硬貨を投げてもらいたいというのが人情であろう。「銅幣《どうへい》にては水中認めがたしとて、銀貨にあらざれば跳入《てうにふ》せず」という渋沢栄一の証言がある。寺田寅彦は、カヌーのマレー人の呼び声を英語のまま記録している。「I say; Herr Meister; far away far away; one dollar, all dive」。片言の英語でしきりに大声を張り上げる現地人の様子が、眼前に浮かんでくるようだ。コインを投げる列強諸国の裕福な旅客と、潜水する裸体の「土人」との上下関係が明らかであるところから、島崎藤村はこれを「あさましい慰み」と評している。(2)

日本画家横山大観《よこやまたいかん》(一八六八~一九五八)は、小舟から水中に潜る彼らの姿を《シンガポール所見》という題の一枚の絵に描いた【図12】。大観はローマで開催される日本美術展に出席するために白山丸《はくさんまる》で出国、一九三〇年二月にシンガポール港に到着した。縦長の画面には五艘《そう》のカヌーが描かれ、肌の黒い男たちが乗っている。そのうちの一人は、今まさに海に投じられた硬貨をつかむべく、水中に飛び入ろうとしている。絵の視点は高い位置に据えられており、甲板上から俯瞰した構図と思われる。

図12　横山大観《シンガポール所見》1930年、縦42×横20センチ、横山大観記念館蔵。なお、野長瀬晩花(1889~1964)もこの光景を描いている。大阪時事新報社編『欧洲芸術巡礼紀行』(十字館、1923年)、26頁左挿絵。

陶芸家川喜田半泥子《かわきたはんでいし》（一八七八〜一九六三）の『じやばめぐり』（千歳文庫、一九二八年）によれば、彼らは余興に「櫂《かい》と櫂で小さい玉をテニスの様《やう》にポン〳〵と打ち合う」（四八頁）ようなこともしたという。また、「舟が転覆すると片手に捨《ひろ》つた銭を持ち、片手で巧《たくみ》に起して乗舟し而《そ》して足で水を汲み出す其《そ》の姿《し》態《たい》と其《そ》の巧《たくみ》な事は亦《また》猿の如《ごと》くでカメラ党を喜ばすシイーンである」（四七三頁）と、瀧本二郎『欧米漫遊留学案内欧洲篇』（欧米旅行案内社、一九三四年）にある。高浜虚子『渡仏日記』（改造社、一九三六年）によると、虚子が乗った箱根丸《はこねまる》が出港する際には、客船が動きだした後も「暫《しばら》くの間カヌーを漕《こ》いで船に蹤《つ》いて来た」（五八頁）。

押し寄せる土産物屋

欧州航路の船舶が着岸すると、土産物屋ががやがやと乗船し、甲板に店を広げるのが習わしであった。両替商もやって来た。「彼らは舷階《げんかい》から上つた甲板や、食堂へ行く階段の近くに陣取り、誰彼となく船客に近づいては蠟《ろ》いろのステッキを突きつけます。相手になると、袋に入つた上等の何十ドルもするのを取り出して、輪のやうに曲げて見せたりします。両替屋はまた左手にトランプのやうに札《さつ》を握り、銀貨をじやらじやら鳴らして客を呼びます」（四三─四四頁）。これは、一九三八（昭和十三）年十月十三日に靖国丸《やすくにまる》で寄港した作家野上弥生子《のがみやえこ》（一八八五〜一九八五）が、『欧米の旅』上巻（岩波書店、一九四二年）に記した文章である。

停泊中は不特定多数の人が船内に入ることから、盗難被害も多く、キャビンの施錠《せじょう》が必須だった。「港へついて困るのは、泥棒が多いから窓も入口もしめておかなければならないことで、お部屋には熱くて這入《はい》れない」（三九頁）と、北原俊子『子供の見た欧羅巴』（宝文館、一九二六年）にある。「碇泊の夜は盗賊を恐れて甲板に添ふ船室の窓々を堅く閉《とざ》したから、とても蒸暑い船床の上では眠られなかつた」（島崎藤村）、「シンガポールは特に泥棒のひどい所」「窓をあけて置くとそこから物を盗まれるので、窓も閉めなくてはいけない」「この夏さ《ママ》に室を閉めきるのは甚《はなは》だ閉口だつた」（和辻哲郎）などと、船室の鍵かけについて繰り返し語られている。（3）

土産物売りがどんなものを販売していたのか、日本人による様々な航海日記を繙《ひもと》いてみよう。商人高田善治郎の『出洋日記』には、「数多《あまた》ノ土人甲板ニ大風呂敷ヲ拡《ひろ》ゲ其《その》上ニ帽子「ハンカチース」、「シヤーツ」其《その》他雑貨ヲ攤列《たんれつ》シテ船客ニ販《ひさ》グ」とある。他の文献に登場する販売物を列挙すると、「絹布、杖、木彫細工ノ箱、象嵌《ぞうがん》細工、孔雀ノ羽ノ団扇《うちは》」（久米桂一郎）、「麻のナフキン、象牙の箸、象牙の櫛」（与謝野晶子）、「籐《とう》のステッキ、更紗《さらさ》、貝殻、貝細工、菊形の珊瑚礁、鸚鵡貝」（寺田寅彦）などが売られていた。（4）

なかでも、籐《とう》のステッキは名産であったらしい。『赤道を行く（新嘉坡案内）』（新嘉坡日本人倶楽部、一九三九年）の巻末広告によれば、日本人町ハイラム街（Hylam Street）二五ノ一番地には専門店「原ステッキ店」があり、「南洋特産籐ステツキ製造卸《おろし》小売」を行っていた。徳冨蘆花は一九一三（大正二）年に九州・大分で籐のステッキを購入しているが、「銀の蛭巻《ひるまき》に獅子を刻して、それは新嘉坡出来のものだつた」。（5）籐製のステッキについては川喜田半泥子《かわきたはんでいし》も『じやばめぐり』で、「斑《ふ》入りの籐で疵《きず》もなく金物などもつけず腕に掛けるよふ《ママ》に具合よく曲がつたものになると英国のよふ《ママ》に八拾円も九拾円もはしませんが相当に高ゐ《ママ》値段を出さないと買へません」（一二九頁）と述べており、シンガポールを代表する土産物であったことがうかがわれる。

シンガポール港の騒がしい物売りの様子は、戦後になってもあまり変わっていない。一九五八年十一月二十八日に漁業調査船照洋丸《しょうようまる》で入港した小説家北杜夫《きたもりお》（一九二七～二〇一一）は、その有様を『どくとるマンボウ航海記』（中央公論社、一九六〇年）で、ユーモアを込めつつ描写している。

商品は皮靴、スリッパ、黒檀の象の彫物《ほりもの》、さらにあやしげな精力剤などである。彼等《かれら》は片言《かたこと》の日本語をあやつる。「タイヤ、アル。見ルタケ」「ホンモノ。買ウカ?」などと言い、小さなバッグをあけ、「タイヤ、エメラルドタイヤ、サファイイヤ……」と言いながらイミテエションを並べはじめる。「ホンモノ。ホンモノヨ」それにしてもエメラルドダイヤなどという宝石があるものだろうか。小男の中国人が廊下の隅でものものしげにエロ写真をとりだしてみせる。「日本のと同じだ」と言うと、「ニホンナイ。フィリッピン。ニホン、コレ」と、今度は正真正銘の日本製をとりだしてきた。（二一八—二一九頁）

苦力の荷役

タンジョン・パガ（Tanjong Pagar）の埠頭に接岸した客船にやってくるのは、土産物売りばかりではない。燃料の石炭や荷物を運搬する苦力《クーリー》の姿も、港の定番の光景だった。永井荷風がこの薄汚い港湾労働者に強い印象を受けたことは、第二章第三節「永井荷風と二葉亭四迷」で述べた通りである。一八七三（明治六）年二月にフランス船ファーズ号で入港した古川正雄も、「多勢の石炭運び等が丸裸にて黒き体に石炭末の上塗りを掛け、船中へ石炭を運込《はこびこ》む有様妖物とも餓鬼とも譬《たと》へやうなし」と、率直に書いている。全員が煤《すす》で真っ黒なので、「どれが土人か支那人か行水せねば分《わか》りがたし」といった有様だった。(6)

一九一六（大正五）年九月末から十月初め頃に到着した水上滝太郎《みなかみたきたろう》（一八八七～一九四〇）は、小説「新嘉坡の一夜」で苦力の様子を次のように描写しているが、これは明らかに慶應義塾の恩師永井荷風の『ふらんす物語』「新嘉坡の数時間」に影響を受けた記述である。欧州航路を舞台とした文学では、しばしばこのような先行作品の参照が行われた。『水上瀧太郎全集』第二巻（岩波書店、一九八四年）から引用したい。

上陸する客は皆上陸してしまつた。積下《つみおろ》す荷物を捲上《まきあ》げては陸へ落す機械の響《ひびき》、積込む石炭の山の崩れる音、立働く支那苦力《クーリー》のわめき騒ぐ声は入りまじつて、静な印度洋の航海で波の音ばかりに馴《な》れた耳を驚かし、人の心の平静を乱し始めた。西日の当る倉庫を背景にして、半裸体の獣《けだもの》のやうな苦力はギラギラ光る石炭を崩しては船に運んでゐるが、だれ一人として人類に対する親しい感情を起させるやうな人間には見えなかつた。その獣は船の中にも侵入して来て、甲板は石炭屑《くづ》で真黒になり、上月《こうづき》の白い洋袴《ズボン》も襦袢《シャツ》も襟《カラ》も見る間に汚れ、顔も手もざらざらする気持《きもち》悪さに堪《た》へ難《がた》くなつて来た。（三〇一頁）

シンガポール港では貨物の積み下ろしが忙しく、しばしば夜通し荷役《にえき》が行われた。欧州航路の乗客が船を離れ、わざわざ陸上の旅館やホテルに宿泊したのは、防犯のため船室の施錠《せじょう》が必要で室内が暑苦しい上に、荷役の騒音を避ける目的もあった。一九〇九年四月十一日の晩、ドイツ船プリンツ・ルードヴィヒ号の船室にとどまった寺田寅彦は、「夜は荷積みで喧《やかま》しい事 甚《はなは》だしい」と不平を鳴らしている。また、一九一二年十月十六日に平野丸《ひらのまる》で帰国途上の与謝野晶子は、「夜もすがら前の甲板に荷を積む音の私を眠らしめず」と書き、島崎藤村は一九一六年六月に熱田丸《あつたまる》で、「一晩中続くかと思はるゝやうな貨物の揚卸《あげおろ》しの音を聞」いている。[7]

苦力には民族の違いも見られ、「支那人の労働者は如何《いか》にも敏捷で気が利《き》いて居るが、黒い印度人のはいかにものろくて馬鹿気て見へ《ママ》る」と、寺田寅彦は両者を比較している。また、インド人の人夫は、「仕事の暇《ひま》を盗んで頭巾の中から財布を取出し檳榔子《びんろうじ》の葉を出し石灰の粒を入れては、にちやにちやかみ又大事そうに仕末《しまつ》をする」。一種の嗜好品である檳榔子を噛む姿は、今日では見られなくなった光景である。

欧州航路を旅した日本人は、シンガポールであまり南洋華僑に興味を持たなかった。横浜や神戸から西航する場合、船は既に上海・香港に立ち寄っており、シンガポールの華人に目新しさを感じなかったためであろう。一方、この港で初めて目にするマレー人やインド人には強い関心を示し、その様子を積極的に記録している。彼らは肌が黒く裸足《はだし》で、その大半が貧しかったことから、いわゆる「土人」のイメージでとらえられ、その見慣れない風俗が好奇心の対象となった。「鼻ヲ穿《うが》ツテ金環ヲ垂レシ者アリ奇怪極マレリ」（成島柳北）、「耳環《みみわ》及ビ鼻環《はなわ》ヲ掛ケ」「醜状看《み》ルニ堪《た》エズ」（山下雄太郎）、「鼻の脇に金を以《もっ》て飾りとなしゝもの随分見悪《みに》くき風俗」（新島襄）といった視点がしばしば見られる(8)。

インド人のデッキ・パッセンジャー

小説家森三千代《もりみちよ》（一九〇一～一九七七）は『新嘉坡の宿』（興亜書房、一九四二年）で、インド人労働者について詳しく描写している。彼らは、「軍港の構築をはじめとして、鉄道工事、道路工事、港の荷揚人足《にあげにんそく》、ゴム園苦力《クーリー》、錫《すず》や鉄の鉱山人夫《にんぷ》」（六三頁）として働く出稼ぎ細民である。この「痩《や》せひからび」たタミール人は「キリン」（kling 現在は差別的表現とされる）と呼ばれており、「いまにも折れさうな細い足をしてゐる」（六〇―六一頁）。「長髪をさばき、檳榔《びんろう》で真赤に染まつた口をして、半裸体で歩」（六一頁）くその姿は、当初は恐ろしく見えた。しかし彼女は、インド人街のセラングーン路（Serangoon Road）に住んでいたため、しだいにタミール人苦力の生活を細かく観察するようになってゆく。

朝見てゐると、彼等《かれら》は仕事に出る前にコーヒー店に集つてくる。コーヒーを飲みに来るのではない。コーヒーに入れるコンデンス・ミルクの空鑵《あきくわん》を買ひに来るのだ。空鑵は三銭である。空鑵に熱湯を入れてもらつて、底に残つたミルクをかきまはし、一杯の牛乳をつくる。（中略）人並すぐれた大きなからだをしてゐながら、栄養の蓄積がないせいか、一度風邪でも引くと、ばたばたと死んでしまふ。ほとんど抵抗力がない。伝染病にも死亡率が多い。往来で自動車にはねとばされたのを私は目撃したことがある。病院へ連れてゆくまでもたなかつた。あとで聞くところによると、解剖の結果、格別致命傷などなく、傷らしい傷も負つてゐなかつたといふことである。弱い体力がショックを受けただけでまゐつてしまつたのだ。あつけない最後である。（六四―六七頁）

東南アジアに移民や出稼ぎに来たこのようなインド人労働者は、本国との往復に日本郵船を利用することが多かった。彼らは往々にして三等室に乗る費用すら支払うことができず、シンガポール・コロンボ間を最低級のデッキ・パッセンジャーとして乗船した。屋根も食事も寝床も提供されず、吹きさらしのデッキで、荷物のように運ばれるのである。

法学者三上正毅は『外遊十二年』（至誠堂、一九一二年）で、その哀れな姿に目を向けている。河内丸《かわちまる》の「甲板の上に蓆《むしろ》を敷いて、老若男女其上《その》に雑居し、各自炊事道具と米塩とを用意して、自炊をやつて居る。上に天幕は張《はつ》てあるが、驟雨《しうう》の横合《よこあひ》より吹き附くる場合には防ぐに由《よし》なく、蓆《むしろ》を被《かぶつ》て慄《ふる》へて居る惨状目も当てられぬ有様だ」（二四九頁）。一九二七（昭和二）年に白山丸《はくさんまる》で渡欧した和辻哲郎《わつじてつろう》（一八八九～一九六〇）も、自分の快適な客室の窓からデッキ・パッセンジャーを目撃し、深く同情している。『和辻哲郎全集』第二十五巻（岩波書店、一九九二年）から引用しよう。

その内にザーッと驟雨《しゅう》がやつて来た。私のケビンの外の廊下はわりにせまいので、雨が廊下の奥までふり込んで来る。印度人たちはあはて、子を抱いたり、荷物を下げたりして雨のかゝらない所へ逃げて行く。あとにはぬれてもいゝもの、鍋やかまがのこつてゐた。こんな風にしても海をこえて遠いところを往来してゐる家族があると思ふと、何とも云《い》へぬ感慨が胸に湧いた。（一九〇頁）

桜井鷗村《さくらいおうそん》（一八七二〜一九二九）は『欧洲見物』（丁未出版社、一九〇九年）において、インド人デッキ・パッセンジャーが英独仏の船ではなく、日本郵船を好んでいると証言している。「欧洲船に乗らうものなら、人種的感情の強い西洋人からして奴隷扱ひにされるのだが、日本船なら、船長はじめ人種の差別を立てず、親切に御客様扱ひをしてくれる」（五六九頁）からだという。一九二六（大正十五）年に渡欧した画家熊岡美彦《くまおかよしひこ》（一八八九〜一九四四）も、彼らが「外国船をさけて日本船をよろこぶ」(9)と語っている。

第二節　熱帯都市の魅惑

天然の色彩美

ガーデン・シティを標榜する今日のシンガポールは、近代的景観が熱帯の美しい自然と調和した、花と緑の都市である。シンガポールに上陸した旅行者に最も強い印象を残したのも、トロピカルな天然の色彩美であった。「草花幽婉《いうゑん》愛ス可《べ》シ」（成島柳北）、「到る処《ところ》青草緑樹ならざるなし」（浅野長勲《ながこと》）、「色彩は鮮明」（島崎藤村）、「名も知らぬ緑草、花木、生ひ茂りて心地よきこと云《い》ふべからず」（山田毅一）、「世界唯一無二のガーデン・タウン」（野口米次郎《よねじろう》）、「何といふ色彩の豊富な町であらう！　鮮かな薄緑の芝生、目のさめるやうな緑色の街路樹、それらは緑や黄や青や赤の建物と映《は》えて実に美しい」（岡義武）などと、鮮やかな熱帯植物の美が繰り返し記述されて来た。まさに寺田寅彦が言うように、シンガポールは「未《いま》だ曾《かつ》て見た事のない天然界の美しい処《ところ》」であった。(10)

一九〇二（明治三十五）年三月二十八日に讃岐丸《さぬきまる》で到着した文学者島村抱月《しまむらほうげつ》（一八七一～一九一八）は、「公園といはず、市街といはず、人間といはず、すべて天地の色彩形式が太陽の猛熱烈光を中心として、之《こ》れに苦闘し、之れに虐《しひた》げらるゝの標現を有し、強く、濃く、逞《たくま》しく、目もさむるばかりなる一面と、傷《きずつ》き、疲れ倒れて、夢の如《ごと》く眠れる一面との、奇異なる調和を感じ候《さふらふ》」(11)と、巧みに表現している。熱帯の自然と人間を、強弱および動静の二面性の観点で描写したこの文章は、永井荷風が『ふらんす物語』で展開した表象にも通じている。

シンガポールに上陸したほとんどの旅行者は、珍しい熱帯植物を見るべく、一八五九年に現在地に開園した植物園を訪れた。夏目漱石は、「熱帯地方ノ植物青々トシテ頗《すこぶ》ル見事《みごと》ナリ」と書き、徳冨蘆花は植物園を「天然の大温室」と形容、「脳は眼と共に疲れむとす」と述べ、長谷場純孝《はせばすみたか》は、「天然人工共に精巧を極め、珍草奇木、互に嬋娟《せんけん》を競ひ、又池中に紫蓮歴乱《しれんれきらん》として開き、香気紛々心目《しんもく》を娯《たのし》ましむ」と、格調高い表現で礼賛した。(12)

植物の鮮明な色彩のみならず、シンガポールの赤い土の色も、旅行者の目を惹《ひ》いた。「土地皆赤質《せきしつ》」（中井桜洲）、「地質ハ皆赭色《あかいろ》ナリ」（成島柳北）、「此《この》道路赤土ノ粉末地上ニ浮ビ」（久米桂一郎）、「街上の土色の赤きこと」（森鷗外）、「土の色、赤煉瓦《あかれんが》を砕きし如《ごと》く」（島村抱月）、「赤煉瓦《あかれんが》を砕きし如《ごと》き土の色」（徳冨蘆花）、「赤つぽい土のいろを見せた土地」（野上弥生子）と、枚挙《まいきょ》に遑《いとま》がない。(13)

明度の高い熱帯の色彩美を最も効果的に表現できるのは、やはり絵画であろう。一九一四（大正三）年三月にシンガポールに立ち寄った日本画家今村紫紅《いまむらしこう》（一八八〇～一九一六）は、シンガポール・ペナンおよびインドの風景に刺激され、大作の絵巻物《熱国《ねっこく》之《の》巻《まき》》（一九一四年）を描いている【図13】。金、黄色・橙色《だいだいいろ》・赤・青などの激しい色調で埋め尽くされた画面が、熱帯の鮮明な色彩や暑気をみごとに表現している。

　重要文化財でもあるこの作品は、「熱国之朝」と「熱国之夕」の二巻で構成されている。そのうち、「熱国之朝」に見られる水上家屋の部分は、シンガポールでのスケッチに基づいている【図14】。モデルとなったのは、埠頭からほど近いブラニ島（Pulau Brani）にあった水上集落であろう。今村紫紅は、エキゾチックな海上の家屋に、南洋情緒を激しく刺激されたに違いない。シンガポールの水上集落という画題は、日本美術院の画家堅山南風《かたやまなんぷう》（一八八七～一九八〇）の《シンガポール海岸所見》【図15】にも引き継がれた。なお、シンガポールを舞台とした岡本《おかもと》かの子（一八八九～一九三九）の小説「河明り」には、今村紫紅が南洋を描いた作品が登場する。主人公の女流作家が招かれた東京・隅田河畔《かはん》の茶室には、「今村紫紅の南洋の景色の横ものが掛けられてあつた」[14]とある。

マレー人およびインド人の風俗

　熱帯独特の風物として、マレー人やインド人が身に着けている色鮮やかな民族衣装も、日本人訪問者の眼を惹《ひ》いた。「頭上ニ木綿ノ紅白ナルヲ纏《まと》ヒ」（中井桜洲）、「紅花布《こうくわふ》ヲ纏《まと》ヒ」（成島柳北）、「衣服は白地に紅色の布を施し」（浅野長勲《ながこと》）、「紅布ヲ腰ニ巻ク」（久米桂一郎）、「桃色や真紅の頭巾腰巻」（寺田寅彦）、「赤や白の布で頭を包んだ土人」（島崎藤村）、「赤や白の布をまきつけた黒人」（熊岡美彦《よしひこ》）、「頭に真紅、純白、黄色なぞの布を巻きつけ、体には淡紅、青、薄紫なぞの衣をまとってゐる」（岡義武）、「インド人は緑や、桃いろや、茶いろの粗い格子縞の腰巻をつけ、上には簡単なシャツを着て、頭は白や赤のターバンで包んでゐます」（野上弥生子）と、繰り返し記録されて来た。寺田寅彦は、「真黒な印度人が派手な布を頭と腰に巻いて歩いて居るのがこゝの自然界の強い色彩と非常によく調和して居る」と述べている。[15] 画家橋《はし》本邦助《もとほうすけ》（一八八四〜一九五三）は『巴里《パリ》絵日記』（博文館、一九一二年）で、色とりどりの腰巻についてユーモアを込めつつ次のように語る。

シンガポールへ来て、珍らしく目につくもの丶一ツは黒人の腰巻である。

図13　今村紫紅《熱国之巻（熱国之朝）》（部分）1914年、縦45.7×横954.5センチ、東京国立博物館蔵。

図14　今村紫紅《新嘉坡土人水上生活》1914年、縦19.7×横26.3センチ、東京国立近代美術館蔵、《印度旅行スケッチ帳》所収。

図15　堅山南風《シンガポール海岸所見》1916年、サイズ、所蔵未詳。『現代日本画家素描集４堅山南風』（日本放送出版協会、1978年）、図17。

目だけ白く光つてるあの真黒な体に種々な布を巻き付けて街を往来してる様が実に奇観だ。日本の下女の御《お》さがりを頂戴して来たのかと思はる丶様《やう》な、色の褪《あせ》た赤い布を纏《まと》つて得意がつてるのもある。鉢巻も白、腰巻も白のやつは、それが特に目に立つて、洗濯屋の広告か看板には持《もつ》てこいであると思はれる。或《あるい》は青い縦縞のもの、或は赤の粗い格子縞のもの、或は単に黄なるもの、或は草花や鳥獣の模様のあるもの、或は細かな唐草模様のあるもの、それら百人百色の布を纏《まと》つたものが、づらりと桟橋の欄干に凭《も》たれてゐるのを、ランチの上から見上ぐると、そこに腰巻陳列会が催《もよ》ほされたかの様《やう》だ。（一三―一五頁）

日本人旅行者は、熱帯植物や赤土や民族衣装ばかりではなく、マレー人やインド人の黒い肌にも美を感じている。夏目漱石はインド人について、「其《その》服装顔色遥カニ日本人ヨリハ雅《みやび》ニ御座候《ござさふらふ》」と述べ、その黒い肌について、「光沢ノ美ナルコトモ殆《ほと》ンド紫檀《したん》ニ彷仏《はうふつ》タル者之《これ》アリ候《さふらふ》」と感嘆した。多くの日本人が、現地人の褐色の肌から仏像や仏画を連想した。「羅漢ニ同ジ」（成島柳北）、「古銅仏の如《ごと》し」（浅野長《なが》勲《こと》）、「生《いき》たる羅漢」（竹内栖鳳《せいほう》）、「古仏像を見るが如《ごと》き」（芳賀矢一）、「恰《あたか》も仏画に在《あ》る五百羅漢」（長谷場《はせば》純《すみ》孝《たか》）、「印度婦人の皮膚は私に観世音を想像させ」（野口米次郎《よねじろう》）と、類似の表現が反復されている。[16]

マレー人を中心とした東南アジアの民俗展示を行っていたのが、ラッフルズ博物館である。植物園が来訪者に強い印象を残したのに対し、博物館の評価は必ずしも高くない。展示物は、「動物の剝製《はくせい》、土人の用ふる船舶の雛形《ひながた》、武器の類」（芳賀矢一）、「土人の人形で、刀を腰に差したの」（島崎藤村）、「マレー人に関する風俗標本各種の毒矢、武器、楽器、食器、漁具、住宅模型及び毒蛇、鰐《わに》、象、虎、鯨等の剝製標本及び鉱物」（石津作次郎）であった。参観者の感想には否定的なものが多く、「外観すこぶる宏壮なれども内部は更に感心せず」（箕作元八《みつくりげんぱち》）、「博物館ヲ見ル余リ立派ナラズ」（夏目漱石）、「大して目新しくもな

かった」（山本鼎《かなえ》）などとある。(17)

動物園と動物屋

今日、マンダイ（Mandai）にある動物園やナイトサファリは、シンガポールを訪れる外国人旅行者に大人気の観光地となっている。熱帯の動物を見てみたいという観光客の欲求は強く、十九世紀半ば以来、入港した船に動物を売りに来る土産物屋がいたことは、既に第一章第三節「幕末の遣欧使節団」で触れた通りである。しかし、現シンガポール動物園が開園したのは一九七三（昭和四十八）年のことであり、戦前のシンガポールには本格的な動物展示施設がなかった。ほぼ唯一の公共動物展示としては、植物園の中に小規模なものがあり、多くの日本人がそこでの見聞を記録に残している。

施設は「園中のやゝ小高き処《ところ》」にあり、「我《わが》上野の動物園よりは規模小《ちひさ》し」（芳賀矢一）といった程度のものだった。来訪者が目にすることができた生き物として、「猩々《しやうじやう》、鰐《わに》」（箕作元八《みつくりげんぱち》）、「虎」「クロコダイル」「手長猿」「鳥などが少し」（黒田清輝）、「猿猴《えんこう》の類、虎、孔雀等十四五種」（芳賀矢一）、「毒蛇、鱷《わに》、猿ノ奇ナルモノ」（島村抱月）などが飼われていたが、「虎も大蛇も猩々も、上野の動物園に居るのから見ると、遥か弟分なので」、巌谷小波《いわやさざなみ》（一八七〇〜一九三三）などは「大きに失望して、やがて表へ出てしまった」。しかし、日本画家竹内栖鳳《たけうちせいほう》（一八六四〜一九四二）は一九〇〇（明治三十三）年八月にこの地で手長猿を見て、牧谿《もっけい》の有名な《観音猿鶴図》を思い起こし、「手の舞ひ足の踏むを覚へざりし歓《よろこ》び」を感じている。この小動物園はその後消滅したらしく、一九〇九年に訪れた寺田寅彦がインド人の巡査に、「動物は居ぬかと聞くと no animal, tiger and monkey finished と」答えたという。(18)

本格的な動物園こそ存在しなかったものの、熱帯都市シンガポールでは、早くから珍獣の販売・輸出ビジネスが成立していた。一九二九年にシンガポールに滞在した森三千代は、ホテルの主人の案内で動物屋を訪れた際の体験を、『新嘉坡の宿』（興亜書房、一九四二年）に記している。動物屋とは、「馬来やスマトラやボルネオから集めて来た野性《ママ》の動物を、世界各地の動物園やサーカスに向けて売り出す」商売で、「スラングーン路を東に五六丁、アルカフ・ガーデン［Alkaff Garden］の少し手前の草つ原のいりこんだところに」あり、「見世物ではないから、入場料などは取らない」（四一頁）。動物置場には、「乱雑に木箱が両側と真中に積上げてあ」り、蛇、コブラ、黒豹、ポケット猿、手長猿、獏《ばく》、象、極楽鳥などが売られていた。森三千代がここを訪れた時、俄《にわ》かに激しいスコールがやってきた。「動物達は騒然として、箱の中で立騒ぎはじめる。そのすさまじい気配の中に、私は、密生林《ヂャングル》の中に一人とりのこされた心細さをおぼえた」（四五頁）という。

これは、「動物男」の異名を持つインド人貿易商ウイリアム・ローレンス・ソマ・バサパ（William Lawrence Soma Basapa 一八九三〜一九四三）が、セラングーン路（Serangoon Road）三一七番地で経営していたものである。この場所は町に近く、悪臭や鳴き声で苦情が出たため、まもなく島東北部のジョホール水道（Johor Straits）に面したポンゴール（Punggol）村に移転、ポンゴール動物園と称した。一九三六年五月十四日、白山丸《はくさんまる》でヨーロッパへ留学する途上の政治学者岡義武《おかよしたけ》（一九〇二〜一九九〇）が、この動物園に立ち寄っている。『岡義武ロンドン日記』（岩波書店、一九九七年）から引用したい。

ここにはマレイ半島産の動物が相当集められてゐる。しかし、余り興味をひくものもない。ライオンの檻《をり》では掃除夫に牝《めす》のライオンがしきりに吠えてゐた。この動物園は海に面しており、少し先きが軍港になってゐる由《よし》。軍艦がゆるゆると入江を動いて行く。空にはしきりに飛行機が銀翼を輝かせながら飛ん

でゐた。（一四頁）

この十六日後の五月三十日には、ヨーロッパから箱根丸《はこねまる》で帰国途上の高浜虚子が動物園を見学、同年九月二十日には、広島の僧侶二川凌雲がポンゴール動物園を訪れている。『世界一周啞《おし》旅行記』（文化時報社出版部、一九三七年）によれば、「あまり物珍らしいものもないやうだが、夫婦もの、類人猿が二本足で歩み、檻《をり》の中から手を出して握手」（三四七頁）したりしたという。この私設動物園は、第二次世界大戦が近づく中でイギリスの軍用地に転用され、短い歴史を閉じている。

ゴム園の世界

欧州航路の日本人船客が、一両日程度の滞在時間を利用してゴム園を見学するようになったのは、大正時代に入ってからである。早い例としては、一九一五（大正四）年一月五日の大谷光瑞《おおたにこうずい》（一八七六〜一九四八）による訪問を挙げることができる。一九一九年二月には、徳冨蘆花《とくとみろか》（一八六八〜一九二七）がジョホールの士乃《セナイ》（Senai）のゴム園を訪れた。貨物船ぼるねお丸が二週間ほどシンガポール港に停泊している期間を利用した、余裕のある訪問であった。また、皇太子時代の昭和天皇《しょうわてんのう》（一九〇一〜一九八九）は、一九二一年三月十九日に「日新ゴム園に到りゴムの製造法を御視察遊ばさ」れているが、この日新ゴム園は「中島久万吉氏の経営で、其《その》面積壹千《いっせん》エーカー以上」であった。(19)

邦人がマレー半島でのゴム生産事業に進出したのは比較的遅く、専ら一九一一（明治四十四）年前後のゴム園ブーム以降のことだった。原勝郎《はらかつろう》『南海一見』（中央公論社、一九七九年）によれば、日本人所有のゴム園は、「最も古いものでも、その起業が明治三十九年以前に遡《さかのぼ》るものはな」く、一九一四年の時点で

「液汁採取を始めているものは、三五公司《コンス》経営の一部分と、ほか二園ほどある」（一一三頁）に過ぎなかった。なお三五公司は、第四章第一節「シンガポールを訪れた芸術家」で述べるように、歌手三浦環《みうらたまき》（一八八四～一九四六）の夫が勤めていた会社である。

欧州航路の旅行者は、交通至便なシンガポール島内のゴム園を参観したがった。飯塚茂『南洋の雄姿』（万里閣書房、一九二九年）によれば、「郊外七八哩《マイル》トムソン路」にあった日本人経営のゴム園には、「支配人が来訪者の多いのに困り切つた程多数の見物人が」（二八八頁）やって来た。トムソン路（Thomson Road）の先イオ・チュー・カン（Yio Chu Kang）にあった日新園のことだろう。しかし、シンガポールのゴム園は比較的小規模であり、邦人によるゴム栽培の中心は、専らジョホール河畔《かはん》にあった。原勝郎は、ジョホール河両岸のゴム園の立地状況について、『南海一見』で次のように簡潔に説明している。

ジョホール河は、河とは言えど、実は細長き入江のようなもので、水の流れはちょっと見ては分らない。（中略）すべてジョホール河は、その本流と支流とに論なく、両岸共に日本人経営の護謨《ゴム》園、隙間《すきま》なく並んでおり、ただ時々その間に支那人の所有地を挟《はさ》むのみである。ジョホール河が大道であるとすれば、その両側に日本人の棟割《むねわり》長屋が立ち並んでいると言ってもよい。（一一二頁）

このようなプランテーションでは、意外に多くの日本人青年が働いていた。彼らの中には、南方雄飛熱に煽《あお》られて無鉄砲に渡航し、悲惨な結末を迎える者が多かった。一九一一年にシンガポールに滞在した彫刻家朝倉文夫《あさくらふみお》（一八八三～一九六四）は、『航南瑣話《さわ》』（東和出版社、一九四四年）で、欧州航路佐渡丸《さどまる》の事務長から聞いた話を書き留めている。日本郵船は二週間に一本の割合でヨーロッパ方面への便船を出していたが、各船にはゴム園へと向かう五六人の中学卒業生が乗船していた。彼らは南洋で働いている故郷の先輩が帰郷時に吹く大法螺《おおぼら》を真に受けて、先輩を頼ってジョホールなどに行くのである。ところが、

遥々《はるばる》ジョホールバハルなどの護謨山《ゴムやま》に訪ねて行つてみると、非常に偉くなつてゐる人とばかり思つて頼つて来た人が、実は、せい〴〵五六人の苦力《クーリー》の頭《かしら》位《ぐらい》つとめてゐる人であつたりして、双方で吃驚《びつくり》する場面などが度々あつたといふことである。苦力五六人の頭位では到底一人の青年を世話する力のあらう筈《はず》はない。兎《と》も角《かく》も生活第一を納得させて時節到来まで新嘉坡の商店等に住み込ませる。（中略）憂鬱なその日その日の暮しといふ奴は、神経の衰弱を正比例に増進せしめて遂《つひ》にマラリヤの冒《おか》すところとなつて了《しま》ふ。この病気に取りつかれたが最後、避《ひ》病院に入院の手筈《てはず》をしてくれる主人は、余程物わかりのよい人だ。大概は紹介者に引渡されて山の家に引取られるか、さもなくばジャングルを楽土とされるか、十人の半数は大概白骨となつて故郷に送りとゞけられる。何といふ悲劇であらう。当時の新嘉坡といふところに渡航する青年の運命はこんなものであつた。（一四五―一四六頁）

しかし中には、成功者となった人物もいる。小林一彦《こばやしかずひこ》・野中正孝《のなかまさたか》『ジョホール河畔――岩田喜雄南方録』（アジア出版、一九八五年）では、一九一三年にジョホールのゴム園で働き始め、後に昭和護謨株式会社社長を務めた岩田喜雄《いわたよしお》（一八八九～一九八四）の、開墾の苦労と挑戦が語られている。ジャングルの伐木を乾季中に終わらせないと、再び植物が繁茂して元の木阿弥になってしまうこと。焼き払いは表土を焼かないよう、一度で済ませるように工夫すること。苦力になめられないために体を張って威厳を保つこと。雑草は根まで何度も掘り起こさなければならないこと。マラリアで死亡した日本人を何人も焼いたこと。

ゴム園を荒らす象や虎の害を防ぐ方法。命がけで得た利益を横取りしようとする東京本社への激しい抗議。これらの具体的で興味深いエピソードが、数多く語られている。

虎狩りの殿様・徳川義親

ジャングルを開墾したゴム園には、しばしば虎が出没した。一九三五（昭和十）年十月二十日に諏訪丸《すわまる》で到着した詩人野口米次郎《のぐちよねじろう》（一八七五〜一九四七）は、山村氏の経営するジョホールのマワイ護謨《ゴム》園を見学し、次のような経験をしている。『印度は語る』（ゆまに書房、二〇〇二年）より引用しよう。

マワイ護謨園に着し、冷たいレモン水で喉《のど》を潤《うるほ》してゐると、園の若い使用人がやつて来て今朝虎の足跡がさう遠くない場所に見出されたと報告した。私どもは遂《つひ》に自動車に乗りその足跡を見物に出かけた。果して猫の足跡を拡大したやうなものが沢山五尺置き位についてゐるのを見た。山村君は『これぢや用心せんといかんな』と呟《つぶや》いた。（三九頁）

マレー半島の開拓によって虎狩りの必要性が高まると同時に、ハンティングは一種のレジャーにもなった。尾張徳川家の徳川義親《とくがわよしちか》侯爵（一八八六〜一九七六）は、ジョホール王と親しく、二度にわたって狩猟を行ったことから、「虎狩りの殿様」と呼ばれた。その著作『じやがたら紀行』（郷土研究社、一九三一年）によれば、第一回は一九二一（大正十）年五月二十一日に賀茂丸《かもまる》でシンガポールに到着、ジャワを往復した後、マレー半島のムアール（Muar）やコタ・ティンギ（Kota Tinggi）付近で虎や象を狩っている。その後さらに、バト・パハ（Batu Pahat）から川船で遡上して、スリ・メダン（Seri Medan）の石原産業の鉄鉱山を見学、七月十六日に佐渡丸《さどまる》で帰国した。第二回目は榛名丸《はるなまる》で一九二九年五月八日にシンガポールに上陸、ジャワ島・バンドン工科大学で開催された第四回太平洋学術会議に出席後、マレー半島で狩りを行った。ゴム園を荒らしまわっていた象を仕留《しと》めた部分を引用しよう。

ぢつと狙《ねらひ》をつけてゐて……。こゝだ、パーン。森の寂寞を破つて轟然《がうぜん》一発。木立に響いて、ごうと鳴る。つゞいて一発、二発。大尉と中根君も発射したのだ。近い距離で、充分に狙つたのだから確実に急所を貫いて、象は小山の崩れる様《やう》に斃《たふ》れた。忽《たちま》ち暴風の様《やう》な恐ろしい物音が起つた。大木にぴつたりと身を倚《よ》せて伺《うかが》つてゐる。群象が不意の銃声に驚いて、森の彼方に逃れ去つたのだ。稍々《やや》暫《しばら》くして、異状ないのを確かめて近よつて見ると、美事《みごと》な牝《めす》象だつた。緊張してゐた気が弛《ゆる》むと汗は一時に流れ出す。襯衣《シャツ》から上衣《うはぎ》まで透してしまつた。（三五二頁）

一九二九年七月四日および五日に徳川義親が狩った象は、シンガポールに送り出された。その象の肉を、たまたまこの地に滞在していた小説家森三千代が、南洋日日新聞社勤務の長尾正平氏の自宅で「ビフテキ」にして食べている。『新嘉坡の宿』によれば、「新聞社へもお裾分《すそわ》けがあつたのを、Nさんが更にお裾分けしてもらつて来た」ものだった。「臭みもなく、味も牛肉に似てゐたが、ただ少し硬かつた」（一一一頁）という。なお徳川義親は、日本軍占領下に再びシンガポールに渡り、博物館や植物園の保全に尽力することになる。

ジョホール王国

徳川義親《よしちか》が親しく交際したジョホール王、スルタン・イブラヒム（Sultan Ibrahim 一八七三〜一九五九）は、王とは名ばかりの、政治権力のない贅沢な年金生活者に過ぎなかった。政治家長谷場純孝《はせばすみたか》（一八五四〜一九一四）はその境遇について、「英国の為《ため》に、常に過分の待遇を与へられ、毎年数万磅《ポンド》の金を受けて、宮殿を美にして、守備兵を設け、或《あるい》は欧洲に遊び、米国に行き、悠々自適す、而《しか》して其《その》国は已《すで》に事実上英国の領となり、王は僅《わづか》に表面の空権と島王の空位を有するのみ」と、的確に要約している。「其《そ》の至高顧問官、秘書官、一級王妃は皆英人」と渋沢栄一が記すごとく、イギリスはジョホール王の周囲を英国人で固め、王を実質的にコントロールしており、「亡国の跡《あと》看来《みきた》りて一掬《いっきく》の涙なき能《あた》はず」と感じさせる存在になっていた[20]。

シンガポールに寄港した日本人船客が、短い滞在時間中にジョホールまで足を延ばすようになったのはいつ頃からなのだろうか。管見《かんけん》の範囲では、一九〇二（明治三十五）年十月十七日に渋沢栄一《しぶさわえいいち》男爵（一八四〇〜一九三一）が王宮を表敬訪問したのが、最も早い部類に属する。当日スルタンは不在で、残念ながら両者の面談はかなわなかった。一九〇六年六月五日には、長谷場純孝が日帰りでジョホール見物に出かけている。始発駅タンク・ロード（Tank Road）駅から、一九〇三年完成の鉄道に一時間半ほど乗車、ウッドランド（Woodlands）からジョホール水道を船で渡った。シンガポール島とジョホールを結ぶ堤道《ていどう》（Causeway）が完成し、陸続きになったのは一九二三（大正十二）年のことであり、さらに後の一九三二（昭和七）年には、タンジョン・パガ（Tanjong Pagar）のケッペル（Keppel）駅がマレー鉄道の新たなターミナル駅になった。

今日同様、ジョホールでは王宮やモスクが主な見学コースだった。スルタンは日本の陶磁器を愛しており、一八六六年建築の王宮（Istana Besar）には、現在もその膨大なコレクションが保存されている。「先王は甚《はなは》だ本邦の器物を愛玩し其《そ》の収蔵する所の陶磁器二十万円に値すと云《い》ふ」と渋沢栄一は述べ、長谷場純孝も、「宮殿内に飾り付けある花瓶の如《ごと》きは、我国の製造品多く、九谷焼、伊万里焼の如《ごと》く、中には薩摩焼の贋物《にせもの》をも奇麗に並べ立て有之《これあり》候《さふらふ》」と書いている。(21)

一方、多くの日本人訪問者に強い印象を残したのが、一八九二年建造のアブ・バカ・モスク（Abu Bakar Mosque）である。このイスラム会堂は、「海峡を一目に見晴らす」（徳冨蘆花）丘の上に建っており、「白亜で塗られた建物の穹窿《きゆうりゆう》は青い大空に美しい曲線を描き出し」（岡義武）、「青芝の庭がゆるい斜面になつて海峡まで拡がり、エナメルいろに輝く水路越しに遠く対岸の方を望む景色は、はるばるとして且《か》つ鮮麗」（野上弥生子）であった。モスクの内部は、「大理石と水晶を以《もつ》て装飾された大殿堂」で「身体を清める為《ため》の池」（熊岡美彦《よしひこ》）もあり、「一段高い処《ところ》があつて、大僧正の座席を設けてある」（石津作次郎）。「がらんとして何もない石畳と絨毯《じゆうたん》の奥まつた薄闇へ、高い窓から射し入る陽の光がステンドグラスの加減で、虹《にじ》ともつかず、花明りともつかない表象の世界を幻出させて」（岡本かの子）おり、「誠に夢の国に行つた感がする」（庄野貞一）、エキゾチックな建築であった。(22)

ジョホールを訪れた日本人が足を運んだ場所として、他に公設カジノがある。朝倉文夫《あさくらふみお》（一八八三〜一九六四）は一九一一年にこの賭博場を訪れ、『航南瑣話《さわ》』で、「どれもこれも慾張つた表情ばかりの陳列だ。（中略）この慾張りの表情筋も亦《また》世界共通な筋肉躍動がある」（一六〇頁）と、彫刻家らしい観察をしている。しかし、徳冨蘆花が一九一九年に来た時には、「Johore 名物の賭博場は、後見役の英吉利《イギリス》の注意で閉鎖することになつた」(23)と記されている。

第三節　娘子軍および政治活動家

日本人町の娘子軍

戦前のシンガポールには、娘子軍《じょうしぐん》または海外醜業婦と呼ばれる日本人売春婦が住んでいた。九州の島原や天草の出身者が多かったという。その中心地は、マレー街（Malay Street）とハイラム街（Hylam Street）が交差する一帯で、このほか、チャイナタウンのバンダ街（Banda Street）にも日本の娼館があった。旧日本人町は、平成に入ってから街区ごと開発され、現在はブギス・ジャンクションという大きなショッピング・センターに変貌、昔日の面影を全くとどめていない。わずかにマレー街・ハイラム街・マラバー街（Malabar Street）という名称だけが、建物内の通路名として継承されている。

矢野暢《やのとおる》『「南進」の系譜』（中央公論社、一九七五年）で論じられているように、シンガポールの日本人娼婦の起源については、不明な点が多い。娘子軍の歴史は明治維新前後に始まったと推測されるが、欧州航路を旅した日本人の記録に登場するのは、第二章第二節「森鷗外と夏目漱石」で述べたように、一八八四（明治十七）年五月七日上陸の矢野龍渓が嚆矢《こうし》である。爾来《じらい》、多くの訪問者が記録を残して来た。一九〇六年四月二十三日に備後丸《びんごまる》で寄港した徳冨蘆花は、娘子軍を目にして同国人としての羞恥と同情を感じ、次のように書いている。『徳冨蘆花集』第八巻（日本図書センター、一九九九年）から引用したい。

翌再び上陸。不幸なる我《わが》姉妹の住むさまを見る。生ける死骸の三々五々、青塗《あをぬり》の家の前に、同胞を見かけて、平気らしく談笑するが中に、十二三の兒《こ》、韈《くつたび》に駒下駄なるあり。見るに忍びず。（一五頁）

矢野龍渓の報知新聞社に勤めていた文学者森田思軒《もりたしけん》（一八六一～一八九七）もまた、彼女たちを正視するに堪《た》えなかった一人である。「本地に我邦《わが》の地獄［売春婦］の侵入し居ることは、かねて矢野君の手紙にても承知」しており、「若《も》し外国人等と此《この》破廉恥の姉妹を過訪するの不幸あらば、余《よ》は如何《いか》に心慚《は》づかしきことならんかと苦慮」していた。ところが、フランス船サガラーン号で一八八五年十一月二十三日にシンガポールに到着した思軒は、やむを得ずポルトガル人らと一緒に、日本人町を冷やかしに行くことになってしまった。西洋人のような風貌をしていた森田思軒は、日本人であることを隠しつつ訪問、「余等《よら》一行の登楼の客に非《あらざ》ること彼等《かれら》に分かり、彼等の拒絶疏外の態《てい》、大《おほい》に三名の興を滅したるより、始めて轅《ながえ》を回《か》へすこととなり、余《よ》はホット溜息《ためいき》を吐けり」と述べている。[24]

一九一二（大正元）年末、カルカッタ航路貨物船水夫見習としてこの地を訪れたプロレタリア作家葉山《はやま》嘉樹《よしき》（一八九四～一九四五）が、『海と山と』（河出書房、一九三九年）で書いているように、「懐《なつ》かしくない筈《はず》がなかつた。が、同時に恥かしかつた」（二七九頁）というのが、日本人の平均的な心情だったに違いない。

一方娘子軍の側には、邦人客とはなるべく顔を合わせたくないという思いと、日本人が懐かしいという両面の感情があったようだ。一九〇二年に日本人町を通りかかった島村抱月は、「さすがに得堪《えた》えでや、顔を背《そむ》くる女ありき」と書いている。しかし、まだ日本人旅行者や在留邦人の少なかった明治前期には、同胞への懐かしさの方が先に立ったのだろうか。一八八四年に矢野龍渓と同船した某氏の場合は逆に、「娼妓等《ら》は懐《なつか》しがり日本を離れて四年目に日本人に逢ひたりとて家に通し種々の話を」したという。[25]あるいはこれは、花柳界特有の一種の手練手管であったかも知れない。

娘子軍肯定論と否定論

海外醜業婦の存在は、祖国の評判を貶《おとし》める国辱なのか、日本の勢力を拡大する国益なのか。矢野龍渓・夏目漱石・桜井鷗村ら知識人の意見はおおむね国辱側に傾いていた。その一方で、娘子軍《じょうしぐん》が国に裨《ひ》益《えき》するという考えもしばしば表明された。末広鉄腸《すえひろてっちょう》（一八四九～一八九六）は『唖之《おしの》旅行続編』（青山嵩山堂、一八九一年）で、二人の日本人船客にこの問題を議論させている。「賤業をする婦人の外国へ渡るのを感心することがある者か」と憂慮する男に対し、もう一方は、「日本から沢山に女が出稼をして居るのは実に感心な者ぢや無いか」と反論し、「英仏独の投機者と支那人がドシ〳〵出掛けて来るのに日本人は下等の労力者さへ居《を》らぬぢや無いか」と主張する。「進取の気象のない」のが日本人の欠点であり、「外国へ移住するものが多くならねば日本はとても盛大になる気遣《きづかひ》はない」と述べている。「保護金を遣《や》つて一人でも外へ出したい」ぐらいであり、「賤業婦人が先導者になつて夫《そ》れから男子も南洋や印度の地方へ移住する様《やう》になるであらう」と、海外植民の重要性を強調している(26)。

イギリスや清国は、歴史上大量の貧民を海外に送り出して来た。それは確かに不幸な事態ではあったが、同一民族が世界中に広がることによって、今日では地球規模の民族ネットワークを謳歌《おうか》している。これに対し日本は、ハワイ・北米やブラジルへの日系移民がいるものの、規模は比較にならない。日本人のグローバル化は専ら一時的な海外居住者に依拠しており、島国の中で小さく充足している側面は、平成の今日においても顕著である。娘子軍の存在の善悪は、日本を国家の枠組みで考えるか、それとも国境を越えた民族の視点で論じるかによって、大きく立場が分かれる問題だったと言えるだろう。

娘子軍が国辱か国益かについて、独特な視点で文章を書いたのが、彫刻家の朝倉文夫《あさくらふみお》（一八八三～一九六四）である。『航南瑣話《さわ》』（東和出版社、一九四四年）によれば、一九一一年（明治四十四）年にシンガポールに滞在していた朝倉は、借りている部屋の隣が「魔窟」であることに気付いた。「丁度ベッドの横の方に節穴《ふしあな》があつたので悪いこと、は知りながらつい好奇心に駆られて覘《のぞ》き込んだ」という。そして、房中における日本人女性のけなげな姿を目にして、彼女らを単純に「国辱」と非難する気持ちにならなくなったというのである。

英国婦人も黒ん坊も支那人も馬来人も殆《ほと》んどあらゆる人種が、立ち代り入れ代りやつて来た。目的が同一の行為に動作する慾望の現れであるから、民族的な相違が行為の上に保存されてゐることは申すまでもない。それ等《ら》を一々検討してみれば今更ながらアングロサクソンの野獣性が内面的に未《いま》だに進化しきれない行為と動作に現れるのを目撃したこともあつた。以来彼等《かれら》の民族性に憎悪の念を禁じ得ない理由となつてしまつたのである。それに引かへて日本婦人の矜持する態度は涙の出るほど美しく感じられた。無論日本女性として教養あるものでもなく、性が怜悧であるとも見えない田舎出の一女性に過ぎないが、故国を遠く離れた所謂《いはゆる》遠征娘子軍であるが《ママ》これを見て、娘子軍は果して国辱であらうかとさへ考へさせられたのであつた。（一三八―一三九頁）

大正時代に入ると、シンガポールの邦人社会は、大きく廃娼の方向へ舵を切った。まず一九一四（大正三）年には、藤井実領事によるピンプ（娼館経営者）狩りが行われた。さらに、南洋及《および》日本人社著『南洋の五十年』（章華社、一九三八年）によれば、一九二〇年一月四日、「新嘉坡総領事館管下各地の在留民代表は山崎総領事代理より招集されて新嘉坡に集まり、断乎年内に自発的廃娼を実行することを決議した」（一四九頁）。「日本が一等国民として堂々土庫《グダン》［ビジネス地区］に事務所《オフィス》を開設し馬来半島でドシ〳〵

護謨《ゴム》園を経営して居るのに、同胞である女が素足で通ふ国違ひ〔非日本人〕の玩弄物《ぐわんろうぶつ》となつて居るのを其《その》儘《まま》に放置して居る事は出来なかつた」（一五三頁）のである。

日本人町でのエピソードと文学

シンガポールの日本人町は、エピソードや小説の宝庫でもある。欧州航路の旅行記には、マレー街・ハイラム街を中心に点在していた日本旅館での、様々な人間模様が記録されている。チベット探検に向かう途上の河口慧海《かわぐちえかい》（一八六六〜一九四五）は、一八九七（明治三十）年七月十二日に和泉丸《いずみまる》でシンガポールに到着、扶桑館《ふそうかん》に投宿した。その六日後の七月十八日の出来事である。風呂が沸いたという女中の知らせを聞いたままぐずぐずしていた慧海は、突然の大きな物音に驚いた。宿屋の二階の風呂場が落ちたのである。『チベット旅行記㈠』（講談社、一九七八年）から引用しよう。

私が入らなかったものですからある日本の婦人が先に入って居りますとどういうはずみか風呂と共にその婦人が落ちてしまった。で柱なり石なりがその人の頭といわず身体といわずそこらを打ちまして気絶してしまいました。非常な負傷《けが》をしたそうで私はお気の毒で婦人の傷を見に行くこともようしなかったですが、直《すぐ》に病院へ連れて行きました。その後死んだかどうかその婦人の事については聞きませぬが、ある人はどうもむつかしいといって非常に歎いて居られた。もし私がこの時に女中の報知のままに直《ただち》に湯に入りますれば確かに死んで居ったかあるいは死なぬにしろ不具の身となってとてもチベット行を満足することが出来なかったに違いない。（三五―三六頁）。

『明治欧米見聞録集成』第二十四巻（ゆまに書房、一九八九年）に収録されている、翻訳家長田秋濤《おさだしゅうとう》（一八七一～一九一五）の『洋行奇談新赤毛布《あかげっと》』（文禄堂書店、一九〇二年）には、マレー街での虚飾紳士の行動が面白おかしく紹介されている（三一〇―三一三頁）。欧州からの帰途の船中で、日本人某が一ハイカラ先生に、「マラヤ街でも見物しようじゃないか」とむきだしに誘導」したところ、ハイカラ先生は「苟《いやしく》も紳士たるべきものが足を入《い》る処《ところ》ではないのです」とすましていた。ところが、某氏がシンガポールの遊女屋を直撃してみると、「ハイカラは階下との話し声を聞き姿を見せてはならぬと、慌《あわ》てゝ居る処《ところ》であつた」。

戸を開《あけ》ると、居たと思ふハイカラが居らぬに驚いた某《ぼう》、さては何処《どこ》にか隠れたであらうと、不図《ふと》寝台《ねだい》の下を見れば居たりやく、然《しか》も赤裸《あかはだか》なる一疋の動物が息をこらして居る、某は猶此上《なほこのうへ》追窮するも可哀想だと思い、態《わざ》としらぬ顔して「居らないのか！」と一言残しつゝ直《ただ》ちに馬車を駈つて領事館へ行つて、凡《およそ》数十分間の後《のち》ハイカラは来《きた》り「ヤア少々取調《とりしらべ》の為《た》め処々方々を奔走して…」取調とは果して何の取調か、総《すべ》ての秘密を発《あば》れながら、猶恬然《なほてんぜん》として何処《どこ》までも口を拭《ぬぐ》ひ居る厚顔には流石《さすが》の某も唯驚くの外なかつた、

一方、小説家水上滝太郎《みなかみたきたろう》（一八八七～一九四〇）は、シンガポールの日本人花街を舞台とした作品を書いている。実業家でもあった水上は、明治生命保険相互会社の創業者の四男で、慶應大学理財科を卒業してハーバード大学に留学、ロンドン・パリ滞在後、欧州航路で帰国した。小説「新嘉坡の一夜」は、帰朝途上の一九一六（大正五）年九月末か十月初め頃にシンガポールに立ち寄った際の体験を利用して書かれたもので、一九一八年九月号の『新小説』に発表された。

ロンドンからの帰国の旅にあった主人公上月《こうづき》良太郎は、シンガポールで酔って人に誘われるまま、日本人町の旅館に上がって熟睡した。彼は娘子軍の一人から、父母を亡くして天涯孤独になったばかりだという身の上話を聞かされる。翌日の朝食の際、主人公はこの女から、危うく毒入りの紅茶を飲まされそうになった。この作品の各所に、永井荷風『ふらんす物語』「新嘉坡の数時間」の影響を見ることができる。

娘子軍と女衒の愛国心

日本人町の娘子軍《じょうしぐん》について詳細に記述した船客は、必ずしも多くない。花街を通り過ぎただけだったか、体験を書き残すことを憚《はばか》ったかのどちらかであろう。このような中で、一九一一（明治四十四）年十一月二十七日頃に熱田丸《あつたまる》でシンガポールに立ち寄った与謝野鉄幹《よさのてっかん》（一八七三～一九三五）は、娘子軍を主題とした詩「新嘉坡の一夜」を書き、「彼等《かれら》の部屋毎《ごと》に必ず天皇の聖影を斎《いつ》く」「彼等がその郷土の家に寄する所、／年毎に少《すく》くも三十万金を下らず」[27]と述べて、その愛国心と祖国への経済的貢献を賛美している。杜牧《とぼく》の漢詩「秦淮《しんわい》」に、「商女は知らず亡国の恨《うら》み」などと詠まれ、国を思う心に欠けるとされる娼婦だが、こと日本人娘子軍に関しては、これとは正反対であった。実質的な棄民であった彼女たちにとって、祖国愛こそが日本人であることの大切な証しだったのだろう。

娘子軍の祖国への思いが具体的な形となって現れたのは、母国への献金である。大場《おおば》昇《のぼる》『からゆきさんおキクの生涯』（明石書店、二〇〇一年）は、善道《ぜんどう》キクヨ（一八九九～一九七六）という元娘子軍の人生をたどった著作だが、キクヨは関東大震災に際して寄付をしている。「着るものも金もぜんぶ領事館へもっていったんです。もっとってもしょうがないんですからねぇ。こまっている日本にきふするのは、じぶんのきもちとしては、ちっとも惜しくはなかったんですわ」「金はまたかせげばはいってくるんですからね」（一三六頁）。また、小須川射人《おすかわいると》『ボルネオ物語』（新紀元社、一九五六年）には、次のような一節がある。シンガポールのお仙は、

天草生れの娘子軍の出身ではあるが、頗《すこぶ》る愛国心に富んだ義侠心の強い女であった。彼の女が十六の日露戦争の当時、シンガポール沖合を堂々と過ぎ行くロシヤのバルチック艦隊の姿を見て、祖国の危急を見るに忍びずと、真先きに領事館に飛び込んで、指輪も簪《かんざし》も投げ出して、軍費にして貰《もら》い度《た》いといった熱情の持主である。お仙に倣《なら》った当時シンガポールに居たこの種の多くの女性も一人残らず献金に馳《は》せ参じ、駐在武官を感激させて、男泣きに泣かせたそのかみの愛国の花であった。（一六九頁）

若い娘を誘拐・勧誘し、南洋への密航の手引きをして売りとばした女衒《ぜげん》たちも、愛国者を以《もっ》て自ら任じていた。シンガポールの在留邦人の中には、女衒や女郎屋《じょろうや》を稼業としていた者も少なくなかった。森三千代『新嘉坡の宿』（興亜書房、一九四二年）によれば、一九二九（昭和四）年に金子光晴《かねこみつはる》（一八九五～一九七五）・森三千代《もりみちよ》（一九〇一～一九七七）夫婦が滞在した、セラングーン路（Serangoon Road）の大黒屋ホテル主人矢加部氏は、「女衒仲間の親分で、若い時には、毛虫のやうに嫌はれた男」（一二一―一二三頁）だったという。奇妙なことに、彼らは人身売買を愛国的行為であると固く信じていた。その一例として、村岡伊平《むらおかいへい》次《じ》（一八六七～一九四五）を取り上げたい。

『村岡伊平次自伝』（南方社、一九六〇年）によれば、この女衒がシンガポールに流れて来たのは、一八九〇年三月のことだった。女郎屋と旅館を経営し、日本から逃げて来る前科者たちを世話して、南洋各地

の娼館の経営に当たらせた。一八九五年四月には、シンガポールを離れ、ボルネオに移っている。ただし、『村岡伊平次自伝』の記述には信頼できない点が多いとされており、シンガポールに関する部分も、裏付けを取ることが難しい。村岡は、南洋での女郎屋稼業が国のためになると主張する。

前科者〔娼館経営者〕も、早く金をためて一人前の人間になりたいので、毎日三十、五十の金が入るし、娘をだいじにする。盆と正月には女どもに気をつけて、国元へ金を送ってやる。女どもも、主人を親と思ってだいじにする。そうなると家内は円満で、夢の間に千円、二千円と残る。金時計や、ダイヤモンドの指環や、上等の靴などを買い込み、国元にも手紙をだし、毎月送金する。父母も安心して近所の評判にもなる。すると村長が聞いて、所得税を掛けてくる。国家にどれだけ為《ため》になるかわからない。（五七頁）

一九六〇年に『村岡伊平治自伝』が出版されると、これに刺激を受けた作家円地文子《えんちふみこ》（一九〇五〜一九八六）は、女郎売買を愛国的行為と信じていた女衒や、彼らに売られた娘子軍の世界を描いた小説『南の肌』（新潮社、一九六一年）を出版した。天草の女が女衒の手を経て密航し、東南アジアで生きて行く話である。シンガポールは『南の肌』の舞台の一つだが、作者が現地を訪れたことがなかったためか、「植物園」「ハイラム街」「マレー街」「バンダ街」といった地名が使われているものの、町の具体的な描写は見られない。なお、映画監督今村昌平《いまむらしょうへい》（一九二六〜二〇〇六）は、『村岡伊平次自伝』を利用して映画『女衒 ZEGEN』（一九八七年）を撮《と》っている。

自由民権運動の活動家たち

明治期の在留邦人は、娘子軍《じょうしぐん》や彼女らに寄生する女衒《ぜげん》らが中心だったが、その一方で、反政府的な動きを見せていた自由民権運動の活動家や、大陸の革命を支援する日本人も、しばしばシンガポールに滞在した。明治時代のシンガポールは、一種の政治的避難場所でもあった。以下、大石誠之助《おおいしせいのすけ》（一八六七〜一九一一）、大井憲太郎《おおいけんたろう》（一八四三〜一九二二）、梅屋庄吉《うめやしょうきち》（一八六九〜一九三四）の三人を取り上げたい。

西村竹四郎『在南三十五年』（安久社、一九三六年）によると、後に大逆事件で処刑される医師大石誠之助は、「此《こ》の地に来、ヒル街［Hill Street］四十番地に開業」（一八頁）していたことがある。大石は一八九九（明治三十二）年一月に神戸を出港し、二月にシンガポールで医業に従事、四月から「植民地病院」で脚気《かっけ》およびマラリアの研究を行った。同年十二月にはシンガポールを離れ、インドに向かっている。森長英三郎『禄亭大石誠之助』（岩波書店、一九七七年）によれば、大石誠之助はシンガポールで情歌（都々逸《どどいつ》）や狂歌などを作り、『団団珍聞《まるまるちんぶん》』に盛んに投稿していた。「椰子の木蔭に昼寝の夢も雪の中なる主《ぬし》を見る」は恋の都々逸、狂歌「脈をのみ握るとおもひし手のうちに贋金《にせがね》をさへ摑《つか》みけるかな」は、診察料として偽造通貨をつかまされた経験を詠んだものである。

自由民権運動系の人物の南洋渡航としては、一八八五年の大阪事件で知られる大井憲太郎もいる。西村竹四郎によると、一八九五年にシンガポールに渡った大井憲太郎は、「ブラスバサ・ロード［Bras Basah Road］の大和館」（一五頁）に籠城していた。大和館は丸山友次郎の経営で、「当時の新嘉坡には唯一軒」（一五頁）の貴重な日本旅館だった。この活動家はシンガポールに渡るに際し、漢詩「赴新嘉坡（新嘉坡に赴く）」を作っている。「怒浪漲天衡海城。狂風掠耳雨縦横。雄心頓動呑舟策。出没胸中百万兵。（怒浪 天に漲《みなぎ》り海城を衝《つ》く。狂風 耳を掠《かす》めて雨縦横たり。雄心頓《とみ》に呑舟《どんしゅう》の策を動かす。出没す胸中の百万兵。）」[28]。日本政府の権力の及ばない南洋に避難して力を蓄え、策略をめぐらして政治的野心を実現せんとする大井憲太郎の激しい野望が読み取れる。

孫文の革命を応援したことで知られる梅屋庄吉も、二度ほどシンガポールに滞在した。第一回は一八九三年で、米相場に失敗して故郷長崎を逃げ出し、シンガポールに渡航したのだった。この地で中村トメ子という名の娘子軍と暮らし、写真館を出店したが、このあたりの経緯に関しては不明の点が多い。『在南三十五年』によれば、中村トメ子は後に大和商会の長野実義と結婚、一九一六（大正五）年十月十五日に亡くなった。お墓は日本人墓地公園に現存しており（区画B三）、墓碑から一八七三年十一月七日生まれであることが判明する。天草の出身で、十七歳の時に上海に行ってイギリス人の家政婦となり、カイロ居住などを経て、二十四歳の時にシンガポールにやってきた。ただし、「二十四歳」という記述は、生年等の事実と一致しない。トメ子は写真技術を西洋人から教わっており、梅屋庄吉と共に「北通りのシヤ街角に写真館を開いた」（二三九頁）。ラッフルズ・ホテルの北角、ノース・ブリッジ路（North Bridge Road）とシア街（Seah Street）のT字路であろう。梅屋庄吉は、翌一八九四年に東京で大井憲太郎と会い、南洋貿易や移民の計画を企図しているから、シンガポール滞在もこの年までと推測される。

梅屋庄吉の第二回の滞在は、一九〇四年五月から翌年にかけてである。香港で写真屋を営んでいた彼のもとには、革命を目指す興中会の清国人が出入りしていた。しかし、加藤忠式《かとうただしき》という船医に密告され、清国政府の手が回ってきた。庄吉と妻トクはただちに脱出、シンガポールに難を避けたのだった。シンガポールでは「梅屋照相館星賀坡舗」という看板を出す一方、ハリマホテルの播磨勝太郎《はりまかつたろう》と協力し、活動写真の興行を行って大成功した。フランス・パテー社製の映写機で、記録映画や「キリスト一代記」「日露戦争」といった映画を上映、マレー半島を巡回して五十万円もの大金を稼ぎ、帰国した。フィルムは無声で弁士はなく、マレー人楽団の演奏をバックに映像を流したという。[29]

宮崎滔天の入獄

シンガポールとかかわりの深い活動家に、宮崎滔天《みやざきとうてん》（一八七一～一九二二）がいる。滔天は、孫文《そんぶん》（一八六六～一九二五）が計画中の武装蜂起を支援していた。その実行に際し、シンガポール滞在中の政治家康《こう》有為《ゆうい》（一八五八～一九二七）の協力を取り付けるべく、一九〇〇（明治三十三）年六月二十九日、内田良平（硬石）・清藤幸七郎（呑宇《どんう》）とともに上陸、松尾旅館に投宿する。この三か月後に漱石が松尾旅館を訪れたことは、第二章第二節「森鷗外と夏目漱石」で述べた通りである。一方康有為の側では、宮崎滔天を刺客《しかく》と思い込んだ。彼はイギリス植民地政府を動かして、滔天一味を拘禁させた。宮崎滔天の半生記『三十三年之夢《の》』（国光書房、一九〇二年）から引用しよう。松尾旅館で警察に逮捕されて、

> 階を降《くだ》りて玄関に出《い》づれば、二輌の馬車あり、則《すなは》ち一は呑宇《どんう》の為《た》めに備へ、一つは余の為《ため》に設《まう》くるものなり、一警吏先《ま》づ乗りて余を招く、余従ひ乗じて他の一警吏また之《これ》に入《い》る、偶々《たまたま》女の声あり、曰《い》ふ、卿《あなた》どこに行きますか、妾《わたし》も一緒に伴《つ》れて行きまッせエと、一顧すればお村《むら》女史なり、乃《すなは》ち答へて牢屋へ行きおるばいと言へば、冗談ばッかり……と言ひ掛けて俄《にはか》に心づきしが如く、アラまァーどうしましたか……と驚き叫ぶその声を後《あと》に残して、馬は蹄《ひづめ》を鳴らして駆け出したり、（二〇七―二〇八頁）

二人はこうしてオートラム監獄（Outram Prison）に収容された。この拘置所は一八四七年の創設で、一九六八（昭和四十三）年まで使用された。敗戦後は、一部の日本人戦犯がこの施設で処刑されている。康

有為暗殺容疑は全くの濡れ衣であったから、七月六日に捕縛された二人は、七月十二日に釈放され、そのまま佐渡丸《さどまる》でシンガポールから五年間の追放となった。埠頭には松尾旅館の主人らが見送りに来ていた。

旅館の主人主婦は、余等《よら》の顔を見て泣けり、菊ちゃんも涙を泛《うか》べり、彼等《かれら》一揖《いちいう》［おじぎ］して言葉なし、（中略）出帆の号鈴と共に握手して相別《あひ》る、既にして船進行を始むれども、彼等埠頭を去らず、帽を上げハンケチを振りて別離を惜む、然《しか》も船は無頓着なり、進行半時間余にして人影も亦漸《またやうや》く見えずなりぬ、仍《よつ》て又一行と杯を挙ぐること少時《しばし》、終に酔倒して眠り、目醒めて甲板に出《い》づれば、夕陽《せきよう》漸《やうや》く没して夜色《やしよく》涼しく、僅《わづ》かに馬来の半島を雲煙の間に認むるのみ、此時《この》感慨殊《こと》に深し、乃《すなは》ち手を挙げ叫んで曰《いは》く、さよなら！五年間！（二二七頁）

宮崎滔天は、オートラム監獄や政庁での取り調べで、所持していた大金が孫文の恵州蜂起の資金であることだけは絶対に明かさなかった。孫文は、清朝を倒して新政権の樹立を目指す革命派である。一方康有為は、清朝の枠組みの中で改革を推進した保皇派であった。立場の異なる康有為との連携を試みたばかりに、滔天は英領植民地シンガポールおよび香港から放逐され、活動の制約を受ける結果になった。恵州蜂起も失敗に終った。

注

（1）中井桜洲「航海新説」、『明治文化全集』第七巻（日本評論社、一九六八年）、二八三頁。『芳賀矢一選集』

第七巻（国学院大学、一九九二年）、一五三頁。浅野長勲『海外日録』（出版者不明、一八八四年）、一六頁。釈宗演『西遊日記』（東慶寺、一九四一年）、二十一丁裏。桜井鷗村『欧洲見物』（丁未出版社、一九〇九年）、五七〇頁。『定本与謝野晶子全集』第二十巻（講談社、一九八一年）、六〇八頁。『黒田清輝日記』第一巻（中央公論美術出版、一九六六年）、九頁。『渋沢栄一滞仏日記』（日本史籍協会、一九二八年）、二一頁。「板垣君欧米漫遊日記」、『明治欧米見聞録集成』第二巻（ゆまに書房、一九八七年）、九一頁。鳥尾小彌太「洋行日記」、『明治欧米見聞録集成』第十五巻（ゆまに書房、一九八七年）、三九頁。佐竹義文『欧米を縦横に』（宝文社、一九二五年）、一九頁。『漱石全集』第十九巻（岩波書店、一九九五年）、一八頁。巌谷小波『洋行土産』（博文館、一九〇三年）、四一頁。大阪時事新報社編『欧洲芸術巡礼紀行』（十字館、一九二三年）、一七頁。

（2）『渋沢栄一滞仏日記』（日本史籍協会、一九二八年）、二二頁。『寺田寅彦全集』第十九巻（岩波書店、一九九八年）、一〇八頁。『藤村全集』第八巻（筑摩書房、一九六七年）、二七頁。

（3）『藤村全集』第八巻（筑摩書房、一九六七年）、一二九頁。『和辻哲郎全集』第二十五巻（岩波書店、一九九二年）、一八四頁。

（4）高田善治郎「出洋日記」、『明治欧米見聞録集成』第十八巻（ゆまに書房、一九八七年）、二七七頁。『久米桂一郎日記』（中央公論美術出版、一九九〇年）、七四頁。『定本与謝野晶子全集』第八巻（講談社、一九八一年）、六〇九頁。『寺田寅彦全集文学編』第一巻（岩波書店、一九五〇年）、五三七頁。

（5）『徳冨蘆花集』第十四巻（日本図書センター、一九九九年）、七六頁。

（6）「古川正雄の洋行漫筆」、『明治文化全集』第七巻（日本評論社、一九六八年）、三九四頁。

（7）『寺田寅彦全集』第十九巻（岩波書店、一九九八年）、一〇八頁。以下の寺田寅彦の引用二件も同上。『定本与謝野晶子全集』第二十巻（講談社、一九八一年）、六一〇頁。『藤村全集』第八巻（筑摩書房、一九六七年）、一二九頁。

（8）成島柳北「航西日乗」、『新日本古典文学大系明治編5海外見聞集』（岩波書店、二〇〇九年）、二六二頁。山下雄太郎「海外見聞録」、『明治欧米見聞録集成』第二巻（ゆまに書房、一九八七年）、二〇八頁。『新島襄全集』第三巻（同朋舎出版、一九八七年）、二七六頁。

（9）熊岡美彦「巴里へ 第二信」、『美術新論』第二巻第三号、一九二七年三月、六三頁。

（10）成島柳北「航西日乗」、『新日本古典文学大系明治編5海外見聞集』（岩波書店、二〇〇九年）、二六二頁。浅野長勲『海外日録』（出版者不明、一八八四年）、一五頁。『藤村全集』第八巻（筑摩書房、一九六七年）、一二六頁。山田毅一『戦後の欧米漫遊記』（民友社、一九二〇年）、三五頁。野口米次郎『印度は語る』（ゆまに書房、二〇〇二年）、三六頁。『岡義武ロンドン日記』（岩波書店、一九九七年）、一三頁。『寺田寅彦全集』第二十五巻（岩波書店、一九九九年）、七〇頁。

（11）『抱月全集』第八巻（日本図書センター、一九九四年）、一一七頁。

（12）『漱石全集』第二十二巻（岩波書店、一九九六年）、一九〇頁。『徳冨蘆花集』第八巻（日本図書センター、一九九九年）、一五頁。長谷場純孝「欧米歴遊日誌」、『明治欧米見聞録集成』第二十八巻（ゆまに書房、一九八九年）、七〇頁。

（13）中井桜洲「航海新説」、『明治文化全集』第七巻（日本評論社、一九六八年）、二八三頁。成島柳北「航西日乗」、『新日本古典文学大系明治編5海外見聞集』（岩波書店、二〇〇九年）、二六二頁。『久米桂一郎日記』（中央公論美術出版、一九九〇年）、七四頁。森鷗外「航西日記」、『新日本古典文学大系明治編5海外見聞集』（岩波書店、二〇〇九年）、四二三頁。『抱月全集』第八巻（日本図書センター、一九九四年）、一二四頁。『徳冨蘆花集』第八巻（日本図書センター、一九九九年）、一四頁。野上弥生子『欧米の旅』上巻（岩波書店、一九四二年）、四二頁。

（14）『岡本かの子全集』第四巻（冬樹社、一九七四年）、二二九頁。

（15）中井桜洲「航海新説」、『明治文化全集』第七巻（日本評論社、一九六八年）、二八二―二八三頁。成島柳北「航西日乗」、『新日本古典文学大系明治編5海外見聞集』（岩波書店、二〇〇九年）、二六二頁。浅野長勲『海外日録』（出版者不明、一八八四年）、一六頁。『久米桂一郎日記』（中央公論美術出版、一九九〇年）、七四頁。『寺田寅彦全集』第二十五巻（岩波書店、一九九九年）、七〇頁。『藤村全集』第八巻（筑摩書房、一九六七年）、二六頁。熊岡美彦「巴里へ 第二信」、『美術新論』第二巻第三号、一九二七年三月、六一頁。『岡義武ロンドン日記』（岩波書店、一九九七年）、一三頁。野上弥生子『欧米の旅』上巻（岩波書店、一九四二年）、四三頁。『寺田寅彦全集』第十九巻（岩波書店、一九九八年）、一〇六頁。

(16)『漱石全集』第二十二巻（岩波書店、一九九六年）、一九〇頁。成島柳北「航西日乗」、『新日本古典文学大系明治編5海外見聞集』（岩波書店、二〇〇九年）、二六二頁。浅野長勲『海外日録』（出版者不明、一八八四年）、一六頁。竹内栖鳳「西遊鴻爪」、黒田天外『一家一彩録』（図書刊行会、一九二〇年）、二〇四頁。『芳賀矢一選集』第七巻（国学院大学、一九九二年）、一五四頁。長谷場純孝「欧米歴遊日誌」、『明治欧米見聞録集成』第二十八巻（ゆまに書房、一九八九年）、八四頁。野口米次郎『印度は語る』（ゆまに書房、二〇〇二年）、三七頁。

(17)『芳賀矢一選集』第七巻（国学院大学、一九九二年）、一五四頁。『藤村全集』第八巻（筑摩書房、一九六七年）、一二七頁。石津作次郎『欧羅巴の旅』（内外出版、一九二五年）、四二頁。『箕作元八・滞欧「箙梅日記」』（東京大学出版会、一九八四年）、二〇頁。『漱石全集』第十九巻（岩波書店、一九九五年）、一九頁。『山本鼎の手紙』（上田市教育委員会、一九七一年）、四二三頁。なお、漱石がラッフルズ博物館を「余リ立派ナラズ」と述べているのは、上海や香港の堂々たる町並みとの比較から生じた印象であるとする論考がある。青木剛「夏目漱石の欧州航路――西洋建築との出会い」、『言語文化』第二十四号（二〇〇七年）、四五頁。

(18)『芳賀矢一選集』第七巻（国学院大学、一九九二年）、一五四頁。『箕作元八・滞欧「箙梅日記」』（東京大学出版会、一九八四年）、二〇頁。『黒田清輝日記』第二巻（中央公論美術出版、一九六七年）、五四九頁。

島村抱月「渡英滞英日記」、『明治文学全集』第四十三巻（筑摩書房、一九六七年）、八八頁。巌谷小波『洋行土産』上巻（博文館、一九〇三年）、四三頁。竹内栖鳳「西遊鴻爪」、黒田天外『一家一彩録』（図書刊行会、一九二〇年）、二〇六頁。『寺田寅彦全集』第十九巻（岩波書店、一九九八年）、一〇七頁。
（19）『侍従武官長奈良武次日記・回顧録』第一巻（柏書房、二〇〇〇年）、九二頁。石津作次郎『欧羅巴の旅』（内外出版、一九二五年）、三八頁。
（20）長谷場純孝「欧米歴遊日誌」、『明治欧米見聞録集成』第二十八巻（ゆまに書房、一九八九年）、八〇頁。渋沢栄一「欧米紀行」、『明治欧米見聞録集成』第二十六巻（ゆまに書房、一九八九年）、四五七頁。
（21）渋沢栄一「欧米紀行」、『明治欧米見聞録集成』第二十六巻（ゆまに書房、一九八九年）、四五六頁。長谷場純孝「欧米歴遊日誌」、『明治欧米見聞録集成』第二十八巻（ゆまに書房、一九八九年）、八四頁。
（22）『徳冨蘆花集』第十四巻（日本図書センター、一九九九年）、七七頁。『岡義武ロンドン日記』（岩波書店、一九九七年）、一三頁。野上弥生子『欧米の旅』上巻（岩波書店、一九四二年）、五二頁。熊岡美彦「巴里へ 第二信」、『美術新論』第二巻第三号、一九二七年三月、六二頁。石津作次郎『欧羅巴の旅』（内外出版、一九二五年）、四三頁。『岡本かの子全集』第四巻（冬樹社、一九七四年）、二五五頁。庄野貞一『十八ケ国欧米の旅』（高橋南益社、一九二八年）、二六頁。
（23）『徳冨蘆花集』第十四巻（日本図書センター、一九九九年）、七六—七七頁。
（24）森田思軒「船上日記第四」、『郵便報知新聞』一八八六年一月十三日、第三面。句読点加筆。
（25）「海上日記」、『抱月全集』第八巻（日本図書センター、一九九四年）、一二四頁。矢野龍渓「龍動通信第七回 紀行第四 新嘉坡の事」、『郵便報知新聞』一八八四年十月二日、第五面。
（26）末広鉄腸「唖之旅行 前、後、続編」、『明治欧米見聞録集成』第十九巻（ゆまに書房、一九八七年）、三六〇—三六二頁。
（27）与謝野鉄幹「新嘉坡の一夜」、『鉄幹晶子全集』別巻一（勉誠出版、二〇一三年）、二九七—二九八頁。

(28) 石川諒一編『民権自由党史』(民権自由党史出版局、一九二九年)、四二六頁。なお、『南洋の五十年』(章華社、一九三八年)一三九頁では、大井憲太郎のシンガポール渡航を一八九四(明治二十七)年としている。

(29) 小坂文乃『革命をプロデュースした日本人——評伝梅屋庄吉』(講談社、二〇〇九年)、三七—四〇、八七—八九頁。

第四章　大正・昭和の美術と文学

第一節　シンガポールを訪れた芸術家

彫刻家朝倉文夫の密偵旅行

《墓守》（一九一〇年）等で知られる彫刻家朝倉文夫《あさくらふみお》（一八八三〜一九六四）は、一九一一（明治四十四）年二月から九月にかけて、ボルネオやシンガポールなどの東南アジア諸地域を訪れた。その回想記『航南瑣《さ》話《わ》』（東和出版社、一九四四年）に、「世にも奇《く》しき隠密《おんみつ》の役を帯びて、ボルネオのブルナイに航し」（二頁）とあるように、元老井上馨《いのうえかおる》（一八三五〜一九一五）の密命による旅であった。ブルネイなどの、日本との連携を望んでいる現地有力者とつながりを作るとともに、ボルネオ島における英国植民地統治の動向を探ることが、主な目的だったと思われる。

朝倉文夫は、香港からボルネオ島に渡ってしばらく滞在、一九一一年六月頃シンガポールに到着した。その後は、ジェマジャ島（Pulau Djemadja）の王に招待されてアナンバス諸島（Kepulauan Anambas）を往復、シンガポールから再びボルネオ島に行き、再度シンガポールに戻って、九月十五日出港の佐渡丸《さどまる》で帰国している。一種の密偵であったから、ブルネイでは案の定イギリス官憲に不審がられ、呼び出し尋問を受けた。

朝倉文夫はシンガポールで、日本人の家主から部屋を借りた。「床板に大きな節穴《ふしあな》があつて、その穴から階下にコーヒーを頼むと支那人のお爺《ぢい》さんが出前をやる。居ながら用が足せて電話より便利」（一二四頁）な、面白い家であった。「お茶の注文をすると、お盆の上に幾つかのコーヒー茶碗の一杯注いだものを載せてこれを一滴もこぼさずに二階まで運んで」（一三四頁）来たという。彫刻家はこの住居で、小さなライオンの置物の制作に励んだ。その様子を見に、「金髪碧眼の二人の女性」や、「馬来人、日本人、それから支那人いろ〳〵な人が立代り入代りやつて来」（一三一頁）た。なお、この借間の隣室が魔窟だったことは、第三章第三節「娘子軍および政治活動家」で述べた通りである。さて、朝倉文夫が関心を持ったものの一つに、ラッフルズの銅像があった。

新嘉坡河畔《かはん》の広場にラツフルスの銅像が建設せられてゐるといふので博物館からの帰途立寄つた。なる程だゞ広い野原に勃然《ぼつぜん》として立つてゐる。腕組して左方の脚《あし》に力を入れ右方は軽く膝を折つて力を抜いてゐる姿勢である。能《よ》く見てゐると下半身には賛成し難《がた》いものがあつたが、これは所謂《いはゆる》英国風なアカデミツクの常套手段の現れとして我慢して置くとして、全体から受ける感じは一生を殖民開墾の事業に打ち込んだといふ颯爽《さつさう》たる俤《おもかげ》が偲《しの》べないことはない。（一五二頁）

この銅像は、ラファエル前派の彫刻家トーマス・ウールナー（Thomas Woolner 一八二五〜一八九二）の作品である。一八八七年にパダン（Padang）に設置され、一九一九（大正八）年、現在地であるヴィクトリア劇場（Victoria Theatre）前に移された。「だゞ広い野原に勃然《ぼつぜん》として立つてゐる」とあるように、一九一一年には、まだパダンの広場の真ん中に据えられていた【図16】。ウールナーは一八八七年からロイヤル・アカデミーの彫刻科教授を務めており、朝倉文夫が「英国風なアカデミックの常套手段」と感じたのは実に適切な観察であった。このラッフルズ像は、日本軍占領下に撤去され、博物館で保管されていたが、戦後再び元の位置に戻されている。なお、現在ボート・キー（Boat Quay）に立っている白いラッフルズ像は、その複製である。

図16　パダンの広場中央に立つラッフルズの銅像。視線は海の方角を向いている。1905年頃の写真。*Singapore Historical Postcards*（Singapore: Times Editions, 1995）, p. 16.

南方から帰国後、朝倉文夫は《土人の顔（其一）》《土人の顔（其二）》（一九一一年）という二点の胸像を制作し、第五回文部省美術展覧会に出品した。「眼の記憶といふものがどの位保てるものかを試みるつもりで南洋旅行中に接した最も興味のあつた人物を思ひ浮べてそれを制作することにした」（二七二頁）ものである【図17】。

『在南三十五年』に登場する画家と歌手

シンガポール在住の医師西村竹四郎の『在南三十五年』（安久社、一九三六年）は、一九〇二（明治三十五）年から一九三六（昭和十一）年までの体験を記した回顧録である。当地を訪れた美術家、西村伊作《にしむらいさく》（一八八四〜一九三六）、和田三造《わださんぞう》（一八八三〜一九六七）、石井柏亭《いしいはくてい》（一八八二〜一九五八）、高木背水《たかぎはいすい》（一八七

図17　朝倉文夫《土人の顔（其一）》1911年、ブロンズ、高さ58×幅46×奥行26センチ、台東区立朝倉彫塑館蔵。

七〜一九四三）の動静も記されており、近代日本画壇の知られざる一面を明らかにしてくれる貴重な文献となっている。

西村伊作は、文化学院の創設者として知られている。日露戦争中の一九〇五年六月頃、徴兵回避のためシンガポールに渡航、同年九月以降まで滞在した。「ブラスバサ路［Bras Basah Road］八十号に一戸を借り、盛んに彩管《さいくわん》を揮《ふる》つてゐた。当時毎朝六時に僕［西村竹四郎］の所の書生に英語を教へてくれた」（一四九頁）という。

西村伊作は、大逆事件で処刑された大石誠之助を叔父に持っており、一九一一年秋には、官憲に睨《にら》まれて再びシンガポールに避難、翌年春まで滞在した。伊作が政治的逃避場所としてこの地を選んだのは、大石誠之助の発案による。第三章第三節「娘子軍および政治活動家」で述べたように、大石は一八九九年にシンガポールで医者をしていたことがある。西村伊作の自伝『我に益あり』（紀元社、一九六〇年）によれば、大石は伊作に対し、「シンガポールはどうだ……。あすこは非常に気候がよくて養生にもいいところだ」（一四八頁）と、渡航を促した。画家はラッフルズ・プレイス（Raffles Place）の楽器店の二階で個展を開いたが、ほとんど売れなかった。

『在南三十五年』に最も頻繁に名前が見られる画家は、《南風》（一九〇七年）で知られる和田三造である。本の口絵には、「和田三造画伯の筆になる著者の肖像（昭和九年五月）」が掲げられている。フランスから帰国の途上にあったこの芸術家は、一九一三（大正二）年十二月二日頃からシンガポールの星州楼米井宅に滞在、「星州楼の三階から、前面に展《ひろ》がる海や並木やを写生して、長い夏の日を過した」（二〇五頁）。星州楼は、和田三造の妻の縁者が経営していた料亭で、ビーチ路（Beach Road）とパービス街（Purvis Street）のT字路北角にあった。

　和田三造が南洋に取材した作品の多くは散逸してしまったが、一九一九年の第一回帝国美術展覧会に出品された《檳榔《マ》子《マ》の細道》は現存している【図18】。一九一三年の「十二月二十一日。画伯を友人の長野実義氏に紹介し、ブキテマ路［Bukit Timah Road］の檳榔樹の並木の奥の小丘上にある長野氏の二階建の家を画室に開放して貰《もら》つた。画伯は毎日三哩《マイル》の路《みち》を往復して、そこでその附近を写生した」（二〇五頁）。《檳榔子の細道》は、「此《こ》の宅へ入る並木の細道」（二〇五頁）、ブキ・ティマ路にほど近い「キムヒン街」（未詳）付近を描いた作品である。和田三造にアトリエを提供した長野実義は、大和商会を経営する在留邦人の有力者であった。十五年後の一九三四年六月十四日から七月一日まで、再びシンガポールに滞在した和田三造は、医師西村竹四郎とともにかつての写生地を再訪したが、既に「道路は旧形を存せず、一本の檳榔《びんらう》樹《じゅ》さへ無く」「新嘉坡郊外は旧態一変、今は面影さへ止《とど》めぬ」（六三二頁）状態となっていた。

図18　和田三造《檳榔子の細道》1919年、縦107×横80センチ、北野美術館蔵。画題には確かに「檳榔子」とある。「檳榔樹」のことだろうか。

　西村竹四郎『在南三十五年』は、欧州との

往来の途上でシンガポールに寄港した画家にも言及している。洋画家石井柏亭は、一九二四年一月十五日、カトン（Katong）にあった西村宅に立ち寄った。「画伯はベランダから海岸の椰子を写生された」、「写生終つて僕の書画帖に椰子の墨画を画きとめられた。晩餐をともにし夜十一時船迄《まで》見送る」（三五九頁）とある。また、一九三一年には、洋画家高木背水が渡欧の途中で滞在、「カトンのビーチホテルに落着き、附近の椰子を写生した」。七月十六日にシンガポールを離れるにあたり、「カトン椰子林十二号を記念に置いて行」（五五〇頁）っている。

なお、『在南三十五年』には、欧米でも活躍したソプラノ歌手三浦環《みうらたまき》（一八八四〜一九四六）が登場する。一九一三年三月十三日、西村竹四郎の妻は、「三五公司《コンス》社宅に同公司医師三浦学士（後に博士）と愛の巣を営んでゐた柴田環女史（後に三浦姓）を」訪れている。「環さんもよく宅に遊びに来られた」（一九六頁）とのことである。一方、森三千代は、バト・パハ（Batu Pahat）のゴム園三五公司《コンス》F氏から聞いた環の逸話を記録している。ゴム林で彼女が「唄《うた》ひはじめると、馬来土人や支那人の苦力共《クーリーども》が、ゴム液の採収の手を休めて、じつとその声に聞きほれて」[1]いたという。女史は一九一三年五月十四日に三島丸《みしままる》でシンガポールを離れた。後年の一九三二年十月二十日には、タウン・ホール（現ヴィクトリア劇場）で三浦環女史演奏会が開催されている（五九一頁）。

欧州航路の画家たち

欧州航路の経由地シンガポールには、多くの画家が足跡を残した。既に、第一章第三節「幕末の遣欧使節団」では高島祐啓《ゆうけい》（一八六二年）を、第二章第一節「文明開化期」では久保田米僊《べいせん》（一八八九年）を、第二章第三節「永井荷風と二葉亭四迷」では野口駿尾《しゅんび》（一九〇九年）を、第三章第一節「港の光景」では横山大観（一九三〇年）を、第三章第二節「熱帯都市の魅惑」では今村紫紅（一九一四年）や堅山南風（一九一六年）を論じて来た。ここではさらに、小さな素描作品などを残した欧州航路の画家たちを時代順に取り上げよう。

日本画家竹内栖鳳《せいほう》（一八六四〜一九四二）は、夏目漱石より一か月余り早い一九〇〇（明治三十三）年八月一日に丹波丸《たんばまる》で神戸を出航し、欧州漫遊へと旅立った。《渡欧写生帖》（京都市美術館蔵）には、シンガポールで描かれた数点のスケッチが含まれており、小船や人物が手早く描かれている【図19】。また、黒田天外『一家一彩録』（図書刊行会、一九二〇年）には、竹内栖鳳が旅先から黒田氏に送った書信が掲載されており、その中に《馬来黒奴の使用する牛車図》が見られる。手紙には、「今此《この》新嘉坡の荷車に使用する白牛こそ、即《すなはち》乳供図［妙心寺所蔵］中の白牛と少しも異ならず、全く此《この》種の牛の写実なりし事判然いたし申《まうし》候《さふらふ》」（二〇六—二〇七頁）とある。

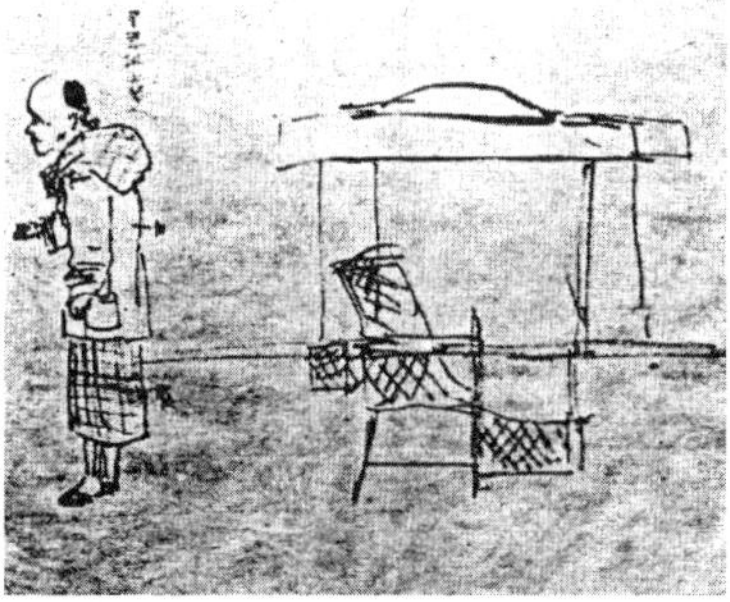

図19　竹内栖鳳「星架坡両替人」、《渡欧写生帖》1900年。『竹内栖鳳の素描——資料研究』（京都市美術館、1981年）、93頁。

洋画家安井曾太郎《やすいそうたろう》（一八八八〜一九五五）および津田青楓《つだせいふう》（一八八〇〜一九七八）は、一九〇七年四月二十日に讃岐丸《さぬきまる》でヨーロッパ留学に出かけた。その途上、シンガポールで撮影された一枚の写真が残されている。椰子の生えた海岸近くであるから、場所はカトンのシー・ヴュー・ホテル（Sea View Hotel）の庭であろうか。腰巻をした半裸のマレー人を中央にして、ほかに十二人の人物が写っている。[2]

洋画家小出楢重《こいでならしげ》（一八八七〜一九三一）は、一九二一（大正十）年に林倭衛《はやししずえ》（一八九五〜一九四五）・硲伊之助《はざまいのすけ》（一八九五〜一九七七）と

図20　小出楢重によるエスプラネードの素描。海には多くの船が浮かび、手前には人力車やマレーの牛車が描かれている。図録『生誕90年小出楢重展』（西宮市大谷記念美術館、1978年）、図118。

ともに渡仏、シンガポールのエスプラネード（Esplanede）で風景スケッチを行った。その右下には、一九二一年八月二十日の日付を見ることができる【図20】。また、一九二二年に渡欧した日本画家前田青邨《まえだせいそん》（一八八五〜一九七七）には、四点の素描がある。それぞれ、マレーの牛車、マレー風高床式住居二点、女性の昼寝が描かれている【図21】。洋画家白瀧幾之助《しらたきいくのすけ》（一八七三〜一九六〇）には、椰子の木を描いたもの一点（一九二二年）、シンガポール港の船を描いたもの一点（一九二三年）が確認できる。[3]

国画創作協会の四人の画家小野竹喬《おのちっきょう》（一八八九〜一九七九）・黒田重太郎《くろだじゅうたろう》（一八八七〜一九七〇）・土田麦僊《つちだばくせん》（一八八七〜一九三六）・野長瀬晩花《のながせばんか》（一八八九〜一九六四）は、一九二一年十月十九日に賀茂丸《かもまる》でシンガポールに到着した。彼らは欧州旅行での見聞を、『欧州芸術巡礼紀行』（十字館、一九二三年）として出版している。この本には、野長瀬晩花によるマレー人のカヌーの絵《シンガポールにて》のほかに、土田麦僊《牛車》・小野竹喬《土人部落の一部》の二点の作品が掲載されている【図22】。《牛車》は、「真直《まっすぐ》に立った角の先へ金環を嵌《はめ》て、肩のところに大きな瘤《こぶ》のある、まるで羊のやうに、温厚《おとな》しさうな眼をした白い二頭の牛に牽《ひ》かせ」（一九頁）た車を描いたものである。

一方、日本画家橋本関雪《はしもとかんせつ》（一八八三〜一九四五）は、一九二八（昭和三）年一月、洋行からの帰途にシンガポールに立ち寄り、《瀛洲進貢《えいしゅうしんこう》》（韓国国立中

図21　前田青邨によるマレーの高床式住宅の素描。『日本画素描大観５前田青邨』（講談社、1984年）、図29。軒下に鳥籠がぶら下がっている。

図22　小野竹喬《土人部落の一部Ⅱ》1921年、縦22.0×横27.3センチ、笠岡市立小野竹喬美術館蔵。

図23　横山大観『渡欧ところどころ』、横山大観記念館蔵。

央博物館蔵）という作品を作っている。宝物を満載した船が、「瀛洲」たる日本に向かって進んでいる図だが、これはヨーロッパで多くの美術品を買って帰国する橋本関雪自身のことである。関雪とその家族一行は、「マルセイユヨリ神戸マデ」（京都文化博物館蔵）という映像を残しており、シンガポールの観光地を詳細に撮影している点が注目される。[4]

　一九三〇年に渡欧した横山大観が、《シンガポール所見》でマレー人のカヌーを描いたことは、第三章第一節「港の光景」で述べた通りである。大観はこの旅行で《渡欧ところ〲》（横山大観記念館蔵）というスケッチ帖を残している【図23】。そこには、二月十四日の日付があるシンガポールの絵があり、椰子繁る海岸の月夜の情景が墨で描かれている。カトン海岸を題材にしたものであろう。南洋の海辺の椰子林という主題は、戦時中に《南《なん》溟《めい》の夜》（一九四四年、東京国立近代美術館蔵）に

図24　横山大観《南溟の夜》1944年、縦81.5×横90センチ、東京国立近代美術館蔵。

生かされた【図24】。これは、愛国画家横山大観が、南方の戦場に思いを巡らせつつ創作した作品である。スケッチ帖には、「ゴムの実（シンガポールにて）」という素描もあるから、大観はシンガポールで植物園かゴム園へも足を運んだと推測される。

旅絵師の哀れな展示販売会

シンガポールには、経済的に余裕のある画家ばかりでなく、貧しい日本人旅絵師もやってきた。そのような無名の絵描きは、えてして記録が残っていないのだが、森三千代の『新嘉坡の宿』（興亜書房、一九四二年）には、売れない氏名未詳の放浪画家の姿が生き生きと描かれており、大変興味深い。シンガポールで部屋貸しホテルを経営していたS氏は、宿に滞在している油絵の画家に肩入れし、日本人倶楽部の会合室での展覧会を企画した。絵師は「シンガポールを中心にした風景画を、僅《わづ》か一週間位のあひだに二三十枚画《か》き上げた」（九九頁）。一九二九（昭和四）年のことである。

展覧会開期中は、ぞろぞろ人が集つて来た。下町の人達も来たし、Aさんをはじめ、領事館の人達、銀行会社の人達も、一通り見物に来た。提灯持ちの短い記事を、私〔森三千代〕は、N〔長尾正平〕さんの新聞〔南洋日日新聞〕に書いた。三日の会期は終つた。札は三枚しかついてゐなかつた。最後の日の翌日、玉の汗になつたSが、大黒屋ホテルに姿を見せ、展覧会は一枚も売れなかつたと投出すやうに言つて、来《ママ》てゐた上着を脱ぐと、富士絹《ふじぎぬ》のワイシヤツが、肩巾のひろいからだにべつたりと汗ではりついてゐた。

三枚赤札がついてゐたではないかといふと、それは景気づけだと言つた。画家は、さすがに昨夜からしよげかへつて、今朝はまだ起きて来ないと言つた。一枚も売れなければ先へ行くことも、もどることも出来ない。（一〇〇―一〇一頁）

結局、S氏や新聞社の努力で若干の絵が捌《さば》かれた。「その金を持つて、ジヨホールからマレーの奥地スレンバン〔Seremban〕の方へ、画家は発《た》つて行った」（一〇五頁）。この哀れな旅絵師の作品を買ったのは、駐在員や領事館員ではなく、シンガポールに定住している下町の邦人だったという。彼らは美術品が欲しくて絵を購入したのではなかった。「身を以《もつ》て海外へ飛出し、苦闘しつづけてきた下町の人達には、絵の理解より以上に、人間の境遇に対する温い理解があつた」（一〇五―一〇六頁）。苦労して南洋に生活の根拠を作り上げた在留邦人たちは、困り果てている乞食のような放浪画家に、かつての自分自身の姿を重ね合わせ、深く同情したのであろう。シンガポールでわずかな金を工面した絵描きが、パリではなくマレーの奥地へと向かって行ったというのが、実に哀れ深い結末である。

戦前、シンガポールの在留邦人は、ステレツとグダンに二分されていた。ステレツは streets に由来する。中央通りと通称されたミドル路（Middle Road）や、本通りと呼ばれたヴィクトリア街（Victoria Street）一帯を指す言葉で、当地に移住して小規模な商工業に携わった日本人が住む、下町のような性格の地域だった。一方グダンは、godown が語源である。これはインドや東南アジアでのみ通用する英語で、倉庫を意味する。かつてラッフルズ・プレイス（Raffles Place）を中心としたシンガポール川河口付近には倉庫が多かったため、このように呼ばれるようになったものである。グダンは、三井物産、三菱商事、日本郵船、横浜正金銀行などの大企業エリート駐在員が勤務する町であった。両者の水と油のような性格の違いを、森三千代は『新嘉坡の宿』で次のように述べている。

東京に山の手と下町があり、上海に呉淞路《ウーソン》とバンドの連中があり、香港に官衙《かんが》街とワンチヤイがあるやうに、シンガポールにも、グダンの銀行会社の人達と、ステレツを中心にした日本街、いはゆる下町の人達とが対立してゐる。土地に長く住みついてゐる下町の草分け日本人達には、学校を出て、海外手当をもらつて内地の本店からまはされてくる支店詰《づめ》の人達の官僚的な気分が肌に合はなかつたし、高等教育をうけたインテリのグダン方面の人達には、下町の古めかしい観念とは相容《あひ》れないものがあつた。殊《こと》に、シンガポールでは、女衒《ぜげん》稼業上りの人達がゐて、さういふ人達を、グダン方面の人が軽んずる空気が濃厚だつた。下町と上町が、シンガポールほどはなれてゐるところはなかつた。（一〇三―一〇四頁）

作品を買って旅絵師を助けてくれたのは、下町の側の日本人だった。森三千代がこのような画家に興味を持ったのは、共に東南アジアを旅している彼女の夫金子光晴自体が、放浪の貧乏芸術家であったからにほかならない。一九二八年九月六日、金子光晴・森三千代夫婦は十分な旅費を持たないまま、南洋・欧州へと旅立った。金を稼ぎつつ旅を続け、二人が帰国したのは四年後の一九三二年である。金子光晴は、シンガポール日報社の好意で個展を開き、その収入でジャワ島へと渡航した。スラバヤでは松原晩香の世話で展覧会を行い、シンガポールを経由して夫婦別々にマルセーユへと向かった。帰路でも、マレー半島で絵を売っている。森三千代が『新嘉坡の宿』で描いた旅絵師は、自分たちの分身でもあったのである。もしかするとこの放浪画家は、金子光晴その人をモデルにしたものであったかも知れない。

第二節　金子光晴と森三千代

インド人街のエキゾティシズム

シンガポールについて記録を残した文学者のほとんどは、欧州航路を通過しただけだったが、詩人金《かね》子光晴《こみつはる》（一八九五～一九七五）・小説家森三千代《もりみちよ》（一九〇一～一九七七）夫婦は、マレー半島やジャワ島に長く滞在し、数多くの作品を書き残した。二人の東南アジア放浪は、今日のバックパッカーの旅の原形のような一面を持っており、極めて魅力的である。彼らが見たシンガポールとは、どのようなものだったのだろうか。

金子光晴と森三千代は、一九二九（昭和四）年六月に香港から到着後、七月十日にバタビアへ発つまでの約一か月間、シンガポールに滞在した。森三千代『新嘉坡の宿』（興亜書房、一九四二年）によれば、夫婦が根城《ねじろ》としたのは、セラングーン路（Serangoon Road）に面した大黒屋ホテルで、一か月十二ドルという格安の部屋貸し宿だった。ホテルはヒンズー教のスリ・ヴィラマカリアマン寺院（Sri Veeramakaliamman Temple）と向かい合う位置にあり、「部屋は、玄関のポーチの上にのつてゐて、部屋全体が張出しのやうで、三方の鎧窓《よろひまど》を開けると、どこからでも風が吹き通しに」（一〇頁）なった。

大黒屋ホテルの二階の部屋からは、ヒンズー寺院の極彩色の屋根装飾ゴープラム（gopuram）が手に取るように良く見えた。「ところどころに瀬戸物の神像が飾つてある。神像は、むしろ妖怪といつた方がわかりがいい。緑色の象の顔した神様が手に蓮の花を持つて胡座《あぐら》をかいてゐたり、朱面で両眼のほかに額からもう一つ単眼が飛出し、背中から腕が五本も六本も出てなにかつかんでゐる」（七二頁）。森三千代

図25　金子光晴《星州坡 HINDOU 寺院之図》1929年頃、縦27×横24センチ。図録『生誕百年記念金子光晴の世界』（武蔵野市民文化会館、1995年）、63頁。

は、夕方になると寺から聞こえてくる楽器の音色に魅かれ、建物の中に入っていった。すると、「僧侶らしい片肌を脱いだ男が出て来て、いきなり、わけのわからないことを喚《わめ》き立てた」（七三頁）。立ち入ってはいけない所に入ってしまったのである。

　大黒屋ホテルがあった地域は、リトル・インディア（Little India）と呼ばれている。画家でもあった金子光晴は、セラングーン路のヒンズー教の寺スリ・スリニバサ・ペルマル寺院（Sri Srinivasa Perumal Temple）を色紙に描いた【図25】。また、金子光晴は『マレー蘭印《らんいん》紀行』（山雅房、一九四〇年）で、インド人街の夜の様子を観察力細やかに描写している。「昼は一つらの黒い鎖《くさり》のようにつながつて、あはれな掛声をかけて道路工事をしたり、船渠《ドック》で船底をこそげたりしてゐる」（二〇六頁）底辺のインド人労働者は、夜も十分な環境で眠ることができない。その気の毒な姿を、この放浪日本人作家は秘かな共感を込めつつ描いた。

　空地の草つ原にアンペラ小舎《ごや》をつくり、ヒンヅーが幾十家族かあつまつて、まつくらななかで、蠟燭《らふそく》一つともさずごろごろねてゐるところもある。町角にしやがみこんで三人ばかりで、椰子酒をのみほしながら、夜のふけるまではなしこんでゐるものもある。軒廊《カキ・ルマ》に寝てゐるばかりではない。アスファルトの大道に往来を塞《ふさ》ぐやうに、裸でころがつてゐる。舗道のまんなかを頭にしてゐるので、人力車も通りぬけられない。からだを石でひやさねば、眠られないのだ。かれらを一口にヒンヅーといふが、タミールもあればベンガルもある。宗門もちがひ、種族も、言葉も異り、仇敵のやうににらみあふ。羽虫のいつぱいたかつてゐる高い街燈がある。風が死にたえてゐる。髯《ひげ》だるまに似ないかぼそい声で、どこかから故郷の唄をうたつてゐるのがきこえる。(二〇五頁)

日中の厳しい労働の苦しみを癒すかのように、インド人苦力《クーリー》は家族で集まり、酒を飲んで語り合い、道路で火照った体を冷やし、郷愁にとりつかれて故郷の唄を歌う。このインド人の悲哀は、絵を売りながら南洋を放浪中の金子光晴自身の感情でもあった。

シンガポール華僑の排日

金子光晴のマレー関連作品の一つの特徴は、欧州航路通過旅客があまり関心を持たなかった南洋華僑について記していることである。この文学者は、生涯に二度ヨーロッパを訪れたが、次に引用するのは第一次欧州旅行に赴く途上の一九一九(大正八)年一月、シンガポールでの出来事である。時あたかも、大陸で反帝国主義の五四運動が起こる前夜だった。『金子光晴全集』第八巻(中央公論社、一九七六年)所収の随筆「南洋華僑の排日」から引用しよう。

南洋独特の驟雨《スコール》で頭からずぶ濡れになって、ようやく一軒の小料理屋の二階へ上ると、いつ迄《まで》経《た》っても番頭が寄って来ない。何か持って来いというと、ぬるい湯が底に少し入っている土瓶と、欠茶碗を僕の前へ投《ほう》り出すように置く。勢《いきおい》で、茶碗は、ころころところがって落ちるのを僕は、やっと受止めた。それっきり、物を云《い》っても返事もしない。この狼藉《ろうぜき》の意味が解らないので、腹の煮《に》えるようなおもいをしながら我慢をして外へ出たが、出掛けに一弗《ドル》置いて行けといって四五人で僕の前に立ちふさがった。

（二八八頁）

金子光晴は、初期の排日運動に直面したのである。この華僑の行動は、今日の基準からすれば明らかな人種差別であるが、まだ素朴な感情表明の段階にとどまっていた。しかしその後は、華僑の排日が組織化・大規模化し、在留邦人を苦しめることになる。

「南洋華僑の排日」で金子光晴は、排日の親玉だったシンガポールの実業家陳嘉庚《タンカーキ》（一八七四〜一九六一）の思惑について述べている。福建からの苦力《クーリー》移民陳嘉庚は、アヘン密輸入などで成金となり、南洋唯一の製造工業家として、ゴム製品、雑貨、化粧品、罐詰などを作っていた。しかし、彼の工場が生産する製品は粗悪であり、「一般華僑は、品質、価格、適応等の諸般の点に於《お》てむしろ、日本品をこそ欲しがっている状態」で、陳の排日が「掛声ばかりで実績のあがらない理由も、実はそんなところに」（二九一頁）あった。

ところが、一九三一（昭和六）年の満洲事変や一九三二年の上海事変が状況を一変させた。「陳嘉庚としては、この好機逸《いっ》すべからずである。果然、猛烈な排日工作が進められ、シンガポールの支那字新聞は買収され、陳直属の旗下暴力団が、各地に派せられた宣伝員と一緒になって活潑に活動しはじめた」（二九一頁）。金子光晴は、第二次欧州旅行の帰途、一九三一年十一月にシンガポールに到着し、翌一九三二年六月頃までマレー半島に滞在しており、ちょうど排日が過激になってゆく時期に南洋に身を置いていた。

シンガポール《ママ》さかり場にある「新世界」や市内の支那映画館では、上海戦況実写をよび物にして客をよんでいる。近頃、シンガポールでは、サービス・ガールが大流行で、すずしの支那服を着た断髪の小娘たちが、西瓜《すいか》の種子や、涼茗《つめたいちゃ》をもって客席のあいだをあっせんしている。映画はいよ〳〵日本兵六万大潰走《かいそう》だ。西瓜子をぷつぷつ噛みつぶしている連中が、好《ハオ》、好《ハオ》と声援する。演習かなにかを映した映画らしい。(中略)これらのフィルムの提供も、陳嘉庚宣伝部の仕事になっている。(二九二頁)

戦前のシンガポールには、「新世界(New World)」「大世界(Great World)」「快楽世界(Happy World)」という三つの大衆娯楽施設があった。一九二三年開業の新世界は、インド人街の近くのキッチナー路(Kitchener Road)東北側に位置していた。一九二七年三月二日に白山丸《はくさんまる》で寄港した和辻哲郎は、新世界を「浅草の花屋敷の様《やう》なところ」と述べている。(5) この庶民的な非日常空間で、排日を目的とする映画が娯楽として上演されていたのである。金子光晴は随筆「南洋華僑の排日」で、過激化する排日の中を生きる在留邦人を思いやっている。

シンガポールのさかり場、ジャラン・ブッサル通り〔Jalan Besar〕を浴衣《ゆかた》がけでぶら〳〵していた沖縄県人の漁夫が殴打され半死半生にされた事件があってからシンガポール街角《ママ》には、馬来兵がボーイスカウトのような格好をして銃剣をつけ、篝火《かがりび》を焚《た》いて辻々を警戒するようになった。今度は、ミドル路

[Middle Road]の突《つき》あたりにある日本人クラブを焼はらう計画があって、未然に暴露したそうだが、あの勢《いきおい》では成程《なるほど》、その位の事をやり兼《か》ねない。人数の少い半島の日本人は、成丈《なるたけ》相手にならず、先方の群集心理に火を付けないように家に引こもっていたが、あんな事が永く続かれたら神経衰弱になってしまうだろう。（二八八―二八九頁）

実際、シンガポールで開業していた医師西村竹四郎の『在南三十五年』（安久社、一九三六年）には、在留邦人が華僑の排日で苦しめられる様子が克明に記録されている。第一次世界大戦で日本がドイツ領青《チン》島《タオ》を占領した翌一九一五年頃から、華僑の間に排日の動きが見られるようになり、金子光晴が初めてシンガポールに上陸した一九一九年に、一つの頂点を迎えている。排日は翌年からは下火になったものの、満洲事変の一九三一年から再び激しさを増していった。金子光晴がマレー半島にいた一九三二年の正月に至っては、「外出は危険といふので多くは居宅に垂れ込めて居る」状態で、「邦人が、夜間単衣《ひとえ》がけで人混《ひとごみ》の中を散歩したり、或《あるい》は支那人の盛り場の中を逍遥したりして、石を投げられ暴行された者も出来た」（五六一頁）という。イギリス植民地政府は、治安維持の観点から華僑の過激な行動を取り締まったが、その効果は十分とは言えなかった。

混血娘と密淫売

金子光晴の詩集『女たちへのエレジー』（創元社、一九四九年）には、一九二九（昭和四）年および一九三一年から翌年にかけての、南洋放浪関連の作品が収められている。その中に、シンガポール関係のものが少なくとも九篇ある。「無題――シンガポールにて。」「シンガポール羅衛《ラウエル》街にて」「――シンガポールの市場で」「映照」「街」「混血論序詩」「女たちへのエレジー」「雨三題」「孑孑《ぼうふら》の唄」である。流浪・漂泊の思いが強いこれらの詩では、人物や風景のスケッチの合間に、作者自身の思いが断片的に挿入されている。

たとえば、散文詩「孑孑《ぼうふら》の唄」に登場する混血娘インビキサミである。ラッフルズ・プレイス（Raffles Place）にあった「じよん・りつとる［John Little］百貨店のうり子」であるこの女は、華僑の愛人であり、また「小遣ひかせぎに、港の場末のホテルに客をくはへこむ」（六八頁）売春婦でもある。金子光晴がこの娘を知ったのも、そのような関係からであろう。

タミール人とオランダ人との混血であるインビキサミについて、詩人は、「無道徳で、その日その日は風まかせ」（六八頁）、「からだもこころも宙ぶらりんにただようて」（六九頁）と述べている。しかしこれは、南洋を放浪する金子光晴の自己イメージの投影にほかならない。多民族都市シンガポールには、ユーラシアンと呼ばれる混血の人々が多い。中途半端なアイデンティティーに悩むユーラシアンの内面に踏み込んでいる点で、金子光晴の詩「孑孑《ぼうふら》の唄」は、日本人による従来のシンガポール表象から、一歩も二歩も踏み出している。

一方、散文詩「街」（三一―三三頁）は、「密淫売の一斉検挙」が主題である。「あんまりの大獲物で、とても警察署の控へ室には入りきれず」、美しい警察署の庭に「人数およそ三百人」の女達が、「狼藉《らうぜき》にも手ばなをかみ、唾を吐きちらし、折角《せつかく》の芝をむざんにふみにじつて、しやがみこんだり、ねそべつたり」していた。すると、見物人が集まって来て「たちまち鉄柵《てつさく》のそとは人の垣」となった。さらには、見物人を目当てにした「よびうり」が集結し、「粥《かゆ》の荷や　麵の丼《どんぶり》　コイチャオの鉄鍋　さてはサッテの焜炉《こんろ》など」が「市をひらいた」。

すきつぱら女どもが丼にむさぼりつく傍《かたは》らで、馬来巡査が、羊の串を頬ばる。そして、うまいものの荷のまはりには、どこからあつまつてくるものか、それこそ世界中がまつ黒になりはせぬかとおもふほど、わいわいと蠅があつまつてきた。

訓——街といふものの多くは、こんなあんばいにしてできあがつたのだ。

街の形成の中核に、性欲と金欲と食欲を据えたこの散文詩の語りも、金子光晴の価値観を雄弁に物語っている。見物人ばかりではなく、淫売や巡査や蠅までが等しく食べ物に群がっている有様こそ、この詩の眼目であろう。金子光晴にとって南洋は、人間の欲や本性がむき出しになる空間であった。それ故に、秩序や権力・権威に覆いつくされている窮屈な日本とは対照的な場所として、深い親しみを感じたのである。詩集『女たちへのエレジー』においては、南洋地域の様々な風景が詩人のさすらい気分の中に溶け込み、身心ともに漂いながらも食欲と性欲だけは確実に備えている、一人の放浪日本人の心象風景が構築されている。

金子光晴の見た在留邦人

第二次欧州旅行の帰途、一九三一（昭和六）年十一月に再びシンガポールに到着した金子光晴は、桜ホテルなどに断続的に滞在、翌一九三二年六月に帰国した。この数か月間の出来事を書いたのが『西ひがし』（中央公論社、一九七四年）である。桜ホテルは、日本人街の中心ミドル路（Middle Road）が尽き、ソフィア路（Sophia Road）とウイルキー路（Wilkie Road）が二股《ふたまた》に別れる場所にあり、「窗《まど》の手すりからまっ正面に、人の来るのが望見」できた。「港で船を乗りつぐ人たちが、旅の間あいをはかるために一日、二日逗留するための「腰かけ休息ホテル」とでもいう性質のホテルで、部屋は二階に、ほんの三つばかり」（二〇八頁）しかなかった。

二年ほど暮らしたヨーロッパから戻り、桜ホテルに荷を下ろしてみると、シンガポールでは邦字新聞が経営をめぐって揉《も》めている最中だった。『南洋日日新聞』の社長古藤秀三が一九三〇年十月二十九日に亡くなり、翌日日本人会による盛大な葬儀が行われた。(6) ところがその後、新聞社の「編集部と営業部が割れて、収拾がつかず、編集長の長尾正平氏と、外国電報の大木氏とが、別に『シンガポール日報』というものを発刊」（三七頁）した。金子光晴は『シンガポール日報』に、「長尾氏からたのまれた随筆三枚を書いて」（二〇三頁）いる。一方、社長と編集長を失った『南洋日日新聞』の側では、後任として金子光晴旧知の詩人前田鉄之助《まえだてつのすけ》（一八九六～一九七七）を内地から迎えたのだった（二二六―二三九頁）。

お金に窮していた金子光晴は、「ベルギーのL氏の借金をかえしたうえで、この土地から二人が日本へかえらねばならない事情であるから、そのごたごたをこまかくきいている暇もなく、大きなトランクをあずけて、すぐさま、マライ半島に」（三七―三八頁）渡り、絵を売って金を作ろうとした。こうして、二度目のバト・パハ（Batu Pahat）滞在が始まる。シンガポールから約二百キロ離れたバト・パハは、マラッカ海峡に面しており、日本資本のゴム園や鉄鉱山で発展した町である。

その後シンガポールに戻った金子光晴は、日本領事館の安西という書記官と交際した。シンガポールを訪れた日本人が書き残した文章の中で、外交官の本音が率直に書かれているのは、金子光晴の『西ひがし』を置いてほかになく、その内容は大変興味深いものがある。安西氏は、領事館の仕事に飽き飽きしており、「いつ訪ねても、テーブルの上に靴下の両足を投げかけて」「現在の職業がくそおもしろくもないと言った顔付で、新聞をよんでいなければ、たばこをふかしていた」（二〇四頁）。安西氏は、シンガポール領事館の仕事のばからしいことを痛憤《つうふん》しはじめた。娘子軍《じょうしぐん》のさかんな時は、たいてい女たちの身の上相談で、まじめに相談にのって、いろいろ考えてやると、その雇い主のくりから〔入墨模様の名称〕の親分というのが、朝からねじこんできて文句をつける。翌日は、その雇い主のくりから強く出て、女を強制送還しようとすると、こんどは、日本へは帰りたくないといって女がきて、わあわあ泣き出す。いったいどうなっているのか、そのつもりがわからない。（一一三頁）

領事館に救いを求めてやってくるのは、親分の手から逃げてきた女たちとか、外国人の妾《めかけ》になった女が、その外国人が死んで、遺産をもらうための交渉とか、本国の正妻の代理人との諍《いさか》いだとか、ときには、琉球の漁師たちの仲間の刃傷沙汰《にんじょうざた》だとか、日本から逃亡中の兇悪犯人の処置だとか、いずれもすっぽりと埒《らち》のあくことは少く、ぐずぐずに終ることが多かった。領事館が警察権をもっていたとしても、あいてを逮捕できる警察官もいないし、つれてきても、監禁する場所もなく、本国へ送還するにしても、ついて帰る人間もいない。（中略）それで、日本の領事館はなんのためにあるかということになると、姉しゃまの保護のためにあるという考えがでてくるわけである。そうにちがいないが安西さんの血管のなかにはやはり、日本人の感傷が血とともに流れていた。酔っていい気持《きもち》になって歌う歌は、「妻をめとらば才たけて」であった。（一二二―一二三頁）

金子光晴は、領事館の仕事の内実を赤裸々に述べる一方で、日本人駐在員の妻の生活が極めて恵まれていることも、安西書記から聞き出している。「社員は、外地手あてがつくので、日本にいる時の三倍の月給をもらっ」ており、「社宅が広々として住心地が」良く、「一軒毎に三人の使用人をつかっていて」、

「細君天国」であり、「嫁さんは、たいがい倖《しあわ》せそう」（一一三―一一四頁）だという。このような駐在員家族の恵まれた生活環境は、現在もあまり変わっていない。

タンジョン・カトンの海岸

金子光晴は『マレー蘭印《らんいん》紀行』において、タンジョン・カトン（Tanjong Katong）の魅力をみごとな文章で表現した。中心市街地より東へ五キロ程の場所にあるこの海岸は、かつてはシンガポールを代表する別荘地・行楽地だった。小説家は、シンガポールを苛酷な生き残り競争の「戦場」ととらえ、カトンをその「休息所」として対照的に描いてゆく。

> シンガポールは、戦場である。焼けた鉄叉《てつさ》のうへに、雑多な人間の膏《あぶら》が、ぢりぢりと焦《こ》げちゞれてゐるような《ママ》場所だ。額に牛糞の灰をぬりこんだヒンヅー人。舢舨《さんぱん》苦力《クーリー》と人力車夫《チヤー》。よだれ掛のついたあつぱつぱのようなものを着た猶太《ユダヤ》街の女たち。混血児。南洋産支那人《ババナンキン》。ベンガルや、アラビアの商人。グダン人種。暹羅《シヤム》のかこひもの。煙鬼《えんき》。馬来土民。出稼人。亡命者と諜者《スパイ》。かれらは、みな生きるために、炎暑や熱病とたゝかふ。はるかにのぞむと、赫々《かくかく》とした赤雲《やけぐも》のやうな街だ。カトンは、いはば、その休息所である。（二〇〇―二〇一頁）

開港以来今日に至るまで、絶えず厳しい生存競争の圧力にさらされ続けて来たシンガポール社会の性格を、この文章は的確に表現している。民族構成の多様性も、列挙法によって効果的に印象付けられている。都市の多民族性を示す一例として挙げられている「暹羅《シヤム》のかこひもの」は、森三千代『新嘉坡の宿』に登場する「隣室にゐるタイの女」がモデルだろう。「白服で、肩幅の広い、がつちりした英国人」の愛人で、夕方になると化粧をして、「毎日のやうにおなじ時刻に迎へにくる自動車を待つてゐる」（一八―一九頁）。

一方、タンジョン・カトンについて金子光晴は、「シンガポール名所絵葉書のおさだまりだ」と述べ、「椰子の葉越しの月、水上家屋、刳木舟《カノー》、誰しもすぐセンチメンタルになれる、恋愛舞台の書割《かきわり》のような風景である」（一九七頁）と説明する。「名所絵葉書のおさだまり」とあるように、カトンの海浜は、戦前のシンガポールを代表する景観であった。『赤道を行く（新嘉坡案内）』（新嘉坡日本人倶楽部、一九三九年）にも、「その椰子林の月は世界的に有名である」（一八六頁）とある。再び『マレー蘭印紀行』から引用しよう。

> カトンは、シンガポールの東郊で、海添ひのしづかなバルコニーをなしてゐる。シンガポールに立寄る客たちは、第一の夕《ゆふべ》の歓待を、日本庭園を模したアルカフ・ガーデンの料亭か、このカトンでうけるのである。すゞ風の尾鰭《をひれ》のながながとなびく海浜の、ところどころにバンガローがある。籐《とう》椅子をならべ、テラスにあつまつて、別荘や、閑静な住宅の西洋人たちの一家団欒《だんらん》のさまが、浜づたひに手にとるようにみえる。モダーンな支那富豪の邸宅がある。桟橋づたひに水にのり出した日本料理屋の軒には、岐阜提灯にうつくしく燈《ひ》がはいる。ほつ、ほつ、ほつといふ三味線の音が、水のうへをわたつてきこえてくる。（一九七―一九八頁）

今日では、林立する高層ビルを背景にしてマーライオン像が口から水を吐いている光景が、典型的なシンガポールのイメージとなっている。しかしこれは一九七二（昭和四十七）年、観光シンボルとしてのマーライオンが彫刻家リム・ナン・セン（Lim Nang Seng 一九〇七〜一九八七）によって制作された後の表象に過ぎない。戦前の日本人が思い浮かべるシンガポールは、椰子の木繁るカトン海岸の景色だったのである。このステレオタイプ化したシンガポールの景観を描いたのが、世界を旅した版画家吉田《よしだ》博《ひろし》（一八七六〜一九五〇）である【図26】。海辺には高い椰子の木が林立し、奥にはマレー人の水上家屋や小船が見える。手前には民族衣装を着たマレー人が卓上に食べ物をひろげて寛《くつろ》いでいる。現在この砂浜は埋め立てられ、チャンギー空港と市内を結ぶ高速道路（East Coast Parkway）に変わってしまった。一方、その道路の海側には、新たに整備された東海岸公園があり、かつてのカトン海岸の姿を偲ぶよすがとなっている。

図26　吉田博《シンガポール》1931年、縦37.6×横24.6センチ。『吉田博全木版画集』（阿部出版、1987年）、作品番号147。

なお、接待の名所としてカトンと併称されている「アルカフ・ガーデン」（Alkaff Garden）は、一九二九年から一九四九年までのわずか二十年間だけ存在した日本庭園である。裕福な貿易商アルカフ家が、マクファーソン路（MacPherson Road）北側に建設したもので、現在はセネット・エステート（Sennett Estate）という住宅街に変わってしまい、往時の面影は全く見られない。金子光晴は、開設二年後の新庭園に言及したのである。

カトンの日本料理屋

金子光晴の文章に「日本料理屋」「岐阜提灯」「三味線」とあるように、カトンには日本の料亭があった。建物が海岸に突き出しており、シンガポールを訪れた多くの日本人が水上の晩餐を楽しんだ。金子光晴は『マレー蘭印《らんいん》紀行』でその店の様子を、「朝日ビールの罎《びん》が並び、濠洲牛のすき焼が煮える。畳を敷いた簀《す》の子《こ》のしたでは、くらい潮ががばがばと鳴り、大石小石のうへをのりこえては退いてゆく」（一九八頁）と書いている。カトン海岸の日本料理屋がいつ創業したのか、詳細は残念ながらよくわからない。管見《かんけん》の範囲では、徳冨蘆花が一九一九（大正八）年二月十七日に「ことぶき亭」を訪れているのが、最も古い文献記録である。『徳冨蘆花集』第十四巻（日本図書センター、一九九九年）から引用したい。

海の上に建てはなした水亭が涼しさうなので、其処《そこ》に陣取る、海着のまま休息する所と見え、水の上の素床に椅子卓子木《たくし》の臥榻《がたふ》などが無造作に置いてある。少し濁つた海に風立ち、床の下をどんどと波がうつ。（中略）色黒い太肉《ふとりじし》、銀杏返《いちやうがへ》しの若い女が二人、顔を出す。家族もなくて異郷に月日を送る若い日本の男たちの為《ため》に此等《これら》遊びの家が蓄へて居る一夜妻であらう。一人は、スマトラから此程《このほど》帰つて来たが、面白い事もないので日本に遠からず帰ると云《い》ふ。それがよい。帰るがよい。やがて、二人は海水着に更《か》へて来て、ざぶざぶ海に入つて往《い》つた。（九一頁）

この飲食店の創業時期は未詳だが、一九二六年十二月二十三日に寄港した画家熊岡美彦《よしひこ》の文章には、

「海岸につき出た日本人の料亭で夕食を喰べながら二三枚スケッチする」(7)とある。この料亭が徳冨蘆花の訪れたことぶき亭であるのか、あるいは金子光晴が描くところの日本料理屋と同じ店なのかは、残念ながら不明である。

一方、一九三六（昭和十一）年三月四日に箱根丸《はこねまる》で入港した俳人高浜虚子は、旅行記『渡仏日記』（改造社、一九三六年）で、「タンジヨン・カトンと云《い》ふ処《ところ》の玉川ガーデン」で昼食をとったと述べている。「広い芝生の中に、正面には白堊《はくあ》の支那風の建物があつて、その裏の海に突き出て居る橋を渡つて、六角形の水亭の一室に私達は導かれた」（五一頁）。西村竹四郎『在南三十五年』によれば、玉川ガーデンは一九三四年十二月十九日に、「ガーデン倶楽部を、今度玉川が引受けて開店」（六五一頁）したもの。新嘉坡日本人倶楽部発行の『赤道を行く（新嘉坡案内）』（一九三九年）には玉川ガーデンの広告が見られ、「当館名物『すっぽん』料理は特に人気を博して居ます」とある。この店には、一九三六年七月二十六日に島崎藤村が訪れている。

金子光晴の『マレー蘭印紀行』に、「海浜の、ところどころにバンガローがある。籐《とう》椅子をならべ、テラスにあつまって、別荘や、閑静な住宅の西洋人たちの一家団欒《だんらん》のさまが、浜づたひに手にとるようにみえる」とあるように、カトンは郊外の高級住宅地だった。この地には、『在南三十五年』の著者西村竹四郎医師も住んでいた。また、カトンには沖縄などから移り住んだ日本人漁民も多く、彼らはシンガポール漁業の中核を担っていた。画家熊岡美彦は、「日本人の漁夫が沢山此辺《この》には移住して今ではおをい《ママ》魚も日本人の手によつてとれる様《やう》になつたと云《い》ふ事だ」と報じている。

ポンゴールの清涼館

金子光晴の作品には登場しないが、戦前のシンガポール郊外には、カトン海岸のほかにもう一か所、日本人が良く遊びに出かける場所があった。清涼館である。一九二七（昭和二）年頃まではチャンギー（Changi）に、以降一九三八年までは、島の東北ポンゴール（Punggol）にあった。飯塚茂『南洋の雄姿』（万里閣書房、一九二九年）では、「日本の釣魚場があつて江の島の如《ごと》き気分のする所」（二七八頁）と紹介されている。タンジョン・ポンゴール（Tanjong Punggol）はジョホール水道（Johor Straits）に面した岬で、第三章第二節「熱帯都市の魅惑」で紹介したポンゴール動物園もすぐ近くにあった。

一九二四（大正十三）年十二月二十三日、榛名丸《はるなまる》で帰国途上の斎藤茂吉《さいとうもきち》（一八八二～一九五三）が清涼館に立ち寄っている。「清涼館ホテルト云《い》フノガアル。ソコニ海魚ヲタメテオイテエビデソレヲ釣《つら》セル。宇野氏ノ経営ニナツテヰル」とあるように、海中に釣堀《つりぼり》のような施設があり、魚を釣って楽しむことができた。茂吉はここで一首、「チヤンギーの海の辺に来て魚《うを》釣れば常世《とこよ》のごとし君がなさけに」という短歌を詠んでいる。[8]

ジャワへ行く途中、フランス船ポール・レカ号で到着した陶芸家川喜田半泥子《かわきたはんでいし》（一八七八～一九六三）も、一九二七年八月十二日に清涼館を訪れた。『じやばめぐり』（千歳文庫、一九二八年）で、「泳いだり、モーターボートに乗つたり、魚釣りをさせて遊ばせる所で、日本人が経営して居《を》り升《ます》」（五三―五四頁）と説明している。以下に引用する『赤道を行く（新嘉坡案内）』によれば、清涼館は一九三八年に廃業した。英国の軍港の目と鼻の先に位置していたから、日英の軍事的緊張が高まる中で、イギリス植民地政府に警戒され、取り潰されたのかも知れない。タンジョン・ポンゴールは、ヂョホール水道の東口、セレタ［Seletar］の空軍基地と、チャンギの要塞、それから海峡の関門たるプロ・ウビン島［Pulau Ubin］の恰度《ちやうど》真ン中に突き出てゐるから、申すまでも無く新嘉坡軍港の中心で、昨年［一九三八年］までは此処《ここ》に邦人経営の釣魚場、兼、料亭の清涼館といふのがあり、広い生け洲に何百といふ生魚を放養して客の需《もと》めるまゝに釣り上げて其《そ》の場で料理して食膳に供するといふ一名所であつて、畏《おそ》れ多くも秩父宮様、高松宮様を初め奉り、御寄港の各殿下方、一度は必ずこゝに御案内申上げて御輿じ遊ばさるゝを拝したものであるが、今は取り払はれてしまつたのは残念である。（一八七―一八八頁）

図27　前列左より、中村司令官、伏見宮殿下、久邇宮殿下、朝香宮殿下、郡司総領事。右端の派手な柄の着物を着た二人の女性は、清涼館の女給であろう。『戦前シンガポールの日本人社会――写真と記録（改訂版）』（日本シンガポール協会、2004年）、195頁。

秩父宮雍仁親王《ちちぶのみややすひと》（一九〇二～一九五三）は一九二五年六月に、高松宮宣仁親王《たかまつのみやのぶひと》（一九〇五～一九八七）は一九二八年六月一日に、それぞれ清涼館に足を運んでいる。写真は、一九三五年三月二十九日に撮影されたもので、久邇《くにの》宮朝融王《みやあさあきらおう》（一九〇一～一九五九）、伏見宮博英王《ふしみのみやひろひでおう》（一九一二～一九四三）、朝香宮正彦王《あさかのみやただひこおう》（一九一四～一九四四）が、練習艦隊の浅間《あさま》および八雲《やくも》にて入港した際のものである。三殿下の背後中央に立っている丸眼鏡の人物が、二葉亭四迷終焉《しゅうえん》之《の》碑《ひ》を書いた医師西村竹四郎（号黯南《あんなん》）である【図27】。

金子光晴に遅れること半年、漫画家岡本一平《おかもといっぺい》（一八八六

〜一九四八）、作家岡本《おかもと》かの子（一八八九〜一九三九）、その息子岡本太郎《おかもとたろう》（一九一一〜一九九六）は、一九二九年十二月十八日に箱根丸《はこねまる》でシンガポールに上陸した。岡本かの子は小説「河明り」において、登場人物の「娘」と木下との再会の舞台として、「チヤンギーと云《い》つて、新嘉坡の名所の一つで」「海の浅瀬に差し出してある清涼亭といふ草葺《くさぶ》き屋根の日本人経営の料亭」(9)を用いている。ポンゴールの清涼館のことであろう。一九三七年三月四日には、榛名丸《はるなまる》で寄港した俳人山口青邨《せいそん》が、「ポンゴルでは鯛を釣り、椰子の実の水を飲」(10)んでいる。

実はこの清涼館というホテル、シンガポールの日本宿の常として、女郎屋も兼ねていた時期があった。大場昇《おおばのぼる》『からゆきさんおキクの生涯』（明石書店、二〇〇一年）は、マレー半島各地を転々とした一人の娼婦の生涯を追った労作である。このおキクこと善道《ぜんどう》キクヨ（一八九九〜一九七六）が、一九二〇年頃に清涼館で働いていた。「客が魚をつってあそぶところなんですわ。宴会をするへやがあって、客がのぞんだらじぶんのへやに連れていって、一晩すごすんですわ」（一二七頁）と証言している。

プロバート（H. A. Probert）編の *History of Changi*（Singapore: SCORE, 1988）によれば、この施設は英国側からジャパニーズ・ホテルと呼ばれており、一九二七年頃にイギリス軍に買収されて技師団の会食施設になった（一五頁）。『日本地理大系　海外発展地篇』下巻（改造社、一九三一年）には、料亭は「今は他所《よそ》に移転した」（九三頁）とあるから、一九二〇年に善道キクヨが勤め、一九二一年に徳川義親《よしちか》が、一九二四年に斎藤茂吉が、一九二五年に秩父宮殿下が訪れたのは、ポンゴールに移る以前の、チャンギーにあった旧施設と思われる。

第三節　寄港した文学者たち

与謝野晶子および斎藤茂吉

シベリアを経由して渡欧した与謝野晶子《よさのあきこ》（一八七八〜一九四二）は、帰朝途上の一九一二（大正元年）十月十六日に平野丸《ひらのまる》でシンガポールに寄港した。気分の優《すぐ》れなかった晶子はその日は上陸せず、船上で休憩した。興味深いのは、この女流歌人がシンガポールでフランスを懐《なつ》かしく思い起こしていることである。「初更《しよかう》の頃［午後七時から午後九時］、甲板の長椅子に居《を》り候《さふらふ》にオルレアンやツウルあたりの野の雛罌粟《コクリコ》の花の盛りの目に見え候《さふら》うて私は泣き申し候《さふら》ひき」（四二〇頁）と、『巴里《パリ》より』（金尾文淵堂、一九一四年）にある。有名な短歌「ああ皐月《さつき》仏蘭西《フランス》の野は火の色す君も雛罌粟《コクリコ》われも雛罌粟《コクリコ》」を連想させるエピソードである。

翌十月十七日は、奥村領事の自宅に招かれ、日本郵船シンガポール支店長夫人と同席した。与謝野晶子はこの新婚の女性に短歌を贈っている。「ホノルルは何を祝ひて咲くやらん此《この》若き日の妹《いも》と背《せ》のため」。「ホノルル」とは、領事邸の会食の卓上に飾られていた緋《ひ》と桃色の花のことだというが、どのような種類の植物かは不明である。領事の官舎は「青銅色に塗られ」た建物で、「庭には名も知らぬ百花」が咲き乱れていた。「夢ごこちなる耳に遠方《をちかた》の虫の声」が聞こえ、「云《い》ふよしもなき艶《なまめ》かしさを感ぜしめ」たという（四二三―四二四頁）。

一方、歌人斎藤茂吉《さいとうもきち》（一八八二〜一九五三）は、欧州留学の船旅で二度シンガポールに立ち寄っている。往行きは一九二一年十一月十五日に熱田丸《あつたまる》で、帰りは一九二四年十二月二十二日に榛名丸《はるなまる》で到着した。

路では十四首、復路では十一首の短歌を詠み、それぞれ歌集『つゆじも』『遍歴』に収めている。次の四首は、ヨーロッパに向かう途上で作られた。『斎藤茂吉全集』第一巻（岩波書店、一九五二年）より引用したい。

日本国の森に似しかなと近づくに椰子くろぐろとつづきて居《ゐ》たり
空ひくく南十字星を見るまでに吾等《われら》をりけるわたつみのうへ
ジヨホールの宮殿のまへに佇《たたず》みしわれ等同胞十人《らはらからとたり》あまりは
汗じめるわが帳面の片隅にブルンボアンとしるしとどむる（三四五頁）

ヨーロッパへと向かう旅人は、日本を離れたことを頭では理解していても、感覚がまだ伴っていない。船客の瞼《まぶた》の裏には母国の残像がある。そのため、日本の森に似ているという第一印象は、椰子というエキゾティックな植物に裏切られ、自分が外国にいることを改めて自覚するのである。また、初冬に日本を離れたにもかかわらず、早くも常夏の国に身を置いている戸惑いから、「吾等《われら》」「われ等同胞《らはらから》」「わが」と、作者の自画像のようなものが詠みこまれている。自分が南十字星の見える南国にいるという紛れもない事実に、斎藤茂吉は不思議な非現実感を覚えたのだろう。白堊《はくあ》のジョホール王宮の前に立つ日本人一行は、異国の風景の中で孤立しているように見える。「ブルンボアン」は、マレー語の語彙になく意味未詳だが、熱帯の鳥の名前を耳にしたまま書き留めたものと推測される。

シンガポールでの斎藤茂吉の作品には、他の日本人旅行者とも共通する視点が見られる。たとえば、右に引用した椰子林の短歌である。一九二七（昭和二）年三月二日に白山丸《はくさんまる》で寄港した和辻哲郎は、船から海岸の並木を見て、「日本の海岸にそんなに違つた感じでない。ところが望遠鏡をのぞいて見ると（中略）磯辺には椰子の林がずらりと並んでゐる」(11)と、茂吉の短歌と同様の趣旨の感想を述べている。

熱帯で聞く虫の鳴き声に情緒を感じた斎藤茂吉の次のような作品も、多くの日本人の船旅日記等に通じる性格を備えている。最初の二首は往路で、最後の一首は復路で詠まれたものである。マレー語に「スラヤ」という言葉はないが、木の名前のつもりであろう。

岬なるタンジヨンカトン訪《と》ひしかばスラヤの落葉蟋蟀《こほろぎ》のこゑ

赤き道椰子の林に入りにけり新嘉坡のこほろぎのこゑ

いろいろの民族混合の街にして蟋蟀《こほろぎ》のこゑ夜すがらきこゆ(12)

先に見た通り、与謝野晶子も虫の声に言及している。第一章第三節「幕末の遣欧使節団」で引用したように、高島祐啓《ゆうけい》は「くつわむし」「すずむし」を和歌の題材にした。また、次のような短歌も、シンガポールの虫の音《ね》を主題としている。熱帯の海峡都市を訪れた日本人旅客たちは、南国の虫の鳴き声に耳を傾け、新鮮な旅情を味わったのである。

故郷《ふるさと》は花さくやよひみんなみの旅ねに吾《われ》は松虫をきく（新村出《いずる》、一九〇七年）

椰樹林の奥ふか草の無名塔たえたえ虫のなく音《ね》かなしも（徳冨愛子、一九一九年）

潮満てば緑を競ふ雑木林虫の音《ね》滋《しげ》し水の上にして（徳冨蘆花、一九一九年）(13)

欧州航路を旅した日本人は、次々と同じ場所を訪れ、似た体験を共有し、同一の感想を繰り返し記録して来た。シンガポールの虫の音を詠じた右の短歌も、その一例と言えよう。このような旅のあり方は、江戸時代の東海道五十三次を強く連想させる。東海道は、松尾芭蕉《まつおばしょう》や十返舎一九《じっぺんしゃいっく》や安藤広重《あんどうひろしげ》らによって何度も作品の舞台となった。欧州航路にもこれと似た一面がある。実際、第二章第一節「文明開化期」で論じたように、仮名垣魯文《かながきろぶん》は十返舎一九の『東海道中膝栗毛』から『西洋道中膝栗毛』を発想している。

幕末の一八六〇年代以来約百年間、日本人は欧州航路を旅して来た。西洋文明を日本にもたらしたこの海の道は、一世紀にわたって日本の近代化を支え続けたのである。日欧間の交通手段が船舶から飛行機に変わって以来、既に半世紀以上の時が経過した。欧州航路を往来した日本人の旅行記や、関連する文学・美術について、私たちはそろそろ全体像を解明すべき時期に来ている。

吉行エイスケの「阿片工場」

モダニズムの作家吉行《よしゆき》エイスケ（一九〇六～一九四〇）がいつシンガポールを訪れたのかは、よくわからない。しかし、小説「阿片工場」が雑誌『新潮』の一九三一（昭和六）年八月号に掲載されているところから、少なくともこれ以前に東南アジアへ足を運んだことは確実であろう。「阿片工場」は、吉行和子《よしゆきかずこ》監修『吉行エイスケ　作品と世界』（国書刊行会、一九九七年）で二十頁程度の短編小説である。主人公は一色《いっしき》ハナ子というシンガポール在住の頽廃《たいはい》的日本人売春婦だが、筋らしい筋はなく、一種のスケッチ的な作品になっている。吉行エイスケの描くシンガポールは、モダンでハイカラである。

エスペネード［Esplanade］に面したシンガポール・クリケット・クラブ［Singapore Cricket Club］から軍備の本拠フォート・キャンニング・ヒル［Fort Canning Hill］に向うハイ・ストリート［High Street］、……ビルデングと商店と女性の膝頭。そして、町の辻々にはバージニア巻煙草《まきたばこ》の出てくるライテッド・シガレット・ボックスの置かれたメイン・ストリート。一色ハナ子、……かの女の趣味は男色、——オピアアム・イーテング、——宝石蒐集《しゅうしゅう》、——労働者の皮膚の汚濁を嗅ぐこと、——同性愛。…………かの女は、飾窓《かざりまど》に日本芸妓の写真を額にしたオリエンタル写真館、……ハイ・ストリートのこの界隈をいつものように、（中略）微妙な靴を穿《は》いて、ユーロップ・ホテル［Hotel de l'Europe］迄《まで》の間を散策した。（一〇七—一〇八頁）

吉行エイスケは、シンガポールの華美で都会的な消費生活を描写する一方、当時流行のマルクス主義的観点から、労働者の苛酷な状況をも抱き合わせに描き出して行く。その象徴的な場所がアヘン工場であった。第二章第三節「永井荷風と二葉亭四迷」で述べたように、パシル・パンジャン（Pasir Panjang）の丘の麓にはアヘン製造所があった。イギリス支配下のシンガポールでは、アヘン販売が公認されており、その収益が植民地政府の重要な財源となっていた。イギリス帝国主義のなりふり構わぬ一面が如実に現れていたのが、この「シンガポール阿片専売局に属する阿片工場」である。

不潔な、——ベナレス生阿片の積まれた黒土色の工場は、印度人の門衛と、英人の工場監視人と、数百人の支那人労働者によって組織され、香港とカルカッタの英国政府経営の阿片工場と連関して、シンガポールを襲い来る物貨にたいする需要の減退と価格低落によって貿易街に捲《ま》き起される資本主義恐慌にも拘《かか》わりなく、ヘッド・コーターの暗影の真只中、永遠に阿片のために支那人労働者は酔わされていたか？（中略）この波打際に並んだ英国資本主義が民族的な趣味を利用して経営する阿片工場の生阿片煮《しゃ》沸室《ふっしつ》では、数十人の裸体の労働者が密封された薄暗い部屋で、巨大な黒い阿片液に塗られた竈《かまど》を焼く薪火の苦熱と闘いながら働いていた。（一一一―一一二頁）

このようにして生産されたアヘンは、シンガポールにとって有害であるどころか、むしろ極めて有益なものであった。なぜなら、英国植民地政府の歳出のほぼ半額が、アヘン専売の利益によって支えられていたからである。(14) シンガポール繁栄の根幹は、この地が自由貿易港である点にあった。貿易関税は一切課せられず、海運業等は非課税、水先案内などの港湾費用は実質無料だった。これを可能にしていたのが、アヘン専売による莫大な利益だったのである。吉行エイスケの「阿片工場」には、アヘン工場の苦力《クーリー》のみならず、阿片専売局長ウィルスンや阿片商人アダムも登場する。この短編小説は、シンガポール繁栄の暗黒面に迫っている点で、極めて注目に値する作品である。

高浜虚子と横光利一の吟行

俳人高浜虚子《たかはまきょし》（一八七四～一九五九）と小説家横光利一《よこみつりいち》（一八九八～一九四七）は、洋行途上の一九三六（昭和十一）年三月四日、箱根丸《はこねまる》でシンガポールに入港した。虚子は詳細な旅行記『渡仏日記』（改造社、一九三六年）を残しており、この地で何を見てどのようなことを感じたのかを、つぶさに知ることができる。わずか一泊の短い滞在時間を利用して、二人は在留邦人と共に精力的に吟行をおこなった。両文学者のシンガポール滞在については、在留邦人側にも記録がある。名士の来訪は、シンガポール在住日本人に

大いに歓迎された。南洋及《および》日本人社著『南洋の五十年』（章華社、一九三八年）によれば、高浜虚子と横光利一の乗船した汽船は、

三月（十一年）四日午前八時半タンジヨンパリー《ママ》［Tanjong Pagar］十八番埠頭に纜《ともづな》を繋《つな》いだ。星坡《せいは》句界にこの画期的喜びを迎へて石田敬二ドクトルを始め東森たつを、山縣岳人氏等タラツプを駈上《かけあが》り、上ノ畑楠窓機関長の紹介で直《ただ》ちにプログラムを決定敬二《ママ》、たつを両氏の案内で横光、楠窓両氏も同伴自動車を飛ばしてセナイ［Senai］園訪問、親しく護謨《ゴム》のタッピングから工場まで見学、態々《わざわざ》苦力《クーリー》に椰子酒をとらせ珍奇な南洋の自然を句帳に盛つて帰路柔仏《ジョホル》バル見物、王宮及び回教礼拝堂を訪《と》ひ新嘉坡に帰り玉川で昼食を終り、市中をドライブして五時過ぎ植物園の吟行に参加された。

待ち構へた同人廿余名《にじふよめい》、池畔《ちはん》をそゞろ歩きながら切《しき》りに句作に耽《ふけ》りつゝあり、先生は鉄無地《てつむぢ》の羽織《はおり》、袴《はかま》白足袋《しろたび》と云《い》つた純日本式のいでたち、令嬢章子《あきこ》さんの華やかな洋装、横光氏の麻袋の背広服と凡《およ》そ色彩的にも新鮮な印象を受けないでは居《を》られなんだのであつた。斯《か》くて巨匠を迎へ感激沸く一同池を背景に記念の撮影をなし、熱帯植物について空葉、北浪子等の詳細な説明を聞きながら池畔《ちはん》を一周、今を盛りと咲き誇る蘭室を廻《まは》り珍らしい無憂華《むいうげ》の花を賞し園内を自動車で一巡、野猿《やゑん》の群遊せるを見て再びカトン［Katong］に向ひ喜楽ですんぽん《ママ》の鋤焼《すきやき》で夕食をなし、引続き歓迎句会開催、新嘉坡句界空前の盛況裡《り》に箱根丸に帰船の先生の自動車を見送つたのは十一時過ぎであつた。先生一行は更に五日午前スラングン［Serangoon］共同墓地に長谷川二葉亭の記念碑を弔《ともら》ひ、正午多数同人の見送りを受け彼南《ペナン》に向け出帆された。（四七七—四七八頁）

右の行動は、高浜虚子『渡仏日記』によって逐一裏付けを取ることができる。その『渡仏日記』には、シンガポールで作られた俳句として、「顔しかめ居る印度人町暑し」「馬来人夏木の蔭に一人づつ」「熱帯の日落つる椰子の林かな」「晩涼の火焔樹並木斯《か》くは行く」（五六頁）など十四句が挙げられている。俳人の関心は専ら熱帯の風土およびマレー人・インド人に向かっており、その興味の持ち方は、欧州航路を西に航海した日本人に共通するものである。また、『定本高浜虚子全集』第二巻（毎日新聞社、一九七三年）では、帰路の作品も挙げられている。一九三六年五月三十日に箱根丸でシンガポールに到着した虚子は、「鰐《わに》の居る夕汐《ゆふしほ》みちぬ椰子の浜」「扇風機まはり熱風吹き起る」「帆舟あり浅瀬越しかね雲の峰」「沖紺《おきこん》に渚《なぎさ》浅《あさ》黄《ぎ》や雲の峰」の四句を作った。

『渡仏日記』によれば、高浜虚子は在留邦人から、「熱帯の季題は如何《いか》に取扱つてよいものであるか、それに就《つ》いての所感を聞き度《た》いと」尋ねられている。これに対しては、「何《いづ》れホトトギス誌上で発表することになるであらうと答へた」（五五頁）。その約束を果たしたのが、「熱帯季題小論」「熱帯季題小論補遺」である。

一方横光利一は、渡欧体験を『欧洲紀行』（創元社、一九四〇年）にまとめた。シンガポールでは十句をものしているが、この小説家の場合は、俳句よりも文章の方に見るべきものがある。「熱帯の特長は急激に官感を襲ふ。花の襲撃、香の交響。文化の錯雑。植物の豊饒」（一七頁）、あるいは「シンガポールから花を取り除けばその倦怠は地獄であらう」（二二頁）といった、新感覚派らしいものの見方が興味深い。また、「シンガポールの内地人は親に勘当《かんだう》されたものかあるひは失恋したものばかりの集合だとのことである」（二二頁）という部分は、当時の在留邦人の一側面を良く言い当てている。横光利一は、日本から輸入される安価な製品が素朴なマレー人の生活を変えつつあることにも注目し、「イギリス製の靴一足を買ふ金で、日本製の靴と帽子と服まで買へる。即ち日本が彼らの物質慾を刺戟し始め、文化を支へてゐるといふ現象になつてゐる」（二三頁）と報じている。

島崎藤村の日本小学校での講演

島崎藤村《しまざきとうそん》（一八七二〜一九四三）は、生涯で計四回もシンガポールに立ち寄った文学者である。いわゆる新生事件でのフランス渡航に際し、行きは一九一三（大正二）年四月にフランスのエルネスト・シモン号で、帰国時は一九一六年六月に熱田丸《あつたまる》で入港した。また、一九三六（昭和十一）年にアルゼンチンのブエノス・アイレスで開催された国際ペンクラブ大会出席のため、往路は同年七月二十六日に大阪商船の南米航路りおでじやねいろ丸で、復路は一九三七年一月十日に榛名丸《はるなまる》で寄港している。

一九三六年の第三回訪問時、藤村は日本人学校で講演を行った。日本人墓地で「思ひがけなくもこの港の日本人小学校に教鞭をとつてゐる信州小諸《こもろ》生れの女教師にめぐりあひ」、翌七月二十七日には「日本人小学校を訪ねる約束[15]」に従って、同船の画家有島生馬《ありしまいくま》（一八八二〜一九七四）とともに、ウオータール一街（Waterloo Street）の校舎へ出かけたのである。一九一二年十一月三日開設の新嘉坡日本小学校は、邦人社会の一つの中核であり、児童の増加に伴ってウオーターループ街の新校舎に移転したのは、一九二一年のことだった。この建物は、現在 Stamford Arts Centre として使われている。『藤村全集』第十四巻（筑摩書房、一九六七年）の「巡礼」から引用しよう【図28】。

講堂は「忠、孝」の二字を大書した文天祥《ぶんてんしやう》筆の石摺《いしずり》を壁面の左右に掲《かか》げたところである。求めらるゝまゝに、A君［有島生馬］と共に旅の土産話。はげしい暑気を凌《しの》いで勉強する男女の小学生の中には、小

図28　新嘉坡日本小学校の講堂。ここで島崎藤村が1936年７月27日に講演を行った。『戦前シンガポールの日本人社会——写真と記録（改訂版）』（シンガポール日本人会、2004年）、99頁。

さなハンケチなぞを取り出しながらわたしたちの話に耳を傾けるもあつた。第二世とは、異郷に咲く大和《やまと》撫子《なでしこ》の別の名でもあらう。わたしたちはまた、その小学校の校長ともしばらく一緒に話したが、海外にある同胞が何よりの悩みは児童の教育にあると聞く。こゝに来て見ると、父兄が迷ふことはおよそ三つある。全く日本式な教育を施すべきかはその一つ。多少なりともそれを塩梅《あんばい》して現地に即した教育を施すべきかはその一つ。あるひは日本式教育を断念してその地の外人小学校に入学せしむべきかもまたその一つ。これらは初等教育についてであるが、中等教育以上といふことになると、日本に帰して就学せしむべきか、それとも現地に於ける外人学校に入学せしむべきか、多くの父兄はその二途を定めかねてゐるといふことであつた。
（一三五頁）

日本小学校の児童の卒業後の進路については、『戦前シンガポールの日本人社会——写真と記録（改訂版）』（シンガポール日本人会、二〇〇四年）に詳しい。藤村来訪の一九三六年には、約六割の生徒が進学のため帰国している（五三頁）。同年、児童数は過去最多の四二三名を記録したが、国際情勢の緊張による邦人引き揚げのため、翌一九三七年から減少に転じ、一九四一年には開戦のため閉校となった。

島崎藤村はこの講演の前日、カトン海岸のシー・ヴュー・ホテルに泊まった【図29】。これは、一九〇六（明治三十九）年開業のリゾートホテルで、庭には背の高い椰子の木が繁り、敷地がそのまま海岸へと続いていた。飯塚茂『南洋の雄姿』（万里閣書房、一九二九年）によると、ホテルは「庭先の波打際の緑のローンの野天《のてん》にテーブルを出し、そこで夕食を取るので有名」（二七八頁）だった。跡地は現在、メイヤー路（Meyer Road）の高級コンドーミニアムになっている。徳冨蘆花も、一九一九年にこのホテルに立ち寄った。

図29　戦後のSea View Hotel。1960年代までこの場所で営業した。庭には椰子の林がある。*Over Singapore 50 Years Ago,*（Singapore: EDM, 2007）, p. 103.

島崎藤村・有島生馬の来訪は、在留邦人側の資料にも記録されている。南洋及《および》日本人社著『南洋の五十年』によれば、上陸した二人は「記者団に取囲《とりかこ》まれながら」取材に応じ、その後「大倉農園の三宅氏の案内でスラングン共同墓地に至り二葉亭の碑に花輪を捧げ、市中をドライブし飯塚氏邸で昼餐《ちゅうさん》、ドリアンの香りも味はひ、夜は更に飯塚氏の案内で玉川に同船者十数名と共に招待され南国の話に夜を更《ふか》し、廿七《にじふしち》日朝小学校訪問、多数在留民の見送りに華々しい別れを告げ長い船路を急がれた」（四八二頁）という。

近現代詩にあらわれたシンガポール

日本の近現代詩には、断片的に「新嘉坡」が登場することがある。北原白秋《きたはらはくしゅう》（一八八五〜一九四二）の詩集『東京景物詩及其他《およびそのた》』（東雲堂書店、一九一三年）所収の「瞰望《かんぼう》」は、東京を舞台とした作品だが、その一節に「新嘉坡の土の香《か》は莫大小《メリヤス》の香《か》とうち咽《むせ》ぶ」（三六頁）とある。ロマンをかきたてる南方の地名を取り込むことで、平凡な東京の風景の中に新鮮な異国情緒を醸成しようとしたのである。詩人は南洋に行ったことはないが、実家で作っていた酒「潮《うしお》」は、シンガポールでも売られていた。随筆「肥後の三《み》角《すみ》」（一九一一年）で北原白秋は、日本酒「潮」に触れて、「遠くは新嘉坡まで聞えてゐるその酒[16]」と述べている。

また、三木露風《みきろふう》（一八八九〜一九六四）の『廃園』（光華書房、一九〇九年）所収の詩「八月の一日」にも、シンガポールが出現する。この詩は横浜のような居留地のある港を舞台とした作品だが、その一節に「『新嘉坡午後六時行』／いと高くいと長《なが》に海上に笛は鳴りいづ。」（一三六頁）とある。シンガポールを最終目的地とする日本発の船便があったかは疑わしいが、これも北原白秋の場合と同様、異国情緒を作品に導入するための工夫と見て良いだろう。さらに、竹久夢二《たけひさゆめじ》（一八八四〜一九三四）の歌集『山へよする』（新潮社、一九一九年）所収の、サーカスを主題とした短歌に、「踊り子の玉虫色の肌衣《はだぎ》よりシンガポオルの風は吹くなり」（一六〇頁）の一首がある。明治末から大正にかけての時期、シンガポールは南洋情緒を代表する地名の一つとして、身近な存在になっていたと言えよう。

本書の第三章第一節「港の光景」では、デッキから水中に投げ入れられたコインを潜ってつかむマレー人について述べたが、シュールレアリズムの詩人西脇順三郎《にしわきじゅんざぶろう》（一八九四〜一九八二）の作品にも彼らが姿を表す。詩集『ambarvalia（アムバルワリア）』（椎の木社、一九三三年）所収の「風のバラ」は、一九二二

（大正十二）年の北野丸《きたのまる》による欧州航路の旅を題材にした長編詩である。舞台はシンガポールとは限らないものの、その一節に、「船舶が到着すると海の下で金銭を魚のやうにつかむ／その金銭を耳にはさんだり口に入れたりして／再び電車線路をつたはつて何処《どこ》かへ行つてしまつた」（八九頁）とある。

一方、英語で詩を書き、ヨネ・ノグチとして知られた詩人野口米次郎《のぐちよねじろう》（一八七五～一九四七）は、インド旅行の帰途、『南洋日日新聞』一九三五（昭和十）年十一月二日号に、「シンガポールは芸術と文化を持て」と題する談話を残した。その記事が、西村竹四郎『在南三十五年』（安久社、一九三六年）に引用されている。シンガポールは「花と樹々の栄光に包まれ」た「清潔な健康地」で、「「詩人の楽園」といつてもよい程この都会は詩に満ちてゐる」。ところが、「海外からの居住者は兎《と》に角《かく》こゝの生活は一時的で、たゞ金をつくるのが目的だとしか考へてゐない」。「新嘉坡人は文化的且《か》つ芸術的向上心が必要である」（六六九頁）と、今日でも通用するような発言をしている。

さらに、俳句「水枕ガバリと寒い海がある」「おそるべき君等《きみら》の乳房《ちぶさ》夏来《きた》る」等で知られる俳人西東三鬼《さいとうさんき》（一九〇〇～一九六二）は、兄斎藤武夫が日本郵船シンガポール支店長だった関係から、一九二五年から一九二八年まで、この地で歯科医院を開業していた。住所はオーチャード路（Orchard Road）一九三番地だった。しかし、ゴルフや読書に熱中して医業を怠けたため、借財を残して廃業した[17]。

一方小説では、獅子文六《ししぶんろく》（一八九三～一九六九）の『南の風』（新潮社、一九四二年）が注目される。作品は一九二九年頃、宗像六郎太《むなかたろくろうた》と加世田《かせだ》重助《じゅうすけ》という二人の少年が、香取丸《かとりまる》でシンガポールに到着するところから始まる。ジョンストン桟橋（Johnston's Pier）や植物園、タンジョン・カトン（Tanjong Katong）海岸が登場するが、シンガポールが舞台となっているのは、冒頭部分のみである。

注

（1）森三千代「環さんと幽蘭女史」、『をんな旅』（富士出版社、一九四一年）。朝比奈美知子編『ライブラリー・日本人のフランス体験』第二十巻（柏書房、二〇一一年）、五八二―五八三頁。

（2）図録『生誕一一〇年記念安井曾太郎展』（毎日新聞社、一九九八年）、一二二頁。

（3）『山梨県立美術館蔵品総目録1978-1983』（山梨県立美術館、一九八四年）、図六一五・六二七。

（4）西原大輔『橋本関雪』（ミネルヴァ書房、二〇〇七年）、一四七―一四八頁。

（5）『和辻哲郎全集』第二十五巻（岩波書店、一九九二年）、一八五頁。

（6）『シンガポール日本人墓地――写真と記録（改訂版）』（シンガポール日本人会、一九九三年）、九一・二二六頁。

（7）熊岡美彦「巴里へ 第二信」、『美術新論』第二巻第三号、一九二七年三月、六二頁。「日本人の漁夫が」以下の引用も同頁による。

（8）「日本帰航記」、『斎藤茂吉全集』第二十九巻（岩波書店、一九七三年）、五六頁。『斎藤茂吉全集』第二巻（岩波書店、一九五三年）、二四〇頁。

（9）『岡本かの子全集』第四巻（冬樹社、一九七四年）、二六五頁。小説中でこの料亭は、「カトン岬」「チヤンギー」にあるとされているが、両者は全く別の場所である。モデルとなった料亭が、チャンギーではなくカトン海岸のものであった可能性もあるが、ここでは「チヤンギー」「清涼亭」「生洲」等から、清涼館と推定した。

（10）山口青邨『伯林留学日記』上巻（求龍堂、一九八二年）、一二三―一二四頁。

（11）『和辻哲郎全集』第二十五巻（岩波書店、一九九二年）、一八三頁。

（12）『斎藤茂吉全集』第一巻（岩波書店、一九五二年）、三四六頁。『斎藤茂吉全集』第二巻（岩波書店、一九五三年）、一二三九頁。

（13）『新村出全集』第十四巻（筑摩書房、一九七二年）、八四頁。『德冨蘆花集』第十四巻（日本図書センター、一九九九年）、七四・八八頁。

（14）Iain Manley, *Tales of Old Singapore* (Hong Kong: Earnshaw Books, 2010), p. 77.

（15）「巡礼」、『藤村全集』第十四巻（筑摩書房、一九六七年）、一三二・一三四頁。

（16）『白秋全集』第十五巻（岩波書店、一九八五年）、一三四頁。

（17）『西東三鬼全句集』（沖積舎、二〇〇一年）、三二七頁。

第五章　シンガポール陥落

第一節　マレー作戦

英国によるシンガポールの要塞化

日本で南進論が高まるにつれ、大英帝国はシンガポールの軍事力を強化する必要を感じ、全島の要塞化を進めていった。日本人による欧州航路の記録をたどってゆくと、イギリス軍の増強が一九二〇年代から意識され始めていることがわかる。一九二二（大正十一）年五月二十九日に諏訪丸《すわまる》で寄港した学者山崎直方は、『西洋又南洋』（古今書院、一九二六年）で、大英帝国が「早くも爰《ここ》に其《そ》の優勢なる海軍の大根拠地を造らんとするの計画を立て、きたのである」（一一一―一一二頁）と記し、またジョホール水道（Johor Strait）で砲艦を目にして、「噂に上つてゐる根拠地も、此《こ》のあたりに設けられること、定つてゐるとか」（一一五頁）と述べている。この背景には、同年のワシントン会議における日英同盟の廃棄決定があった。

一九二五年八月頃、鹿島丸《かしままる》でシンガポールに到着した北原俊子の『子供の見た欧羅巴』（宝文館、一九二六年）でも、イギリスによる島の要塞化について触れられている。砲台を目にしたこの少女は、「この処《ところ》は日本と敵手のつもりで準備して居るのだと」同行者の「誰れかが云《い》つた」（四一頁）のを聞いている。砲台建設のほか、燃料備蓄も進められた。画家熊岡美彦《よしひこ》は一九二六年十二月二十三日に寄港し、「重油のタンク、軍隊のたむろ等何《いづ》れも堂々たる経営にはや、反感を持つた」と書き、香取丸《かとりまる》の船客庄野貞一は、一九二七（昭和二）年頃の見聞として、「英国軍港の近所に五千噸《トン》入りの重油タンク四十個あるには驚いた。まだ外にもあるといふ」と記している。[1] この石油タンクは、日本によるシンガポール空襲で大炎上することになる。

図30　中村研一《昭南》1943年、縦60.7×横72.5センチ、占部建設蔵。英軍が自沈させた巨大浮きドックが描かれている。

さらに一九二八年には、ジョホール水道に面したセレター（Seletar）軍港に、五万トンの巨大浮きドックが回航された。シンガポール陥落直前、英軍はこの設備が日本軍に利用されないよう、自らの手で沈没させている。水面に沈み残った浮きドックの上部と四本のクレーンが、中村研一《なかむらけんいち》（一八九五～一九六七）の《昭南》【図30】、清水登之《しみずとし》（一八八七～一九四五）《セレター軍港》【図31】、日本画家矢沢弦月《やざわげんげつ》（一八八六～一九五二）の《攻略直後のシンガポール軍港》（一九四二年頃）[2] 等に描かれている。

一九二九年十二月十八日に箱根丸《はこねまる》で寄港した作家岡本《おかもと》かの子（一八八九～一九三九）は、英国の軍港を眺めて、「それは今まだ不完全ではあるが、完備に向かつて邁進《まいしん》しつつあるのだと例の独逸《ドイツ》人が教へて呉《く》れた」と書いており、小説「河明り」（一九三九年）にも、次のような一節を取り入れている。[3]

時々爆音が木霊《こだま》する。男達は意味あり気な笑ひを泛《うか》べて、

「やつとるね」
「うん、やつとるね」
と云《い》つた。それは海峡の一部に出来るイギリス海軍根拠地の大工事だと、「シンガポール邦字新聞の」社長は説明した。

図31　清水登之《セレター軍港》1942年、縦38.8×横58.7センチ、栃木県立美術館蔵。

軍事要塞シンガポールに対する警戒心は、一九二九年十月に鹿島丸《かしままる》で到着した作家正宗白鳥《まさむねはくちょう》（一八七九～一九六二）や、一九三八年十月に寄港した小説家野上弥生子《のがみやえこ》（一八八五～一九八五）らにも伝わっており、それぞれ、「世界一の軍港の計画が着々成就しかかつてゐる」「軍事上からやかましい噂のある要塞」と述べている。(4)

　一九三七年になると、日本人は潜在的諜報員《ちょうほういん》として警戒され、シンガポールからコーズウエイ（Causeway）を越えてジョホールへ行くのが難しくなっている。同年三月四日に榛名丸《はるなまる》で到着した俳人山口青邨《やまぐちせいそん》（一八九二～一九八八）は、『伯林《ベルリン》留学日記』上巻（求龍堂、一九八二年）で、「ジョホール入国は手続がなか〳〵むづかしい由《よし》、皆困つてゐた。これは日本スパイを恐れてである」（二四頁）と記している。

　その八か月後にコーズウエイを通過した会社員芝時孝の『欧米に遊びて』（第一工業製薬株式会社、一九三九年）も、「以前此処《ここ》を通過するのに殆《ほと》んど手数を要しなかつたのに最近特に厳重だと云《い》ふ。

事変以来日本人を故意に白眼視し、妨害に近い意地悪をやる」（二八〇頁）と報じており、日英間の緊張が日増しに高まっていることがうかがわれる。芝時孝はまた、「要塞は近く完成しようとしてゐる。鬱《うっ》蒼《そう》たる熱帯樹林に隠見《いんけん》する砲台、何となく四周騒然たりである。砲台の上遥かに日の丸の旗の翻《ひるがへ》るのを見るのもさう遠くではあるまい等と考へ乍《なが》ら、迫り来る珍らしい景色に視入《みい》つた」（二七九頁）と書いている。シンガポールをめぐる日英間の戦争が、一九三七年の時点で既に予感されていたのである。

篠崎護のチャンギー収監

英国との開戦に備え、シンガポール要塞に関する情報を収集することは、日本にとって極めて重要な課題だった。篠崎護《しのざきまもる》（一九〇八〜一九九一）の『シンガポール占領秘録』（原書房、一九七六年）からは、日英の諜報戦《ちょうほうせん》の様子が如実にうかがえる。

開戦一年三か月程前の一九四〇（昭和十五）年九月十日、アッパー・ウィルキー路（Upper Wilkie Road）の日本総領事館に、参謀本部作戦班の谷川大佐と国武《くにたけ》少佐が平服で現れた。領事館に勤務していた篠崎護は、二人を案内するため、警察にマークされていない邦人商社の車を借りて、島内およびマレー半島南部を三日間にわたり調査した。視察より帰着した夜、一行は領事館から程近いプリンセップ街（Prinsep Street）在住の元海軍士官山川老人の家に集まった。山川老人は、日本海海戦で捕虜になったことを恥じ、ロシアより送還される途上、シンガポールで下船、この地に長く住んで様々な資料を収集していた人物である。

その夜半迄《まで》、山川老を交えた四人は、シンガポールの大地図を前にして討議した。谷川大佐は最後に自分の意見を述べた。「我々が見た所では、海正面、即ち東西南の防備は厳重である。然《しか》し北側、即ちジョホール方面の防備は殆《ほと》んど見るものはない。攻撃は北方からマレーを南下して攻める外はない。飛行機は今のところ新聞が書いているほどのことはない」大佐はこの通りのことを、シンガポールからの帰途、台北に寄って、南方研究班の辻政信中佐に提示した。私はその夜始《ママ》めて、大本営がシンガポール攻略を真剣に研究していることを感じて、身の引き締まる思いがした。（三頁）

辻政信《つじまさのぶ》（一九〇二〜一九六一行方不明）は、マレー作戦で重要な役割を果たした参謀である。その回想録『シンガポール——運命の転機』（東西南北社、一九五二年）には、谷川大佐・国武少佐から受けた報告についての言及がある（九頁）。日本はシンガポールを攻略するにあたり、海からの攻撃ではなく、防備手薄なマレー半島側からの進軍を行った。篠崎護によれば、この大方針は少なくとも開戦の一年以上前から発案されていたことになる。

一方英国側は、日本の諜報《ちょうほう》活動をいち早く察知していた。「参謀本部の二人を無事送り出してホッとしていた九月十四日の夜、英国海峡植民地政庁の特高課長ブレード氏から」、明朝出頭するようにという電話があった。篠崎護は「時を移さず書類を焼き、身の回りを整理した」（三頁）。イギリス警察に逮捕された篠崎は、日本総領事館に連行され、英国特高の捜索に立ちあわされたが、金庫には重要機密の海軍暗号書があった。総領事は豊田《とよだ》薫《かおる》である。『シンガポール占領秘録』から引用しよう。

総領事は悠々として、刑事が［永山］少佐の机に触れようとすると、「民政長官との協定はシノザキのオフィスのみである。その男の机に触れることは許されない」と声をはりあげた。ブレード氏は、「この男は何者だ。自分は知らなかった」とブツブツ呟《つぶや》きながら少佐の背後の金庫を開けようとした。私は背すじが凍りついた。（中略）その間に永山少佐はつと立ち上って、便所に入った。そして金庫の鍵を水洗便所に投げ込んで、素知らぬ顔で部屋にもどって来た。（五頁）

結局篠崎護は、中央警察署で取り調べを受けた後、オートラム監獄（Outram Prison）に収容され、さらにチャンギー監獄（Changi Prison）へと移送された。この日本人受刑者は、そのまま刑務所で一年余りを過ごし、一九四一年十二月八日の開戦を迎えている。同日午前四時半、「監獄の東にある要塞に、暁《あかつき》を破る大音響と同時に、高射砲、機関銃が一斉に鳴り出した」（一七頁）。日本による空襲が始まったのである。

鉄格子からは、紺碧《こんぺき》の大空が見える。白い断雲を突き切って、キラキラとジュラルミンの機体を太陽に反射させながら、白鷺《しらさぎ》の大群のような日本の大編隊が、要塞の上に爆弾の雨を降らせた。地上のあらゆる高射砲は、青空を見る間に弾幕でおおい尽《つ》くしてゆく。轟々《ごうごう》と響くプロペラの音、ガンガンとうなる砲声に天地は震動した。私は壮烈な空と地上の戦いに息をつめ、身を乗り出して空を見上げていた。水平爆撃に、急降下爆撃に、地軸も裂けるかと思われる大音響、監獄の鉄格子もガタガタと揺れた。ヒュルヒュルヒュルと爆弾の雨が斜めに落ちて行き、スーッと地上に吸い込まれ、パーッと猛烈な火柱があがり、その火柱をおおうようにムクムクと爆煙が立ちのぼってそれから猛烈な地鳴りが伝わって来る。（一七―一八頁）

結局篠崎護は、シンガポール陥落直前に刑務所から解放された。そして、昭南島《しょうなんとう》と改称された日本統治下のこの都市で、非常に重要な役割を果たし、歴史の証人として『シンガポール占領秘録』を執筆することになる。

シンガポール攻略戦

マレー作戦は、一九四一（昭和十六）年十二月八日未明、コタバル・パタニ・シンゴラ三地点への上陸で始まった。山下奉文《やましたともゆき》（一八八五〜一九四六）率いる第二十五軍である。この軍団は、第五師団（広島）、第十八師団（久留米）、近衛《このえ》師団（東京）の三師団で編成されていた。一部はコタバルからマレー半島東海岸を南下、主力はシンゴラ・パタニから西海岸をシンガポールに向けて進軍した。自転車による移動、いわゆる銀輪部隊が、迅速な行軍を可能にした。早くも二月八日にはジョホール水道渡河作戦が開始され、二月十五日にシンガポールは陥落した。

渡河にあたって、日本は陽動作戦を行った。まず近衛師団の一部がウビン島（Pulau Ubin）に上陸して、シンガポールを東側から攻撃すると見せかけ、その隙《すき》にコーズウエイの西側から大軍が水道を渡ったのである。チャンギー刑務所に収監されていた篠崎護《まもる》は、陽動作戦に引っかかって右往左往するイギリス軍の様子を、『シンガポール占領秘録』で次のように証言している。

> 監獄の前のチャンギー路が騒々しくなって、「ハールト」と叫ぶ兵士の制止の号令が飛び交い、カタカタとキャタピラの音を立て、英軍のハーマ・トラックや、おびただしい軍隊が東へと移動する音が朝まで続いた。そして朝になるとこんどは一転して、東から西に大移動が始まった。（二五頁）

このシンガポール攻略戦には、宣伝班として多くの徴用文化人が同行していた。作家井伏鱒二《いぶせますじ》（一八九八〜一九九三）の『徴用中のこと』（講談社、一九九六年）は、従軍体験を詳細に綴《つづ》った貴重な記録である。陥落直後にシンガポール入りした宣伝班員として、他に小説家中村地平《なかむらちへい》（一九〇八〜一九六三）、北町一郎《きたまちいちろう》（一九〇七〜一九九〇）らがいるほか、栗原信《くりはらしん》『六人の報道小隊』（陸軍美術協会出版部、一九四二年）の栗原小隊があった。これは、シンゴラ上陸前に輸送船上で自主的に結成された隊である。画家栗原信（一八九四〜一九六六）、作家里村欣三《さとむらきんぞう》（一九〇二〜一九四五）、編集者堺誠一郎《さかいせいいちろう》（一九〇五〜一九九三）、写真家石井幸之助《いしいこうのすけ》（一九一六〜一九九七）、音楽家長屋操、新聞記者松本直治が隊員であった。『六人の報道小隊』では、ジョホール水道渡河やブキ・ティマ（Bukit Timah）の戦闘などが詳細に語られている。

栗原信を始め、シンガポール陥落時にこの地に身を置いていた人々は、ほぼ例外なく、セレター軍港の重油タンクが燃える黒い煙について語っている。日本の空襲で炎上した油槽《ゆそう》の黒煙は、井伏鱒二『徴用中のこと』によれば、「陥落後、十四日目に尻すぼまりでスコールに消された」（一〇〇―一〇一頁）。陥落三日前の二月十二日夕方、ジョホール・バル近くの空家に泊まった井伏鱒二は、二階のテラスから、「雲を突きぬけて雲の上に大きく拡がつてゐる」「壮絶」（九八頁）な煙を眺めた。

> ジョホール水道の対岸に、セレタ軍港の大きな重油タンクが幾つともなく立ち並び、そのうちの三基か四基か真黒な煙の棒を噴きあげてゐた。太い火柱が立つてゐるのだが、渦巻き昇る煙に包まれて、赤黒い火焔を僅《わづ》かにちらつかせてゐるだけである。ふと、太い爆発音と共に地響きがして、まだ燃えあがつてゐないタンクに火が移つた。赤黒い巨大な火柱を高く噴きあげたが、見る見るそれを黒煙が包んだ。その煙は剪絵《きりえ》のやうにはつきり見えてゐた。恐しくて、水を浴びせられたやうな気持《きもち》がした。（九九頁）

図32　福田豊四郎《馬来作戦絵巻（部分）》1944年、6巻、各巻縦64×横181センチ、秋田県立近代美術館蔵。左奥がシンガポール。

図33　中山巍《ジョホール水道渡過》1944年、縦130×横192.5センチ、東京国立近代美術館。画面手前がシンガポール、奥がジョホール。

この黒煙覆《おお》う空の下で行われたジョホール水道渡河作戦は、戦争画の格好の題材となった。日本画家福田豊四郎《ふくだとよしろう》（一九〇四〜一九七〇）は、六巻の《馬来作戦絵巻》（一九四四年）で、ジョホール水道渡河の場面を取り入れている【図32】。橋のように見えるのがコーズウエイ、右手の特徴ある建物は、今も残るジョホール政庁である。

一方、従軍画家中山巍《なかやまたかし》（一八九三〜一九七八）は、《ジョホール水道渡過《ママ》》【図33】を描いている。兵士たちが上陸用舟艇《しゅうてい》から降り、シンガポールに足を踏み入れた瞬間を題材としたものである。

また、濱田台兒《はまだたいじ》（一九一六〜？）は《黄流》（一九四二年）を第五回新文展（一九四二年）に出品し、橋本関雪《はしもとかんせつ》（一八八三〜一九四五）の推挙により特選となった【図34】。一方、シンガポール上陸後の戦闘場面を取り上げた作品として、先に言及した『六人の

図34　濱田台児《黄流》1942年。『第五回文部省美術展覧会原色画帖』（美術工芸会、1942年）。画面上部の兵士は自転車を担いで渡河している。

報道小隊』の著者栗原信による《シンガポール最後の日》があり、洋画家岡田謙三《おかだけんぞう》（一九〇二～一九八二）[5]に《シンガポール上陸第一歩》（一九四四年）がある。

ブキ・ティマ三叉路まで

ジョホール水道を越えてシンガポール島に渡った日本軍の頭上には、「ドラム缶」と呼ばれる砲弾が降ってきた。「ドラム缶はブラカンマチ島［セントーサ島］から撃つて来る四十三センチ要塞砲の大きな砲弾である。ドラム缶ほどの大きさで、シュルシュルシュルシュル……といふ音で飛んで来る。爆発すると一畝歩《せぶ》の広さの穴をあける」（三二〇頁）。『徴用中のこと』でこのように述べる井伏鱒二は、占領後、「宣伝班長の引率する団体見学でブラカンマチ要塞に行つてみたが、砲身は長大で、兵隊靴でもその上を歩いて行けさうに太かつた。地下三階の密室でその砲身を自在に動かすやうな電気設備になつてゐたが、スヰッチをむしり取つてあつた」（三二〇頁）。ブラカン・マチ島（Pulau Blakang Mati）には、シロソ要塞（Fort Siloso）、コンノート要塞（Fort Connaught）、セラポン要塞（Fort Serapong）などがあったが、シロソ要塞は現在観光名所となり、地下室も保存されている。

シンガポール攻略戦で最も激戦だったのは、ブキ・ティマ三叉路《さんさろ》一帯だった。この三叉路は、北のジョホール方面から市内に向かうブキ・ティマ路と、西のジュロン（Jurong）から市内へ続くジュロン路が合流する地点で、ここを通過しなければ市街地に行くことができない要所である。戦後の開発にともない、今は往時の面影を全くとどめていないが、現在のアッパー・ブキ・ティマ路（Upper Bukit Timah Road）とジャラン・ジュロン・ケチル（Jalan Jurong Kechil）の交差点付近に相当する。画家栗原信がブキ・ティマを描いた絵《白壁の家（昭南市郊外戦跡）》が、『六人の報道小隊』に掲載されており、【図35】同じ場所を、洋画家荻須高徳や宮本三郎も描いている(6)。

ブキ・ティマを描いた絵画として最も有名なのは、藤田嗣治《ふじたつぐはる》（一八八六～一九六八）の《シンガポール最後の日（ブキ・テマ高地）》だろう【図36】。このエコール・ド・パリの画家は、戦闘に参加しておらず、絵はシンガポール陥落後に制作されたものである。文芸評論家中島健蔵《なかじまけんぞう》（一九〇三～一九七九）同行のもと、五月三日に取材が行われたことが、中島健蔵『雨過天晴の巻 回想の文学⑤』（平凡社、一九七七年）から判明する（一〇八頁）。陥落直前にブキ・ティマ高地に立った従軍画家栗原信は、『六人の報道小隊』で次のように書いている。この描写は、期せずして藤田嗣治《シンガポール最後の日（ブキ・テマ高地）》の解説となっている。

図35　栗原信《白壁の家（昭南市郊外戦跡）》1942年。栗原信『六人の報道小隊』（陸軍美術協会出版部、1942年）挿画。激戦地ブキ・ティマ三叉路付近。

> 私は兵隊と一緒に丘の頂《いただき》に登つた。崖の下を覗《のぞ》く様《やう》に、シンガポール市街まで展望が出来る。右にケツペル要塞の丘が連《つらな》り、その果ては椰子林の海岸に消え、左にはシンガポール市街の一部が連なり。《ママ》ケツペル要塞の前面の石油タンクは今火が入つたばかりらしく濛々《もうもう》と西に靡《なび》く黒煙を揚《あ》げてゐる。紅の火焔がその中に躍るのが見える。遥かな要塞

図36　藤田嗣治《シンガポール最後の日（ブキ・テマ高地）》1942年、縦148×横300センチ、東京国立近代美術館。画面中央がブキ・ティマ三叉路。画面中央やや左奥に、キャセイ・ビル（Cathay Building）が小さく描かれている。画面左下から中央に向かう道が、ブキ・ティマ路（Bukit Timah Road）。

ブラカンマチーの島［セントーサ島］も煙の蔭に隠れてゐる。市街の方には空色の美しい煙が数ケ所揚《あが》つてゐる。前面の丘々や椰子林では、猛烈な戦闘が行はれてゐるらしく砲声は盛《さかん》に揚《あが》つて居り硝煙《せうえん》が林に低く罩《こ》めてゐる。然《しか》し、兵隊の姿は少しも見えないのだ。晴れ渡つた空に黒煙を上げてゐる断末魔のシンガポールを描く為《た》めスケッチを採つて引上げた。（二七四―二七五頁）

山下・パーシバル会見

イギリス軍が降伏したのは、二月十五日夕刻のことであった。山下奉文《やましたともゆき》（一八八五～一九四六）とアーサー・アーネスト・パーシバル（Arthur Ernest Percival 一八八七～一九六六）の交渉は、ブキ・ティマのフォード工場（Ford Factory）の一室で行われた。この部屋は、今も保存・公開されている。ブキ・ティマの戦闘と英国軍降伏使節は、福田豊四郎の《馬来作戦絵巻》（一九四四年）に描かれている【図37】。

井伏鱒二ら宣伝班員は、この世紀の会見見たさに、多くがジョホールからブキ・ティマへの出張を志願した。しかし、『徴用中のこと』によれば、「見学を許されたのは、前線に出

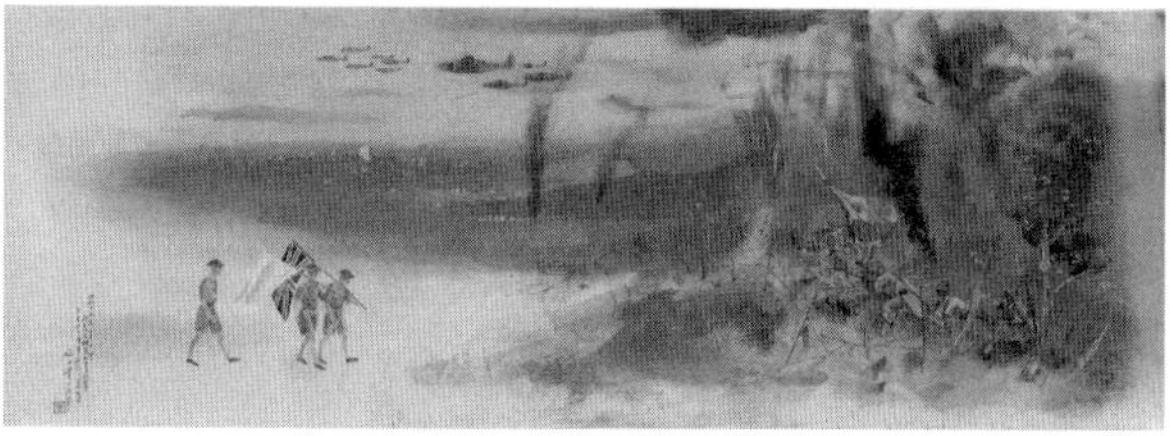

図37　福田豊四郎《馬来作戦絵巻（部分）》1944年、6巻、各巻縦64×横181センチ、秋田県立近代美術館蔵。画面左の白い高層の建物は、キャセイ・ビル（Cathay Building）と思われる。

てゐた報道小隊の六人と映画の撮影隊員だけ」（三二四頁）だった。「報道小隊の六人」とは、栗原信・里村欣三・堺誠一郎・石井幸之助・長屋操・松本直治のことである。その中の一人で都新聞のカメラマン石井幸之助は、自らの体験を『「イエスかノーか」——若きカメラマンのマレー・千島列島従軍記』（光人社、一九九四年）に綴《つづ》っている。

> 杉田参謀の先導で、四人の投降軍使は力のない、ゆっくりした足どりで、三四八高地の舗装道路を登って来る。私はもう一度、なまつばを呑《の》んだ。「あわてるな」と、自分を制しながら、撮影操作に誤りがあってはならぬ、と改めてカメラの点検をする。距離、シャッター速度、絞り、みんな大丈夫だった。ファインダーを覗《のぞ》く。（中略）英軍司令官パーシバル中将は、群がる私たちカメラマンに、うるさそうな横目でひと睨《にら》みをくれながら、フォード工場の一室に設けられた投降軍使控え室に入って行った。（一四二―一四三頁）

この会見で山下奉文《ともゆき》がパーシバルに対し、「イエスかノーか」と高飛車に降伏を迫ったことはよく知られている。実はこの時、日本側は弾薬が尽きかけており、山下中将の強い姿勢は、一種のハッタリだった。画家栗原信は『六人の報道小隊』で、この時の様子を次のように描写している。

図38　宮本三郎《山下、パーシバル両司令官会見図》1942年、縦180.7×横225.2センチ、東京国立近代美術館。英国側左より、ワイルド少佐、パーシバル中将、トランス准将、ニュービギン准将。日本側対面着座左より鈴木宗作中将、山下奉文中将、杉田一次中佐、馬奈木敬信少将。

「しかし、兵隊に伝へる為《た》めに、時間が必要ですから……」とワイルド少佐は、降伏会議を明日まで延期することを繰返してゐる。山下将軍の眼が光り、握つてゐた拳《こぶし》を開いて、テーブルの上を叩《たた》き乍《なが》ら「イエスかノーか？」と叫んで、パーシバル将軍を凝《じ》つと瞶《みつ》めた。パーシバル将軍は頬杖《ほほづゑ》の手を心棒にして左右を二三度見廻して小声で話し合つた。「今夜々襲をしますぞ！」と山下将軍は附け加へて石像の様《やう》に動かない。今夜十時までには全部兵隊に伝達することを条件にして即時無条件降伏を賛成したのであつた。私は山下将軍の舌鋒《ぜつぽう》の烈《はげ》しさに、第一会談が不調に終る様《やう》なことになりはしないかと案じてゐたが、パーシバル将軍が、余りに弱気であつたのにも案外な感じがした。（二八五―二八六頁）

両者会見の様子を写真やスケッチ等の資料を用いて描いたのが、洋画家宮本三郎《みやもとさぶろう》（一九〇五～一九七四）の《山下、パーシバル両司令官会見図》【図38】である。この絵画を、石井幸之助が撮影した写真と比較してみると、やや違いがあることがわかる。《会見図》では英国旗と白旗が背後に見えるが、現実にはこの位置になかった。また、部屋が実際よりもかなり広い印象を与えるように描かれている。かくして、イギリス軍は手痛い歴史的敗北を喫《きつ》したのである。

シンガポール陥落を祝う詩

第二次世界大戦には、歴史的に極めて重要な戦闘が多い。真珠湾攻撃、ミッドウエー海戦、ガダルカナル島玉砕、サイパン島玉砕、本土空襲、硫黄島玉砕、沖縄戦、原爆投下など、枚挙《まいきょ》に遑《いとま》がない。そのため、今日から振り返ると、マレー戦が戦争の一通過点にすぎないように見えてしまう。しかし、一九四二（昭和十七）年当時にあって、シンガポール陥落は、単に一都市を占領したという以上の大きな意味を持っていた。幕末以来、白人に圧迫され続けてきた日本が、終に大英帝国を倒したと理解されたのである。もちろん、大日本帝国によるアジア侵略という図式など、微塵《みじん》も現れてこない。多くの日本人は、西洋列強に植民地化された東亜から白人を追い出したと、素直に喜んだのである。

シンガポール陥落祝賀会は、日本の津々浦々で開催された。『葉山嘉樹日記』（筑摩書房、一九七一年）によれば、長野県山口村に住んでいたプロレタリア文学者葉山嘉樹《はやまよしき》（一八九四〜一九四五）ですら、地域の陥落祝賀会に参加し、日記に「心躍る」（五〇一頁）と書きつけている。

大英帝国を打ち負かした歓喜の高揚は、詩となって噴出した。内地在住の詩人の多くが、シンガポール陥落を祝う作品を作っている。高村光太郎《たかむらこうたろう》（一八八三〜一九五六）は、詩「シンガポール陥落」で、「傲《ごう》慢《まん》なアングロ サクソンをつひに駆逐した」と喜び、詩「昭南島に題す」では、「彼［英国］は民をくるしめ、／我［日本］は民をすくふ。」と語っている。詩人三好達治《みよしたつじ》（一九〇〇〜一九六四）も詩「新嘉坡落つ」で、「一《ひと》たびかしこ［香港］に仆《たふ》れしユニオン・ジャック／二《ふた》たびここ［シンガポール］に仆《たふ》れたり」述べている。どちらも、大英帝国対大日本帝国という構図である。[7]

そのほか、極めて多くの詩人が、シンガポール陥落を題材とした戦争詩を発表した。その全体像を知るのに便利なのが、櫻本富雄《さくらもととみお》『【大本営発表】シンガポールは陥落せり』（青木書店、一九八六年）である。

戦時下の文学者の動向を追った櫻本富雄の研究は、考察に性急さが見られるものの、戦争文学の貴重な情報源である。この書籍では、シンガポール陥落を主題とする詩が百篇以上列挙されている（八六―八八頁）。一覧に挙がっていないものも含め、比較的著名な詩人の作品を一部列挙してみよう。

井上康文「新嘉坡陥《お》ちたり」「海にむかひて」
藏原伸二郎「シンガポール陥《お》つ」
佐藤惣之助「われ等は勝てり――シンガポール市突入」
佐藤春夫「マレー戦線進撃譜」「シンガポール陥落」「大東亜戦の夜明けを謳《うた》ふ」
高橋新吉「シンガポール陥落」
高村光太郎「シンガポール陥落」「夜を寝《い》ねざりし暁《あかつき》に書く」「昭南島生誕二周年」
壺井繁治「指の旅」
野口雨情「大東亜戦争」
三好達治「新嘉坡落つ」「ジョンブル家老差配《さはい》ウインストン・チャーチル氏への私言」「捷報《しょうほう》臻《いた》る」「第一戦勝祝日」
武者小路実篤「新嘉坡陥落」
室生犀星「シンガポール陥落す」「今年の春」

シンガポール陥落に先立ち、日本の航空隊が英国東洋艦隊の戦艦プリンス・オブ・ウエールズ（Prince of Wales）とレパルス（Repulse）を撃沈させたことも、詩や短歌の主題となった。この戦闘は、戦艦に対する航空機の優位を実証した戦いとして、軍事史上重要な意味を持つ。後に日本の巨大戦艦大和が米軍の空爆で沈没したのは、実に皮肉な結果である。『シンガポール占領秘録』によれば、チャンギー監獄に収容されていた篠崎護《まもる》は、「十二月十一日の夜九時過ぎ、鋭い駆逐船の汽笛が響いた」のを聞いている。それは、「残存の駆逐艦三隻の悲しい帰投の挨拶であった」。これに対し、「要塞側は巨砲の斉射で応じ戦死者への弔《ちょう》砲《ほう》を放った」。極東艦隊の潰滅《かいめつ》を知った「英人看守達の目は血走り、悲痛な顔色をしていた」(三二頁)。

第二節　徴用作家井伏鱒二

『The Syonan Times』の発行

山下・パーシバル会見が行われていた時、ほとんどの宣伝班員はまだジョホールにいた。井伏鱒二《いぶせますじ》(一八九八〜一九九三)の『徴用中のこと』(講談社、一九九六年)によれば、その翌日一九四二(昭和十七)年二月十六日、「宣伝班員一同、仮修繕の出来た陸橋を渡つてシンガポールに入城した」(三三一頁)。「宿舎は町はづれのナッシム・ロード[Nassim Road]。植物園の裏口に近い」(三三二頁)、スイス人が住んでいた豪壮なバンガロー(一戸建て)だった。一行は二か月後の四月十二日に、現サマセット(Somerset)駅近くのロイド路(Lloyd Road)五十五番地に転居している。作家は、同年十一月に帰国するまで、都合約九か月ほどシンガポールに住むことになる。

到着三日後の二月十九日、井伏鱒二は突然英字新聞編集の命令を受けた。「野球を少しも知らない人間が、いきなり職業野球の捕手を云《い》ひつけられたやうなもの」(一八頁)だった。井伏は英語力不足を理由に就任を断ったが、「軍隊では、上官の命令を拒むことは許されない」（三三八頁）と言われ、結局引き受けることになった。この著名な日本人作家が、同年四月までの短期間、ストレーツ・タイムズ（The Straits Times）を引き継ぐ英語新聞の総責任者を務めていた事実は、これまで以上に広く知られるべきだろう。

> シンガポールが落城したのは（昭和十七年）二月十五日で、私たちが入城したのは十六日、シンガポールが「昭南」と、改名されたのを私が知つたのは十七日、軍が市内の英字新聞ストレイト・タイムズ社を接収したのが十八日、ストレイト・タイムズ社に居残つてゐた元編輯記者、事務員、印刷工を集め、軍発行の昭南タイムズ編輯の役目を私が云《い》ひつかつたのが十九日であつた。（一八頁）

『徴用中のこと』によれば、『The Syonan Times』という名称は、新聞班長だった詩人月原橙一郎《つきはらとういちろう》（一九〇二～一九八九）が、「宣伝班の少尉中尉たちと相談して」（三三七頁）決めたものだという。また、マレー語新聞の編集責任者は小説家の北町一郎《きたまちいちろう》（一九〇七～一九九〇）、インド語新聞は小説家中村地平《なかむらちへい》（一九〇八～一九六三）、華字新聞は楯岡という人物に定められた。社屋はセシル街（Cecil Street）一四〇番地にあった。「英字新聞の編輯室は元ストレート・タイムズ社の二階の大広間で、三階の大広間が印度語新聞の編輯室にきめられてゐた」（三三九頁）。

この新聞社屋上で撮影された写真が、二点残っている。一点は、左端の井伏鱒二を含む四名が写っているもの【図39】。もう一点は、昭南タイズム社の部下ら計五名のものである【図40】。両者には、同じ籐椅子《とういす》が映っている。二枚の写真の撮影場所が特定できるのは、図39の写真後方に、東洋風の屋根を持つ建物が見えるためである。これは、サウス・カナル路（South Canal Road）の現ＯＣＢＣセンター敷地に建っていたビルである。セシル街の社屋から北方を望む構図になっている。

仕事は、現地人社員と共同で行われた。事務員ジョンス、ユーラシアンの記者レンベルガン、ビルマ人記者サベージ、写真部長リヨン（梁兆鴻）、華僑社員タン・トン・ハイらの名前が、井伏鱒二の文章に登場する。占領下で新聞発行に協力したリヨンやタンのような華人は、第二次世界大戦終結と同時に、政治的に苦しい立場に立たされたことだろう。「リヨンは日本軍が降伏する前にジャングルのなかに逃げこんで、行方をくらまし」（三六二頁）たという。

井伏鱒二の仕事は新聞の編集だったが、小説家自身が『The Syonan Times』に少なくとも五篇の英

図39　セシル街（Cecil Street）140番地、昭南タイムズ社屋上にて。前列左端が井伏鱒二。他は不明。

図40　前列右が井伏鱒二、前列左が通訳古山力。後方三名については不明。左端はユーラシアン社員レンベルガンまたはジョンスと推測される。中央はビルマ人社員サベージか。右端のマレー人はリノタイプ職工シルバーか。二名の日本人とは対照的に、現地人三名はやや思いつめたような表情をしている。編集責任者井伏鱒二は、一番良い椅子に座っている。

語の文章を執筆したことが明らかになっている。「栗原信スケッチ説明文」「Hinamaturi——The Festival Of Dolls」「Indians I Know（Part One）」「Important For All To Learn Nippon-Go」「Learn Nippon-Go The Waka Way」の五篇である。

華僑粛清事件

陥落直後の華僑粛清《しゅくせい》事件は、シンガポールで「ソクチン（粛清 Sook Ching）」と呼ばれている。犠牲者は数千人とも数万人とも言われるが、正確な数字は明らかではない。山下奉文《ともゆき》がこのような命令を発した背景として、第一に、マレー作戦で華人部隊ダルフォース（Dalforce）や抗日義勇軍に苦しめられたこと、第二に、南洋華僑が大陸の国民党を経済的に支援していたこと、第三に、陥落後の市内で掠奪《りゃくだつ》が横行したこと、第四に、一刻も早く兵力を蘭印《らんいん》方面に展開させたかったことなどが挙げられる。一方、福《ふく》田和也《だかずや》は『山下奉文』（文藝春秋社、二〇〇四年）で、日本軍は兵力も資金も物資も不足していたため、「「恐怖」によって萎縮させることで、かろうじて治安を維持しようとした」（一一五頁）のだと論じている。

二月十九日、町角に布告が貼《は》り出された。「昭南島在住の華僑十八歳以上、五十歳までの男子は、来る二月二十一日正午までに左の地区に集合すべし」（三七六頁）。この布告を『The Syonan Times』に掲載した井伏鱒二は、『徴用中のこと』で次のように回想している。

> 布告原稿は、新聞に出すとき宣伝班の軍属が届けに来ないで将校がぢかに持つて来た。大事をとつてゐることがわかつた。（中略）その日、〔宣伝班〕班長の阿野〔信〕中佐が私を呼んで、「新聞の編輯責任者を君の名前にして置くと、後で迷惑することがあるかもしれないからね。今のうちに仮の名前にして置い

た方がいいだらう」と云《い》つた。（中略）古山［力《つとむ》］君に一つ選んでもらつて、印度人らしい名前でプラカスといふのに定めた。以後、昭南タイムズの編輯発行人はミスター・プラカスとなつた。（一〇七頁）

この証言通り、『The Syonan Times』発行当初の二月二十一日には、「MR. MASUJI IBUSE」と書かれていたものが、以降は「Printed and Published by R. Prakas at The Syonan Times」と印刷されるようになった。

当時市内にいた井伏鱒二は、華僑の集合現場を目撃している。次の引用に登場する篠崎護《まもる》は、第五章第一節「マレー作戦」で述べた通り、英国にスパイ容疑でチャンギー監獄（Changi Prison）に収容され、陥落後に昭南特別市の市政を担った人物である。

私［井伏鱒二］は新聞社に通勤の途中、若い華僑たちが三千人も四千人も大広場に集まつて、死刑の場所へ引立てられようとしてゐるのを見た。その群のなかに、篠崎［護《まもる》］さんが一人の華僑の案内で、せかせかと広場に入つて行くところをこの目で見た。監視に当つてゐる日本憲兵に、無実の華僑を貰《もら》ひ下げに駈けつけたところであつたらう。（一〇四頁）

私たちが現地で知つた情報によると、補助憲兵たちはあんまりたくさん無辜《むこ》の民を粛清させられることになつたので、空恐《そらおそろ》しくなつて一部だけ粛清して「もうこれで勘弁してくれ」と憲兵隊の者に謝まると、「駄目だ。上からの命令だ。貴様たちは上官の命令に反《そむ》くのか」と補助憲兵たちを叱りつけて無理やり実行させたさうだ。粛清は広場で行なはれたとも云《い》ひ、浜辺で行なはれたとも云ひ、またブラカンマチ

［セントーサ島］の印度人の燈台守が、何千人といふ犠牲者が後手に縛られて曳船《えいせん》で曳《ひ》かれながら、次から次に機銃掃射されるのを見たさうだといふ噂もあつた。（三七五頁）

後に井伏鱒二は、リン・カナンという華僑に出会う。昭南タイムズ社のボーイに採用して欲しいと言って来たこの少年は、父親が粛清事件で行方不明になっていた。身寄りのないリン少年は、チョン・バルー（Tiong Bahru）に部屋を借りる前の一時期、「住むところがなくて、夜はノースブリッヂ・ロード［North Bridge Road］の皮箱屋の戸に凭《もた》れて眠つてゐた」（一三五頁）。新聞社で雇用することはできなかったが、作家は釣りに行く時の通訳として、少年を食事付一日五円で雇ってやった。

一方、華僑粛清の総責任者だった陸軍中将河村参郎《かわむらさぶろう》（一八九六～一九四七）は、敗戦後に広島・海田町《かいたちょう》の自宅で就寝中、占領軍憲兵に逮捕された。その後巣鴨プリズンを経てシンガポールに護送され、ヴィクトリア記念会堂（Victoria Memorial Hall）、現ヴィクトリア・コンサート・ホールでの軍事裁判を経て、一九四七（昭和二十二）年六月二十六日にチャンギー刑務所で処刑された。その獄中日記が、『十三階段を上る』（亜東書房、一九五二年）である。証拠と論理に基づく英米法の裁判は、戦前の日本人には馴染みのないものであり、河村参郎が英米の裁判文化を十分理解できていなかったことが、日記からうかがわれる(8)。

小説家郁達夫を捜して

一九四二（昭和十七）年三月三日、井伏鱒二が昭南タイムズ社で働いていると、雑誌『改造』を発行する改造社の山本実彦《やまもとさねひこ》（一八八五～一九五二）社長が突然現れた。南方に出版工場を作る任務を帯びて、内地からやって来たのである。社長は、作家郁達夫《いくたっぷ》（一八九六～一九四五）の居所を探すために新聞社を訪れたのだった。郁達夫は、一九一三（大正二）年に来日、名古屋の第八高等学校や東京帝国大学で学び、一九二二年に帰国、一九三八年にシンガポールに移住して『星洲日報』の編集者を務め、抗日活動を行っていた。『徴用中のこと』によれば、山本実彦は、井伏鱒二に次のように依頼した。

僕は、重要な用件で来た。さつき軍司令部で聞いて来たが、郁達夫はこのシンガポールで星洲日報の編輯長をして、文化界抗日連合委員の主席でもあつたさうだ。しかし僕は、郁達夫の命乞《いのちごひ》をばしなくてはならん。君、すぐ社員をば集めて、郁達夫の居所をば捜《さが》してくれ（二七頁）

社員に郁達夫の住所を訪ねると、中年の華僑事務員が知っていると答えたため、「その中年の事務員と少年工員に、自転車で郁達夫のところへ走らせた。もし在宅なら、ミスター・ヤマモトが会ひたがつてゐると伝言を云《い》ひつけた」（二八頁）。しかし、郁達夫は不在だった。「日本軍がここに入城する十日ほど前、シーサン［先生］は二十人ばかりの人と一緒にここを脱出し、プラウ・バタム［Pulau Batam］あたりに亡命したらしいといふことであつた」（二九頁）。井伏鱒二は、「山本改造社長が日本に帰つてからも、郁達夫のことが気がかりになつてゐた」（五三頁）という。日本占領直前のシンガポールで、郁達夫は有名人だった。ある日井伏鱒二は、高齢の華僑と元娘子軍《じょうしぐん》の日本人老婆の夫婦が、屋台で古本を商《あきな》っているところに出くわす。

私はリン・カナン［孤児の少年］に通訳してもらつて、屋台の爺《ぢい》さんに郁達夫を知つてゐるかと尋ねた。達夫は昭和十三年にシンガポールに来て、十六年十二月まで抗日運動をしてゐたので、華僑の間ではよく知られてゐたらしい。達夫が漢字新聞の「星洲日報」に関係してゐたことも、副刊の「晨星《しんせい》」の編輯に当つてゐたことも爺さんは知つてゐた。現在の行先はわからないと云《い》つた。「ニッポン・レディー」の婆《ばあ》さんの方も達夫の名前はよく知つてゐて、達夫の実兄〔郁華《いくか》〕が上海で白色テロに狙撃されて非業の最期をとげた噂も知つてゐた。（一五三―一五四頁）

では、シンガポール陥落後、郁達夫はどこで何をしていたのだろうか。戦時下のこの作家の動向については、鈴木正夫《すずきまさお》『スマトラの郁達夫』（東方書店、一九九五年）に詳しい。マレー作戦開始とともに身の危険を感じた郁達夫は、二月四日早朝、小さな発動機船でシンガポールを脱出し、スマトラに向かった。井伏鱒二らが到着した時は、既にシンガポールを離れていたのである。郁達夫は趙廉《ちょうれん》と名を改め、四月半ばにパヤクンブ（Payakumbuh）に定住した。この地で本名を隠して酒造工場を経営する一方、憲兵隊の通訳を務め、その権限を利用して多くの人を助けたと伝えられている。長い期間にわたって通訳をしたことによって、郁達夫は日本の憲兵隊に都合の悪い事情を知りすぎてしまった。この高名な作家は、敗戦後の一九四五年八月二十九日、憲兵「D氏」の命令のもと、その部下によって絞殺《こうさつ》されたと推定されている。

華僑協会五千万ドル強制献金

華僑粛清事件とならんで、昭南島時代の歴史に禍根《かこん》を残したのが、華僑協会五千万ドル強制献金である。華僑協会の設立を企画したのは、後日『シンガポール占領秘録』（原書房、一九七六年）を執筆することになる篠崎護《まもる》だった。陥落後のシンガポールでは、有力華僑の検挙が相次いでいた。彼らを救出するための方便として華僑協会を設立し、日本に積極的に協力する姿勢を示してもらうというのが、篠崎の案であった。その会長として、長老林文慶《リンブンケン》（Lim Boon Keng 一八六九～一九五七）博士が抜擢された。昭南華僑協会は、ヒル街（Hill Street）四七番地の旧中華総商会に事務所が設けられた。

井伏鱒二『徴用中のこと』によれば、「この協会に登録した華僑の商店は、正面入口に協会員であるしるしの大きな幕を垂らし、日本人が買物に行くと誰彼《だれかれ》の別なく定価の一割を引いた」。また、「昭南タイムズの華僑記者や風来坊の華僑少年リン・カナンから聞いた話だが、日本軍に逮捕されてゐた抗日派華僑の資本家たちも協会に登録すれば逐次釈放されるといふことであつた」（一七九－一八〇頁）。

華僑協会設立の一九四二（昭和十七）年二月下旬当時は、現地人に同情的な馬奈木《まなき》敬信《たかのぶ》（一八九四～一九七九）少将が軍政部長だった。ところが、少将の融和的姿勢は上層部の容《い》れるところとならず、三月一日付でボルネオに転出させられ、後任として、華僑に厳しい渡邊《わたなべ》渡《わたる》（一八九六～一九六九）大佐が着任、事態は一変する。アデルフィ・ホテル（Adelphi Hotel）にあった軍政部は、フラトン・ビル（Fullerton Building）に移された。そして、マレー各地の華僑協会に、合計五千万海峡ドルの献金命令が出されたのである。

篠崎護の『シンガポール占領秘録』によれば、一九四二年三月下旬にマレー各州の華僑協会代表を軍政部に集めた上、彼らを恫喝《どうかつ》して献金事務を開始した。日本側が統括していた各州政庁は、州警察や憲兵の力を使って無理な金集めを実行し、華僑住民の恨みを買った。各地の華僑協会は、献金額を個人に容赦なく押し付けた。井伏鱒二は同年三月下旬、次のような場面を目撃している。

> 折から私は、昭南タイムズの責任者として華僑記者とユーラシアン記者を連れ、カセイ・ビルの大東亜

劇場で開かれたマレー各州の華僑協会の登録代表者たちの招かれてゐる会に出席した。華僑たちは白けきつてゐるやうな様子に見えた。華僑たちのうち舞台に出て演説したのは華僑協会長の林文慶《リンブンケン》博士一人だけで、しかも声が小さいので後ろの方の席には聞えなかつた。連れの記者たちも通訳してくれなかつた。林文慶博士は白い古風な支那服を着て背が高く、高貴な感じの老人に見えた。（一八六頁）

結局、強制献金は計画の半分強しか集まらなかった。軍政部は不足額二千二百万ドルを横浜正金《しょうきん》銀行から華僑協会に貸し付け、六月二十五日に献金式が行われた。『シンガポール占領秘録』によれば、「偽《いつわ》りの盛儀に列席した華僑領袖《りょうしゅう》は、悲憤の涙を呑《の》んでこの侮辱に唇をか」み、献辞の「朗読を終えた林文慶《リンブンケン》博士は脳貧血を起して倒れ、式場から運び出された」（六七頁）という。この式典の様子は、許雲《シュイユン》樵《チャオ》・蔡史君《チュアスークン》編、田中宏《たなかひろし》・福永平和《ふくながへいわ》訳『日本軍占領下のシンガポール』（青木書店、一九八六年）でも詳しく記述されている（一四五―一四八頁）。ただし、その会場とされている場所は、日本側の記録と相違している。

山下奉文将軍に叱責される

井伏鱒二は、「マレーの虎」と呼ばれた山下奉文《やましたともゆき》（一八八五〜一九四六）将軍に直接叱責されたことがある。新聞『建設戦』に「比島攻略成る」という記事が掲載された直後の、一九四二（昭和十七）年四月十六日のことである。『徴用中のこと』によると、その時作家は、キャセイ・ビル（Cathay Building）の宣伝班事務所二階の小部屋にいた。廊下に出る戸口を背にして机に向かい、煙草《たばこ》を吸っていると、突然「私の対面に腰をかけてゐた三人の少年志願兵が申し合せたやうにさつと立ち上つて、直立不動の姿勢をとつた」（三八三頁）。山下司令官が突然現れたのである。

私は戸口を背に机についてゐたので、廊下の方のことはわからない。何ごとだらうと、啣《くわ》へ煙草のまま戸口から顔を出すと、ちやうど廊下の突当りから山下司令官が引返して来るところであつた。その左右に、参謀肩章をつけた十人ばかりの将校が従つて、宣伝班長の阿野中佐が先導を勤めてゐた。私は周章《あわ》てて顔を引込めた。悪いものを見たと思つた。結果としては、司令官が巡視に来ても私は振向きもせず、椅子を立ちもしないで煙草を喫《す》ひつづけ、司令官が引返さうとすると啣《くわ》へ煙草で覗《のぞ》き見をしたことになる。（三八三―三八四頁）

部屋へやってきた山下奉文は井伏鱒二に対し、「これは何者だ」と大声を出した。宣伝班長阿野信中佐が、「これは宣伝班員であります」と答えると、司令官は井伏を睨《にら》みつけ、「軍人は礼儀が大事だ。こんなものは、内地へ追ひ返してしまへ」と怒《ど》鳴《な》った。恐縮した作家は、「はい」と答えた。井伏鱒二は、その自分の声を情けなく思ったという。「それは私が自分の家庭で中学一年生の長男を叱るとき、「はい」と答へる長男の声そつくりであつた」からだった（三八四―三八五頁）。

このような結果になったのは、宣伝班が司令官の来訪時間を間違えていたためでもある。阿野中佐は翌日の訓話で、この点を班員に詫びている。山下奉文《ともゆき》に叱責された一件について、ある上等兵は、「羨《うらやま》しいなあ。わしもたつた一度でよいが、司令官閣下に叱られてみたいなあ」（三八九頁）と言ったという。なお、宣伝班の阿野信中佐は、詩「新嘉坡落つ」を書いた詩人三好達治の旧友で、陸軍幼年学校から士官学校まで一緒だった。

悪い体験も貪欲に自分の作品に取り込むのが、作家というものだろう。井伏鱒二はこの事件を、時代小説「二つの話」（一九四六年）で活用している。この小説は、甲府に疎開していた主人公が、時空を超えて江戸時代や桃山時代に行く物語である。作品において、聚楽第《じゅらくだい》で働く「私」は、石田三成《いしだみつなり》に譴責《けんせき》される。その石田治部の台詞《せりふ》「武士は、礼儀が大切だ」は、山下奉文の言葉を利用し、「軍人」を「武士」に置き換えたものである。

小説「花の街」の連載

シンガポール滞在中の井伏鱒二は、小説「花の街」（後に「花の町」と改題）を『東京日日新聞』『大阪毎日新聞』に八月十七日から十月七日まで連載した。大本営命令による執筆だった。これは、新聞記者の阿部真之助と黒崎貞次郎が手配したものである。『徴用中のこと』によれば、「井伏は戦地で貧乏して困つてゐるだらうから、長篇を書くやうに話をつけてやれ」、「怠け者でしかも臆病な男だから、大本営命令といふ名目にすれば、びつくりして書くだらう」（一五一頁）と考えてのことだった。連載には、画家野間仁根《のまひとね》（一九〇一～一九七九）の挿絵が添えられた。

井伏鱒二はこの連載小説を、ケロン（kelong）で書いた。ケロンとは、「漁師が魚を捕《と》るため海上に敷設した櫓《やぐら》」（一一頁）のこと。冷房のない当時、「宿舎は蒸風呂のやうに暑」かったが、「ケロンは海風が吹き通しだから、東京で云《い》へば残暑のころ私のうちの物干台《ものほしだい》にあがつて肌ぬぎになつてゐるときのやうに気持《きもち》がいい。バケツの上に俎板《まないた》を渡し、その上に原稿用紙を載せて書いた」（一二頁）という。

「花の街」は、日本軍占領下のシンガポールを背景とした、筋らしい筋もない作品である。登場人物に、マルセン（軍宣伝班）の旦那木山喜代三（モデルは井伏自身）、築地辯次郎（中島健蔵）、花園洋三、昭南日本学園園長神田幸太郎（神保光太郎）、マレー人炊事夫タムリン（実在人物）、不良マレー青年ウセン・ベン・ハッサン、河野軍曹《ぐんそう》、骨董屋主人沈発、華僑少年ベン・リヨン、その母リヨン・アチャンなどがいる。「リヨン」の漢字は「梁」であろう。以下、『井伏鱒二全集』第三巻（筑摩書房、一九六四年）からを引用しつつ、「花の街」の舞台となった場所について述べておこう。

小説の大部分は、日本軍宣伝班が入っていた「カセイ・ビル」や、その近くの「弓なりの歩道に沿ひ、弓なりに続いてゐる二階建の」「三十軒続きの長屋」（三二頁）で展開する。なお、当時シンガポール最高層だった十七階建てのキャセイ・ビルは既に解体され、現在は一階の一部分のみが保存されている。長屋も現存せず、跡地は美術学校（SOTA）の敷地となった。

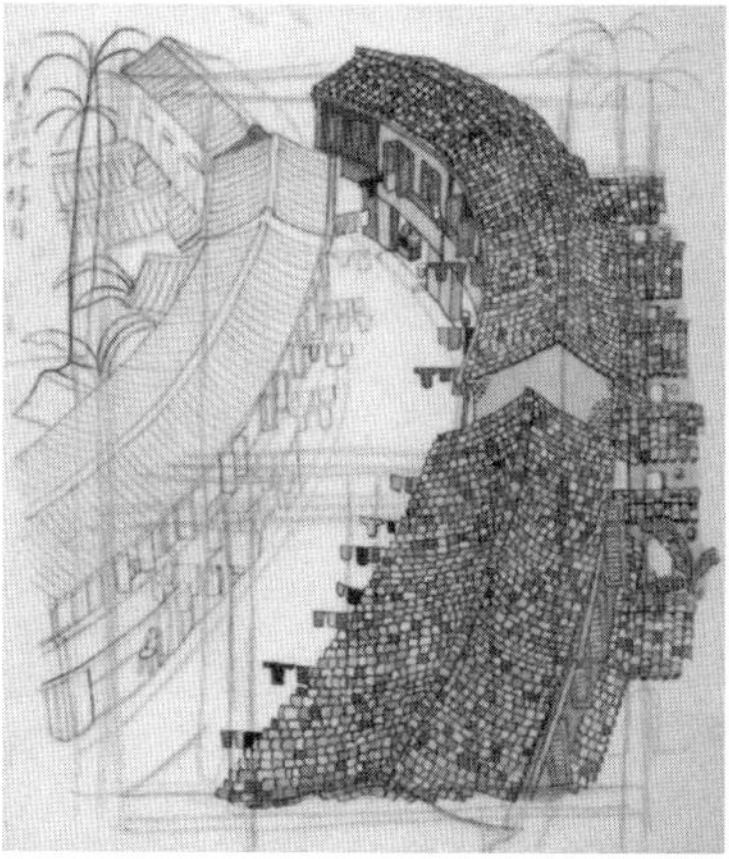

図41　小津安二郎《新嘉坡好日》1943年頃、鎌倉文学館蔵。キャセイ・ビル（Cathay Building）から見下ろした長屋。

戦時中キャセイ・ビルに滞在していた映画監督小津安二郎《おづやすじろう》（一九〇三～一九六三）が、この三十軒長屋の俯瞰図を描いている【図41】。「この長屋の筋向ひは鉄柵《てつさく》で囲まれた広い原つぱで、大中小の三本の樹木が生え、一番目の「大」の樹木が日蔭をつくつてゐる箇所にはシーソーやブランコが」（三二頁）あった。小説ではこの広場に蛇使いが現れ、「瓢簞のやうな恰好《かつかう》の笛を吹き、小さな鼓を打ち鳴ら」（三三頁）す。一方、井伏鱒二ら宣伝班員が居住したロイド路（Lloyd Road）五十五番地のテラス・ハウスも、「花の街」の舞台として使われている。

オーチャード・ロード〔Orchard Road〕からキリネー・ロード〔Killiney Road〕に折れ、そのキリネー・ロードのまんなかごろから左に折れる道がロイド・ロードである。すぐ坂の上の道〔Oxley Road〕につきあたつてしまふ短い道で、幾分だらだら坂になつてゐる。その坂道の右側に花壇を前にひかへた二階建のカンポン・ハウスがある。住宅だが長屋の形式で里村小屋といふ訳語がある。（四九頁）

小説「花の街」については、戦争に批判的姿勢がどのように表れているかという視点から、既に多くの論文が書かれてきた。しかし、作品を丁寧に読むと、シンガポールの多言語性がみごとに表現されている上、細かな描写に昭南島時代の社会風俗を知る手がかりがあり、大変興味深い小説となっている。

伊号第三十潜水艦の爆沈

日独は共に枢軸国《すうじくこく》の一員であったが、開戦とともに相互の往来は困難となった。しかし、『徴用中のこと』によれば、日本の伊号第三十潜水艦は、「ヒットラーの招請でアフリカ東海岸の英国海軍の根拠地を襲撃しながら大西洋側に潜航し、ドイツ〔占領下のフランス・ロリアン港〕に到着して貴重な秘密兵器を積載して日本に帰航」（一〇頁）しようとしていた。艦内には、ドイツの最新式電波探知装置などの重要軍事機密物資が積まれていた。ところがこの潜水艦は、帰途シンガポールのケッペル港（Keppel Harbour）で誤まって機雷に接触し、爆沈してしまった。

吉村昭《よしむらあきら》『深海の使者』（文藝春秋社、一九七六年）によると、情報伝達の不備で艦長が機雷の存在を知らず、安全航路から外れた結果だった。油断大敵とは正にこのこと。偉大な任務を遂行し、意気揚々と帰還する途上での、気の緩《ゆる》みから発生した事故と言えよう。井伏鱒二は、この伊号第三十潜水艦の沈没を偶然目撃している。一九四二（昭和十七）年十月十三日午後四時過ぎ、「シーサイド・ホテル」で寛《くつろ》いでいた作家の目の前に、突然水柱が沸き上がった。

この島〔セントーサ島〕の山の嶺《みね》よりもずつと高く、海面から突如として水烟《すいえん》の大きな塊《かたまり》が棒立ちになつて湧きあがつた。形は海戦の写真で見る砲弾で湧起つた水烟に似て、それを何千万倍の何百万倍にもしたやうな大きさである。そのお化けのやうな水烟が上から順に見る見る収まつて行くが、頂《いただき》の方に混つてゐる小さな塵芥《ぢんかい》のやうな黒いものも水烟と一緒に落ちて来た。私はそれをまともに見た。（中略）爆発音らしいものは聞かなかつた。地響きも感じなかつた。私は〔華僑の〕ボーイの方に振向いたが、こちらに背を向けてゐた。思ふところがあつてわざと後向きになつてゐたやうだ。（九頁）

日本占領下のシンガポール港で日本の潜水艦が爆沈したことは、当然ながら、重大機密事項となった。「ところが僅《わづ》か三日か四日たつと、たいていの宣伝班員が向島〔セントーサ島〕の手前の水域で潜水艦が爆破した情報を知つてゐた」（一〇頁）。事件を目撃した井伏をはじめとする宣伝班員は、「迂闊《うかつ》なお喋《しやべ》りを慎しむのは勿論《もちろん》のこと、海岸をうろつくこともケロンへ行つたりすることも控へた方がいいといふこと」（一一頁）になった。

『深海の使者』によれば、死者は十三名と少なかったが、レーダー等の秘密兵器と設計図が海中に没してしまった。幸い当時のシンガポールには、第百一海軍工作部が常駐しており、ただちに艦内搭載物の回収が実行された。内地からは、六名の海軍工廠《こうしょう》潜水員が到着、電波探信儀の設計図や工業用ダイヤモンドが引き揚げられ、作業は終了となった。潜水艦自体が海底から撤去されたのは、戦後の一九五九年のことである。

第三節　第二次徴用作家たち

中島健蔵らの到着

井伏鱒二ら第一次陸軍徴員一行は、マレー半島を第二十五軍とともに南下、早くも陥落翌日の一九四二（昭和十七）年二月十六日にはシンガポールに入っている。一方、文芸評論家中島健蔵《なかじまけんぞう》（一九〇三～一九七九）、詩人神保光太郎《じんぼこうたろう》（一九〇五～一九九〇）、詩人北川冬彦《きたがわふゆひこ》（一九〇〇～一九九〇）らは、シンガポール占領を待ってから内地を出発した。いわば第二次徴用組である。護衛なしの輸送船みどり丸で到着し、三月十七日に上陸した神保と中島は、ナッシム路（Nassim Road）の井伏鱒二と同じ宿舎に入居した。中島健蔵は、南方徴用体験を『雨過天晴の巻　回想の文学⑤』（平凡社、一九七七年）にまとめている。彼は、十一月二十三日に富士丸《ふじまる》でシンガポールを離れるまでの約八か月間を、この南の島で過ごした（二〇〇頁）。

到着当日、中島健蔵は大変心細かったようだ。みどり丸は三月十四日に入港したが、輸送船指揮官は陸上との連絡に手間取り、徴員は三日間も船上で待機させられた。上陸後の身分も任務も給与も不明なままであった。三月十七日にようやく下船できたが、徴用部隊にだけは出迎えがない。埠頭に置き去りにされ、途方に暮れていると、ようやくトラックがやってきて、植物園に程近いラッフルズ大学（Raffles College）の芝生の上に降ろされた。その後、通訳班宿舎に連れて行かれたが、中島健蔵・神保光太郎らは再び呼び出され、今度は資料班へ。午後四時頃、さんざんたらい回しにされた挙句、やっと旧友井伏鱒二の住む企画本部宿舎に着いた。ところが、井伏は出勤中で不在。不安な気持ちで待っていると、ようやく作家が車で帰ってきた。ほっとした中島は、この古い友人に向かって、「何分《なにぶん》ともによろしくたのむ」（七二頁）と、硬く気負って挨拶したのだった。

宣伝班に配属されたものの、中島健蔵に任務らしいものはなかった。歓迎会、町の見学、あるいは学校視察などで時間が過ぎていった。四月八日には軍の大発《だいはつ》（小型船）でリアウ諸島（Kepulauan Riau）をめぐり、四月十二日にロイド路（Lloyd Road）五十五番地へ転居、四月二十九日には島挙げての天長節の祝典にかかわった。その後、「蹴球競技場《しゅうきゅうきょうぎじょう》の整備とか、競技大会の開催計画とか、大衆娯楽場〔New World. Great World〕の再開促進とか、種々雑多」な仕事に没頭した。業務が終ると、「トムソン・ロード〔Thomson Road〕の貯水池のあたり」で一人佇《たたず》んだりしたという（一〇九頁）。これは、マックリッチ貯水池（MacRitchie Reservoir）のことである。

一九四二年八月十五日、中島健蔵は参謀部服務を命じられ、一時期、敵のラジオ放送傍受の責任者を務めた。この頃、ガダルカナル戦をめぐって、大本営発表と連合国側の情報が著しく乖離《かいり》し始めていた。傍受にたずさわったある軍曹《ぐんそう》は、日本側が壊滅的損害を受けた事実に気付いてしまった。「この機密を背負いこんで、司令官や参謀だけのための極秘情報を毎日作成しているうちに、彼は不眠症にかかってしまった」（一三二頁）。軍曹は、上司である中島に、任務をやめさせて欲しいと頼みに来たという。

中島健蔵は十一月四日から十八日までマレー半島縦断旅行に出た後、十一月二十三日に富士丸《ふじまる》でシンガポールを離れた。台湾の高雄港《たかお》に上陸した時、「第二の現実だったシンガポールでの生活が、虚構の白昼夢のように色あせ」たように思われ、「南洋の明るい建物を見なれた眼には、すべてが灰色に感じられた」（二〇〇頁）。台湾を経て名古屋港に到着、鉄道で東京の自宅に帰ったのは、十二月十九日のことである。その翌年一九四三年二月十日の新聞で、ニューギニアやガダルカナル島からの「転進」を報じる大本営発表を読んだ時、敵の放送傍受に関係した経験を持つ中島は、「この発表の深刻な意味をただちに理解した」（二〇四頁）のだった。

神保光太郎の昭南日本学園

一方、神保光太郎は、シンガポールで日本語教育に情熱を注ぎ、一九四二（昭和十七）年五月一日に開設された昭南日本学園にかかわった。学校開設を発議したのは、宣伝班の尾高少佐である。井伏鱒二『徴用中のこと』（講談社、一九九六年）によれば、「場所は、学校街クイン・ストリート〔Queen Street〕の中央」で、「マレー人、華僑、印度人、ユーラシアンなどの男女を入学させ、速成教授で日本語会話、日本文法、日本の礼儀作法を教へてゐた」（一六九頁）。「運営には昭南特別市役所の篠崎護《まもる》氏が救援の手を貸した」（一七〇頁）。

神保光太郎は、「傍目《はため》にも昭南日本学園の運営に熱を入れて」（一九五頁）おり、「生《き》一本《いっぽん》な神保校長は、いつもヘルメットを被《かぶ》つて登校し、徴員として命じられた仕事を決して疎《おろそ》かにしな」（一九六頁）かった。この詩人校長は、「三箇月の速成教授で簡単な日本語を教へて生徒の就職口の世話をする方針」だった。「現地人たちは温厚篤実な神保校長の善意を高く買」っており、井伏鱒二が一緒に映画館に入ってゆくと、「そこかしこで「ミスター・ジンボ、ミスター・ジンボ……」と囁《ささや》く声が聞えた」という（一五二頁）。学園長就任の日、神保光太郎は「われは知らず」という詩を作った。「これが学び舎《や》／あたらしきはらから集め／父祖の国大和《やまと》のこころを／つたへんと纜《ともづな》を解く／船長《ふなおさ》のわれにはあれど／たよりなくて／手をば拱《こま》ねつ[9]」と、抱負や感慨を述べている。

昭南日本学園は、神保光太郎が帰国する一九四二年十一月までに、三期合計一〇三四名の入学生を迎えた。その第一期生三七三名の中にいたのが、シンガポールの政治指導者となるリー・クワン・ユー（李光耀 Lee Kuan Yew 一九二三―二〇一五）である。この若者は、その後日本軍の司令部報道班で放送傍受に従事した。[10]

戦時下に刊行された『昭南日本学園』（新教出版社、一九四三年）は、校長を務めた神保光太郎が、この教育機関の運営について詳細に語った著作である。善意に満ちたこの詩人校長は、教室を改装し、学校の看板を書き直し、夜遅くまで会議を行うなど、熱心に働いた。「何とかして、美しい学園にしてみたいと念願した」（六一頁）のである。学校では、日本式の礼儀が重んじられた。「生徒の一人が「起立」と号令する。一同は起つて先生が教壇の中央に来られるのを待つ。「礼」。そして、「着席」」（六六頁）。現地には存在しなかったこのような教室儀礼は、生徒たちの記憶に強く刻まれた。[11] 一方、神保光太郎は、日本とは異なる現地の習慣に驚いている。学校門前に屋台が出て、生徒が買い食いしたり、ゴミを校内に平然と捨てたりする様子に、文化や社会の違いを感じずにはいられなかった。

授業が終つた。休み時間である。（中略）生徒達が、門の外へ駆け出して行く。何のために駆け出して行くのであらうか。私達は門の外を窺《うかが》つてみた。すると、おどろいたことに、学校の門を中にして、その両側に、かうした生徒を待ち構へるやうに、いつの間にか、数種の屋台店が立ち竝《なら》んでゐるのである。バナナとかパインアップルとかを売つてゐる果物店もあれば、焼肉の匂ひを発散してゐるのもあり、三角の形の紙袋に、落花生を詰《つ》め込んで積みあげたのもあり、サイダーの一杯売もある。（中略）落花生の紙袋は、忽《たちま》ち、そちこちに散乱して、それは点々、門前から、校庭へ、校庭から教室内まで及ぶ。その風景は、学校のやうでもあるが、又、裏町の縁日のやうでもある。（五五―五六頁）

昭南日本学園では、井伏鱒二の日本史講義も行われた。この作家は、一九四二年四月に昭南タイムズ社を退社したものの、「他に何もせずに遊んでゐると、ハイランドに追いやられるかボルネオに転属させられるかどちらかになる恐れがあつた」（三五五頁）から、何か仕事をしておいた方が良かったのである。井伏鱒二『徴用中のこと』によれば、毎週土曜日の午後、現地人小学校の校長や教頭三十名ばかりを対象にして、日本神話の授業をした。「こちらは一生懸命だが、聴講者たちは最初からうんざりしており、「熱心に聞いてゐるやうな恰好《かっこう》をつづけ」（三五九頁）るばかりだったという。

昭南日本学園の盛況

三か月の速成教育を経て、昭南日本学園第一回修了式が、一九四二（昭和十七）年八月二日日曜日に催された。会場には、シンガポール最高層キャセイ・ビル（Cathay Building）内の大東亜劇場が選ばれた。神保光太郎『昭南日本学園』では、華やかな式典の様子が詳細に述べられている（一九一―二〇六頁）。劇場前には、「昭南日本学園第一回修了式場」と太々と書かれた紙が貼《は》り出され、会場入口には、日本風の紅白幕がめぐらされた。壇上には、各新聞社から届いた花輪が左右に並んだ。そして、早くも開会二時間前の午前九時には、各民族の衣装で着飾った生徒の家族が集まりはじめた。現地の新聞記者も押し寄せた。市長や軍幹部らの来賓も揃《そろ》った。作家井伏鱒二や評論家中島健蔵も、厳粛な顔で学園関係者席に坐っている。

午前十一時、インド人兄弟の指揮とピアノ演奏による「君が代」斉唱で、純粋日本式の修了式が開始された。画家倉金良行《くらかねよしゆき》のデザインによる美しい修了証書、成績優良賞状が授与される。「修了証書。ワンシンチン。二十歳。右は本学園所定の日本語教育課程昭和十七年五月一日より昭和十七年七月三十一日に至るを修了せり。仍《よっ》て、これを証明す。昭和十七年八月二日。昭南日本学園園長神保光太郎」（一九九頁）。証書を受け取った卒業生の中には、若き日のリー・クワン・ユーもいたと推測される。修了式はさらに、校長訓辞、来賓訓辞、生徒総代答辞へと進み、「仰げば尊し」斉唱で閉式となった。これに続く第二部として、中島健蔵の講演、生徒による合唱、映画の上演が行われた（二九九頁）。神保光太郎のシンガポール生活の頂点となる晴れの一日は、こうして終わった。

続く第二期の生徒募集は、八月五日に行われた。当日朝、車が「クィンストリートに曲つた途端、私［神保光太郎］は自動車の硝子《ガラス》越しに、学園の辺りから、近隣の学校の前にまで延びた長蛇のやうな人の列《つら》なりを観《み》た。マライ人の運転手がそれを見て、何かマライ語で、うめくやうな叫びをあげた」（二一一頁）。応募者が殺到していたのである。

私の車が停ると上等兵の軍服のKさんが、木刀のやうな杖を持つて、真赤な顔をして出て来た。私が降りるのも遅しと、私をつかまへて、興奮した語調で話しかけた。「どうにもかうにも手がつけられないのです。受附開始二三時間前から滅茶苦茶に集まつて、時間を繰りあげて用意したのですが、それが又、わいわい塀を越す奴もゐるんです。（中略）それから、棒の威力で、漸《やうや》く全部門の外に出し、一列に竝《なら》ばさせたのです。いや、全くおどろきました。」と附け加へた。（二一二頁）

新しい支配者のもとで何とか生計を立てたいという、シンガポール住民の切迫した事情が、この志望者の多さとなって現れたと言えるだろう。結局、募集定員二百五十名に対し、志願者は二千五百人におよんだ。簡単な片仮名書き取り試験と面接で選別して、予定を大幅に超える四百二十七名を合格とし、

図42　昭南日本学園。松下紀久雄『南を見てくれ』（新紀元社、1944年）、7頁。黒板には、「ミズ」「アナタハイクラ」「（Miruku）ギウニユウ」「マンゾク」と書かれている。

八月十六日の始業式を迎えることになった【図42】。

詩人校長が心血を注いだこの昭南日本学園は、その後十月三十日を以《もっ》て軍政監部に引き継がれ、名も軍政監部国語学校と改められた。学期途中の三期生だけは、翌月十一月四日まで在籍し続けた。中島健蔵『雨過天晴の巻　回想の文学⑤』によると、第二回修了式が行われた十月二十八日夜七時から、図南《となん》クラブ（現 Singapore Cricket Club）で、関係者による記念の宴会が開かれた。神保校長は、大久保弘一宣伝班長らに労苦をねぎらわれた（一七四頁）。この大久保大佐は、一九三六年の二・二六事件の際、「今カラデモ遅クナイカラ原隊へ帰レ」という投降勧告文を書いた陸軍士官である。

内地帰国後に執筆された『昭南日本学園』には、神保光太郎のシンガポールに対する深い思いが綴《つづ》られている。詩人は、「いつの間にかこの町を愛するやうになつてゐた」（二三六頁）。日本語学校の引き継ぎが終了し、ほっとしていたある日、神保は人力車で校舎の近くを通りかかった。この時の感慨を、彼は次のように書き記した。

　車が博物館の前を通つて、学園の通りであるクインストリートへ曲るところを通過した時、私は旧学園の辺《あた》りを望んだ。新しい学校の生徒らしいのが門のところに立つてゐた。「さやうなら。なつかしいクイン通りよ！　さやうなら。憶《おも》ひ出の昭南日本学園！」と心の中で言つた。何も知らない車夫は、私の感慨をよそに、とつとつとそこを横切つて走り、学園も直《す》ぐに見えなくなつた。軈《やが》て、車は本部のある軍政監部にむかつて、海岸通りを走つてゐた。「森の炎」の真紅の花びらが、道に散つてゐた。

うるはしきものを願ひつ昭南の海岸通りひとり歩けり（二四九頁）

日本語普及運動

占領下のシンガポールでは、日本語普及運動も推進された。神保光太郎『昭南日本学園』には、「日本語運動を唱《とな》へ出した人は、中島健蔵君であつた」（二五頁）とある。中島は天長節の四月二十九日付『陣中新聞』に、「日本語普及運動宣言」を発表している（二六〇―二六一頁）。

興味深いことに、その中島本人の戦後の証言は、むしろ日本語普及運動に消極的である。中島健蔵『雨過天晴の巻　回想の文学⑤』によると、「日本語運動には反対はしなかったが、いや応なしにその「日本語普及運動宣言の」作文を軍司令部から押しつけられ」、「むしゃくしゃした気もち」を持っていたという（九九頁）。また、「仕事熱心と見られてもしかたがないような状況に追いこまれていったわたくしの苦々しい心境」（一〇一頁）とも述べている。しかし、これらの言葉を額面通りに受け取るわけにはいかない。『雨過天晴の巻』では、戦後イデオロギーによる過去の言動の糊塗《こと》が行われている。中島健蔵は昭南島で、むしろ積極的に日本語運動を推し進めたと見るべきである。

井伏鱒二『徴用中のこと』によれば、日本語運動は、「現地の学童たちの間に日本の唱歌や軍歌の流行を生んだ」。「先づ昭南日本学園で教へた「アイウエオ、カキクケコ」の歌が街の子供たちの間に流行し、

「君が代」「愛国行進曲」「海ゆかば」軍歌「暁《あかつき》に祈る」「〔戦友の〕遺骨を抱いて」が流行し、国民歌謡の「さくら、さくら、弥生の空に」「椰子の実」が流行した」（一九七頁）。一方、現地人の話す滑稽な日本語の逸話も多い。

私〔井伏鱒二〕が市内電車に乗つてゐると、見知らぬ華僑の子供が乗込んで、あたりを見ながら、いきなり流暢な日本語で、「起立、着席。お早うございます。行つて参ります。こんにちは、こんばんは、さようなら。ただいま帰りました。おやすみなさい」と一気に喋《しゃべ》つて坐席に腰をかけた。意味がわかつたら人前でこんなことを云《い》へる筈《はず》がない。（後で神保さんに訊《き》くと、この文句は昭南日本学園の教科書（ニッポンゴ・トクホン・マキ一）に入つてゐるさうであつた。）（一九八頁）

この井伏の文章にある通り、『ニツポンゴ トクホン マキ一』には、「アイサツ」と題された教材がある（一五頁）。神保光太郎『昭和日本学園』の二七三頁には、教材のこのページが掲載されており、右のエピソードの裏付けを取ることができる。また、次の一節も興味深い。

私〔井伏鱒二〕が印度人の仕立屋へ半袖シャツの注文に行き、寸法を取らせて布地をきめるとき、「もつと安い値段のものを見せてくれ」と英語で云《い》ふと、相手はすかさず日本語で「一もん惜しみの銭失《うしな》ひ」と云つた。「どこでその文句を知つた」と英語で訊《き》くと、黙つてポケットから薄い小型本を出して見せた。（一九八頁）

一方、日本人の兵隊の話す言葉を瞬《また》く間に覚えた住民たちによって、鹿児島弁・関西弁・東北弁も広まった。神保光太郎『昭南日本学園』によると、「私をつかまへて、「おめいは」と語り出した生徒がゐたり、「貴様は」といふ者もゐた」(二八頁)。

日本語講習は、昭南日本学園のみならず、「本願寺の昭南文所」(三〇頁)をはじめ、様々な場で展開された。一九四二(昭和十七)年五月初め頃、中島健蔵司会のもと、日本語運動の会議が開催され、「マナベ！　使へ！　日本語！」という標語が定められた。日本語週間(六月一日〜七日)の実施や、五十音表のビラの配布も提案された。さらに、「街のペンキ屋を動員して、これまで、抗日、或《ママ》ひは、兵隊募集の看板などのあつた市内目抜きの場所に、前の看板を塗りつぶして、日本語普及の絵や標語を描かせた」(三四頁)。日本語看板は、井伏鱒二の小説「花の街」でも、題材として利用されている。さらに、子供向けの日本語新聞『カタカナシンブン　サクラ』も発刊された。その第一号(一九四二年六月十日)および第二号(六月二十二日)には、井伏鱒二の童話「サザエ　ト　フカ」が掲載されている。これらは、まだ全集に掲載されていない資料である(12)。

北川冬彦と闇物資

詩人北川冬彦《きたがわふゆひこ》(一九〇〇〜一九九〇)も、第二次徴用組の文学者の一員としてシンガポールの土を踏み、翌一九四三(昭和十八)年一月の内地帰還まで滞在した。この文学者は軍隊嫌いで、映画に造詣《ぞうけい》が深かった。中島健蔵『雨過天晴の巻　回想の文学⑤』には、次のようにある。

北川冬彦は、本名の田畔忠彦《たぐろただひこ》と呼ばれ、詩人としてではなく、映画評論家の扱いで、映画の班に入れられたが、後、六月《ママ》にはいってから、シナリオを書くという名目で、マライ半島内旅行の許可を受けて出発した。しかし、撮影に当るはずの映画カメラマンに聞けば、原稿紙一枚か二枚のメモのようなものを渡されたきりで、どうにもならず、撮影はそのまま流れてしまったという。（七八頁）

このマレー撮影旅行は、後に興味深い作品を生み出すことになる。日本占領下のマレー半島では、現地住民の長距離移動が困難で、物流が滞《とどこお》り、クアラルンプールとシンガポールとの間に大きな物価の差が生じていた。特に、シンガポール島とジョホールを結ぶコーズウエイ（Causeway）には日本軍の検問所があり、商品の持ち込みも持ち出しも困難だった。逆に言えば、この関門を通過できた闇物資は、大きな利益を生むことになる。

北川冬彦の物語詩「月光[13]」は、華僑の密輸を主題とした作品である。虚構の形式を採った長篇詩だが、ほぼ実話と考えて良いだろう。詩人自身をモデルとする「北村隊長」は、「長篇記録映画「マライ建設」の撮影のため／マライ半島中部の首都クアランプール《ママ》に一行一四名をひきいて滞在していた」。撮影隊の一部がシンガポールに引き上げる時、華僑の録音助手シェマンは、隊長の許可を得て、日本軍宣伝班のトラックに荷物を少し積ませてもらった。中味は、移動禁止品目の煙草《たばこ》だった。シェマンとその友人ガイ氏は、これによってかなりの金を儲けた。「同じ品物でありながらシンガポールではクアランプールの二倍三倍することがある／たとえば煙草はクアランプールでは安い／ところが石鹸となると逆だった」。

再びクアラルンプールに戻った隊長は、シェマンからガイ氏を紹介される。二人は北村隊長に女をあてがい、二日間だけ公用車を借りていった。この時間を利用して、彼らはシンガポールからクアラルンプールに「ソーダ」を運び、一儲けしたのだった。味をしめたガイ氏は、再び北村に車の借用を申し込んだ。「シンガポールにソーダがあるのです。それをこちら［クアラルンプール］へ運んだら数万金になるのです。成功すれば半分あなたに差上げます」。しかし北村隊長は、自分を巧みに利用したシェマンとガイ氏に憤りを感じ、即刻シンガポールへと引き上げた。物語詩「月光」では、戦時下マラヤの闇物資の動きも、日本の詩人の題材とされたのだった。

戦時下の華僑の逞《たくま》しさには、目をみはるものがある。中島健蔵『雨過天晴の巻』によると、「食料、繊維類の蓄積は、大部分、華僑の手に握られているらしく、軍の接収を逃れて、大量の現物が、マライ半島の中をたえず移動しているらしいという風評」があった。「驚くべき貯蔵量」があったとは言え、さすがに、「占領後、八カ月ほどの間に、流通が底をつきはじめた」（一七五頁）。その後、食糧や物資の不足が、昭南島民を悩ませることになる。

注

（1）熊岡美彦「巴里へ 第二信」、『美術新論』第二巻第三号、一九二七年三月、六二頁。庄野貞一『十八ケ国欧米の旅』（高橋南益社、一九二八年）、二六頁。

（2）『海軍美術』（大日本海洋美術協会、一九四三年）所収。

（3）岡本かの子「見在西洋」、『岡本かの子全集』第十一巻（冬樹社、一九七六年）、五頁。「河明り」の引用は、『岡本かの子全集』第四巻（冬樹社、一九七四年）、二五六頁。

（4）「最近の感想」、『正宗白鳥全集』第二十七巻（福武書店、一九八五年）、一五一頁。野上弥生子『欧米の旅』上巻（岩波書店、一九四二年）、四九頁。

（5）図録『日本のルポルタージュ・アート展』（板橋区立美術館、一九八八年）、図四九。『戦争と美術1937-1945』（図書刊行会、二〇〇七年）、図二二四。

（6）荻須高徳『大東亜戦争画文集　仏印』（新太陽社、一九四四年）、および『宮本三郎南方従軍画集』（陸軍美術協会出版部、一九四三年）所収。

（7）『高村光太郎全集』第三巻（筑摩書房、一九五八年）、二一・二六頁。『三好達治全集』第二巻（筑摩書房、一九六五年）、三九―四〇頁。

（8）牛村圭「シンガポールにおける河村参郎中将――『十三階段を上る』を読む」、小堀桂一郎編『東西の思想闘争』（中央公論社、一九九四年）、五二八―五三一頁。

（9）神保光太郎「われは知らず――昭南日本学園長就任の日に」、『南方詩集』（明治美術研究所、一九四四年）、六一頁。

（10）多仁安代『大東亜共栄圏と日本語』（勁草書房、二〇〇〇年）、一四五頁。および、リー・クアンユー「私の履歴書⑥」、『日本経済新聞』一九九九年一月七日、第四〇面。

（11）清水知子「軍政下シンガポールの公立日本語学校（Queen Street School）をめぐる一考察」、『横浜国立大学留学生センター紀要』第七号、二〇〇〇年三月、五四頁。

（12）阮文雅『「昭南」文学研究――南方徴用作家の権力と言語』（台北、日月文化出版、二〇一四年）、一二〇頁。なお、新聞『サクラ』を取り上げた論文として、他に次のものがある。松岡昌和「日本軍政下シンガポールにおけるこども向け音楽工作」、『アジア教育史研究』第十八号、二〇〇九年三月。

（13）『北川冬彦全詩集』（沖積舎、一九八八年）、六六八―七〇七頁。

第六章　昭南島時代

第一節　日本占領下での統治

軍政から市政へ

占領直後の混乱が一段落すると、昭南島《しょうなんとう》は軍政から市政へと切り替えられた。この行政区域は、昭南特別市と呼ばれた。なお、日本占領時代のシンガポールの名称「昭南」は、現在のシンガポールでも歴史用語として広く使われている。韓国がソウルの旧称京城《けいじょう》の使用をかたくなに禁忌としているのとは好対照である。昭南という呼称が政治的に忌避されることはなく、日本の占領を批判的に論じる著作でも、書名などに昭南が使用されている。

陥落翌月の一九四二（昭和十七）年三月、初代昭南市長大達茂雄《おおだちしげお》（一八九二〜一九五五）が着任した。市民にも人望の厚い大物政治家であった。井伏鱒二『徴用中のこと』（講談社、一九九六年）によれば、軍政から市政に転換したことで、「現地人たちは胸を撫《な》で下《おろ》す気持《きもち》に」なり、昭南タイムズの社員も喜んだ。「一部のスタッフだけでも祝賀会を挙げる案を出し」、「世直し大明神を迎へるやうな」「異常な嬉《うれ》しがりやうであつた」（三五二頁）。

相前後して、日本から市政要員が続々と到着し、最終的には二百名ほどになった。三十名を超える女子職員もこの中に含まれていた。占領下の市政に関しては、シンガポール市政会編『昭南特別市史』（日本シンガポール協会、一九八六年）に詳しい。日本人職員には、内地の各省庁から派遣された者、内地の民間人、元シンガポール在留邦人の三種類の人材が揃《そろ》っていた（四八頁）。これら日本人幹部のもとで、英国植民地政庁以来の有能な現地人職員が働いた。市庁と市民との間に軋轢《あつれき》は少なかったが、むしろ日本人職員が最も悩まされたのは、軍の無理な要求への対応であったという。

第五章第一節「マレー作戦」で取り上げた、元シンガポール日本総領事館嘱託篠崎《しのざき》護《まもる》（一九〇八～一九九二）も、昭南市の行政で重要な役割を果たした。篠崎護『シンガポール占領秘録』（原書房、一九七六年）によれば、彼は教育科長に任命され、「校舎の確保に走り回った」（七四頁）。一方井伏鱒二は、「たびたび徴員暮しの愚痴をこぼしに篠崎さんの事務所へ行つた。通訳の古山［力《つとむ》］君と一緒に行つたこともあるし、昭南日本語学園の校長であつた詩人の神保光太郎と一緒に行つたこともある。篠崎さんも市役所が布告を新聞に出すときには、昭南タイムズ社へ訪ねて来た」（『徴用中のこと』一〇四頁）。

シンガポールでは、占領直後の凱旋《がいせん》行事は実行されず、軍司令部のあったラッフルズ大学（Raffles College）で静かに慰霊祭が執《と》り行われただけだった。そのため、昭南特別市が総力を挙げて催行した一九四二年四月二十九日の天長節の祝典は、「山下［奉文《ともゆき》］将軍にとって最良の日」であり、昭南「特別市政庁蓋開《ふたあ》けの行事」（『シンガポール占領秘録』七九頁）ともなった。市庁舎（City Hall）のバルコニー正面に、山下奉文将軍・大達茂雄市長・豊田《とよだ》薫《かおる》総務部長・篠崎護らが待ち構えていると、遠くから「愛国行進曲」が響いて来た。

市政庁の東と西から、力強いポリスバンドを先頭に、「見よ東海の空あけてぇ！」と元気な歌声が聞えだし、日の丸の小旗を打ち振りながら子供達の列が規則正しく庁舎前の広場に集まり、東西の子供達は一斉に合流した。全部が揃《そろ》ったところで、バンドに合せて君が代を斉唱し、終って万歳を三唱した。私〔篠崎護〕は胸がつまるような感動を覚え、思わず山下将軍の顔を見た。将軍はいつまでも挙手の礼を、左から右へと広場一ぱいにわたって長い間答礼していたが、後の私を振り向いて、「日本の子供とソックリ同じだね」と、小声でささやいた。将軍の両眼には涙が光っていた。（七七―七八頁）

昭南植物園の田中館秀三

不幸な話題に事欠かない戦時下のシンガポールにあって、E・J・H・コーナー（Edred John Henry Corner 一九〇六～一九九六）と徳川義親《とくがわよしちか》（一八八六～一九七六）の友情は、数少ない美談の一つとなっている。コーナー著、石井美樹子《いしいみきこ》訳『思い出の昭南博物館』（中央公論社、一九八二年）は、英国人科学者による昭南島時代の回想録である。徳川義親を始めとする日本人とイギリス人が協力して、博物館・植物園の遺産を守り、共同で研究を行った体験談が、率直に語られている。

シンガポールが陥落した時、コーナーはラッフルズ博物館や植物園が現地人掠奪者《りゃくだつしゃ》や日本軍に破壊されることを恐れ、勇気ある働きかけを行った。陥落後の二月十八日、敢えて日本側の拠点である市庁舎に赴いたこのイギリス人科学者は、シンガポール総領事豊田《とよだ》薫《かおる》によって、田中館秀三《たなかだてひでぞう》（一八八四～一九五二）博士を紹介される。「サイゴンから到着したばかりの彼〔田中館秀三〕は、荷物と言えば、小さな古ぼけたスーツケース一つだけで、着のみ着のままの姿であった」。「くしゃくしゃの洋服と、手にしたみすぼらしいフェルト帽が、中年の彼をいっそう貧相に見せていた」。コーナーが博物館・植物園の保護の件を切り出すと、博士は「話に身をのり出して聞き入った。そして、腕を空中に振り上げたかと思うと、大声で叫んだ。「やらなきゃならん」」（二一一―二一二頁）。

二人はその足で博物館に出かけた。建物の裏には、「古長靴、衣類、雑嚢《ざつのう》、ヘルメット、電線、ファイル、手帳、軍の便覧、その他ありとあらゆるものが雑然ところがって」おり、「屋根には榴霰弾《りゅうさんだん》と爆弾の破片による小穴がいくつかあいていた」（二一五頁）。一方、シンガポール植物園は掠奪《りゃくだつ》に遭《あ》っていた。研究室として使われていた「官舎に着いたとき、数人の労働者が、私［コーナー］の論文やスケッチ、その他の私物を運び出していた。彼らの話によると、最初の掠奪者はオーストラリアの兵隊だったという。事実、芝生の上に散らばった論文の上には、軍靴の泥跡が生々しくついていた。［田中館］教授の見ている前で、私は夢中になってそれらをかき集めた」（二一七―二一八頁）。こうして田中館とコーナーらは、敵味方を越えて協力し、戦禍から文化財を守ったのだった。

田中館秀三『南方文化施設の接収』（時代社、一九四四年）には、いくつかの興味深い話が紹介されている。二月二十日夜、現地人園丁《えんてい》が田中館の宿舎に押し寄せてきた。日本の軍人が呼んでいるというのである。実は、三人の日本人軍属が、園丁の話から園長を英国人と勘違いし、殺さんと待ち構えていたのだった。そこに日本人田中館が現れたため、三名は「話が違ふ」と驚いた。教授はその前日、コーナーと前園長ホルタム（Richard Eric Holttum 一八九五～一九九〇）を左右に従えて、園丁らに訓辞したのだが、イギリス人支配に慣れていた現地人は、新園長が日本人だとは気付かなかったのである（三二〇―三二三頁）。また、軍人が慰霊祭の献花用に花を毟《むし》りに来た時は、博士は、「折角の花も萎《しお》れる。それには植物園内の花は役に立たぬ」と主張し、「オーチャード街［Orchard Road］両側の蘭の花屋の花畑に案内」（三三五頁）して、植物園の貴重な種を守ったのだった。

占領後の混乱が落ち着いた一九四二（昭和十七）年十二月、郡場寛《こおりばかん》（一八八二～一九五八）が正式な植物園長候補者として、また羽根田弥太《はねだやた》（一九〇七～一九九五）が博物館長候補者として、内地から到着した。陥落直後に施設の保護に奔走した非公式園長・館長田中館秀三は、シンガポール残留を許されず、一九四三年四月二十九日、失意のうちに帰国の途についた。コーナーは、「田中館秀三教授がいなかったら、シンガポールの博物館と植物園と図書館は、あとかたもなく滅び去っていたであろう。（中略）たとえ一粒の種は小さくとも、一粒の塩は無に等しくとも、それは人類を救う大きな力になりうる」（二一三頁）と、その業績を称賛している。

『朝日新聞』一九四三年五月四日号に掲載された、徳川義親「博物館の歩哨《ほせう》」によれば、田中館秀三は、「私はたゞ学問の番人です。軍隊で歩哨が、こゝを守れといふ命令をうけたら、それが何であらうとも守り通す。歩哨には別に辞令は交付されないが、命令にたいしては、あくまでも忠実でなければならない。私も同様で、軍の嘱託になり、陸軍最高指揮官からかうした研究機関を守れといはれた。すなはち命令を受けたのです。だからその命に従つて、本来の自分の任務を遂行してゐるだけです」（四面）と語っている。

徳川義親の昭南博物館

シンガポールの二つの文化施設は、占領後それぞれ昭南博物館・昭南植物園と改称され、一九四二（昭和十七）年三月に、マライ軍政監部最高顧問徳川義親《よしちか》侯爵が着任した。この虎狩りの殿様については、既に第三章第二節「熱帯都市の魅惑」で述べた通りである。徳川侯爵は、同年九月一日に博物館・植物園の正式な総長となり、コーナーらはその元で働くことになった。昭南島時代に研究を共にした日本人科学者に、田中館秀三・郡場寛・羽根田弥太・古賀忠道《こがただみち》（一九〇三〜一九八六）・渡辺清彦《わたなべきよひこ》（一九〇〇〜二〇〇〇）らがおり、英国側にはコーナーのほか、ホルタム、バートウイッスル（William Birtwistle）がいた。彼らはチャンギーに収容されることなく、博物館や植物園の施設で研究を行うことが許された。一九四二年には、元上野動物園長古賀忠道の尽力で、ジョホールのスルタンから上野に、チャップマンシマウマやニルガイが贈られている(1)。

シンガポールでは、徳川侯爵の庇護《ひご》のもと、日英の学者が共同で学術的活動を行うという、戦時下の奇跡が起きていた。ただし、イギリス人捕虜の一部には、収容を免《まぬが》れたコーナーらを非難する者もいたという。コーナーは徳川義親について、次のように回想している。

三十四年前、占領という非常事態のもとで、私たちは出会った。不信と敵意との燃える戦火のなかから、希望の光がかすかに光った。そして、それが大きな炎となって燃えはじめたとき、私たちは国家のためでも勝敗のためでもなく、ただヒューマニティのために戦い、それに奉仕していた。たがいの尊敬がしだいに友情へと暖められていった。友情はきびしい戦火の下を生きのび、国境を越えて終生続いた。徳川侯は、その激しく熱いヒューマン・ドラマが展開された日本軍占領下シンガポールの、博物館の総長であった。（三頁）

コーナーの『思い出の昭南博物館』には、こんな逸話が紹介されている。一九四二年六月十二日、二人の日本人が博物館に隣接する図書館を訪れた。事務長カン氏は、田中館「教授の指示で外来者の入室は禁止されていることを述べた。二人は静かにその言葉に従い、引き返していった」。カン氏は、「二人が侯爵とその秘書官［石井善兵衛］であることにまったく気づかなかった」（一一九頁）という。また、ラッフルズの銅像を博物館で保存したのも、徳川義親や田中館秀三教授の尽力によるものであった。『昭南特別市史』によれば、作業を実行した安部洋司は、徳川侯爵が工事の全てに立ち合ったと述べている（九一頁）。一方コーナーは、昭南島時代の徳川義親について、次のような証言もしている。

侯爵が頭を痛めていたのは、収容所に収容されている［英国人等の］子供たちの教育のことであった。（中略）［一九四三年］九月ごろであったろうか、侯爵はバート［ウイッスル］と私に、収容所内の子供のために図書館から質のよい教科書を選ぶよう指令した。（中略）だが、荷物［本と玩具］はクリスマスの数日前まで隠しておかなければならなかった。収容所に〝教育のための本〟を贈るなど、もってのほかであったから、時期を待ち、クリスマスの贈り物に見せかけて差し入れせねばならなかったのである。（中略）あのとき、収容所内でおもちゃを手にし、本を開いた人たちには、侯爵が巨大な軍の機構のなかで、ひそかな努力をしてクリスマスの贈物を用意したのだということを知ってほしいと思う。（一五〇—一五一頁）

戦時下のシンガポールでは、文化施設の維持ばかりではなく、新たな研究活動も行われた。図録『シンガポール植物園展』（高知県立牧野植物園、二〇〇二年）によれば、ホルタムは郡場寛《こおりばかん》から、熱帯園芸の手引書を書くように勧められ、『Gardening in the Lowlands of Malaya（マラヤ低地地方のガーデニング）』（一九五三年）を出版、現在でも改訂版が読み継がれている（一五頁）。また、『Wayside Trees of Malaya（マレー半島路傍の樹木）』（一九四〇年）の著者コーナーは、茸《きのこ》の研究に取り組んだ。日本軍も、熱帯植物に関する情報を必要としていた。ペナン植物園長渡辺清彦は、昭南植物園にも滞在し、『南方圏有用植物図説』(一九四四年)を刊行する。彼はこの本に掲載するために植物の絵も描いたが、現在シンガポール植物園には、印刷の際に用いられた板木および原画が保存されているという。

昭南神社と昭南忠霊塔の建設

シンガポール占領後、マックリッチ貯水池(MacRitchie Reservoir)の西端に、昭南神社が建設された。貯水池の狭い入江を伊勢神宮の五十鈴川《いすずがわ》に見立て、これに赤い神橋《しんきょう》を掛《か》け、白木《しらき》の鳥居をくぐって石段を登った所に本殿が鎮座していた。現在、敷地跡には樹木が鬱蒼と繁っており、道もなく、容易に近づける場所ではない。入江のすぐ脇がサイム・ゴルフ・コース(Sime Golf Course)の敷地になっており、湖畔の遊歩道から対岸の跡地の森を望むことは可能である【図43】。

一九四二(昭和十七)年五月七日に地鎮祭が行われ、独立工兵第十五連隊や、第五師団工兵第五連隊が造営工事にあたった。(2) 英軍・豪軍の捕虜も使役されたという。コーナー『思い出の昭南博物館』によると、事業を担当していた高橋大佐が、「建立に必要な木材や資材のことで博物館に相談にやってきた」ため、熱帯植物専門家コーナーが、「相談に応ずることになった」(七五頁)。

シンガポールを訪れた芸能人徳川夢声《とくがわむせい》(一八九四~一九七一)ら慰問団一行は、一九四三年一月七日に神社に参拝している。『夢声戦争日記』第二巻(中央公論社、一九六〇年)から引用しよう。

昭南神社に参拝する。大いに感激した。山奥にある貯水池と対岸の大森林を生かして、この聖地が設けられている。見上げる白木《しらき》の鳥居、朱塗《しゅぬり》の橋、碧《あお》い水、水に映る森の影、まさしくこれは日本そのものである。橋には真鍮の擬宝珠《ぎぼし》、――兵隊さんが造つた橋だそうだが、心にくい出来栄えである。長い長い橋を渡つて、池――というより湖だが――の水際の道を行くこと百歩程（?）今度は左へ山道を登つて、社務所のところへ出る。歩哨兵が立つていた。花崗岩の石段を上つて右へ行くと、また木の鳥居がある。（中略）大樹が亭々として空に聳《そび》え、蟬が鳴いていた。神厳《マヽ》の気が、あたりに満ちている。（二〇頁）

市内から昭南神社へ向かうには、ブキ・ティマ路（Bukit Timah Road）を進み、右折して表参道に入る。さらに進むとその途上には、旧ゴルフ場クラブ・ハウスを利用した戦勝記念館があった。昭南神社には、著名な日本人画家から奉納画を集める計画があった。

図43　昭南神社。手前がマックリッチ貯水池（MacRitchie Reservoir）。社殿は丘の上にあった。図録『昭南時代――新加坡淪陥三年零八個月展覧図集』（Singapore: National Archives of Singapore, c.2006）、186頁。

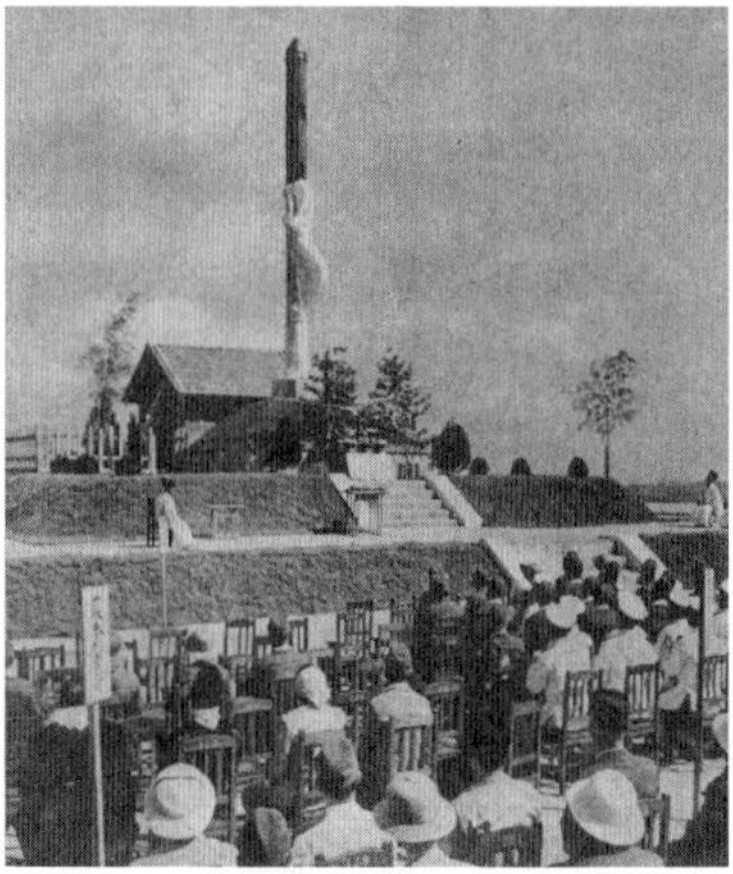

図44　昭南忠霊塔。塔の背後には、連合軍側戦没者のための十字架も作られた。敵味方をともに供養する日本の伝統のあらわれ。『写真週報』242号、1942年10月14日。

シンガポール陥落記念の建設事業としては、昭南神社のほかに、ブキ・バトック（Bukit Batok）の昭南忠霊塔が挙げられる【図44】。これは、マレー戦で命を落とした日本人のための記念碑で、一九四二年九月十日に除幕式が行われた。碑の背後には、連合軍側兵士を追悼する十字架も設置されており、敵味方双方が祀《まつ》られた点が興味深い。小《お》田部《たべ》雄次《ゆうじ》『徳川義親の十五年戦争』（青木書店、一九八八年）によれば、建設にあたっては、マレー各地のスルタンからの寄付金集めの窓口を、徳川義親《よしちか》が務めている（一四九頁）。現在跡地は電波塔施設となり、その手前までしか行くことができない。忠霊塔は敗戦とともに破壊されたものの、丘上へ一直線に伸びる道（Lorong Sesuai）や、山上に到る階段の一部は今も残されている。詩人田中克己《たなかかつみ》（一九一一～一九九二）には、詩「昭南忠霊塔にて」があり、忠霊塔を彫刻化した所在不明作品に、笠置季男《かさぎすえお》（一九〇一～一九六七）の《ブキ・テマ戦跡記念碑》（一九四四年）がある(3)。

『夢声戦争日記』第一巻（中央公論社、一九六〇年）によれば、放送芸能家徳川夢声の一行は、一九四二年十一月九日に忠霊塔を訪れた。日記は、月原橙一郎《つきはらとういちろう》（一九〇二～一九八九）の詩「昭南忠霊塔」を引用した上で、「白い見事な石段、全部を下から見上げた時は、悠久に近い感じがした」と記す。

私たちは忠霊塔の前に整列し、謹んで勇士の冥福を祈り、それから〃君が代〃を合唱した。内田栄一、波岡惣一郎、奥山彩子、豊島珠江、藤原千多歌と、男女五人の声楽家、それに音楽家が大勢いるんだから、実に雄渾《ゆうこん》且《か》つ秀麗なる大コーラスとなり、あたりの山山《ママ》、谷々を震撼《しんかん》せしめた。（中略）「おや、皆んな来て御覧、斯《こ》んなものがあるよ」と私は思わず声を出した。丁度、忠霊塔の真うしろに、白木の十字架が立つているのである。無論これは、敵の戦没勇士を葬《とむら》うためであろう。私は、その十字架の前に立ち、恭々《うやうや》しく頭を下げ弔意を表した。（一九八―一九九頁）

食糧不足によるエンダオ・バハウ疎開

戦争のため貿易が途絶したシンガポールでは、食糧不足問題が発生した。井伏鱒二『徴用中のこと』によれば、宣伝班は『建設戦』という陣中新聞を発行していた。その第百号記念特集号（一九四二年四月十六日）第四面に、食べ物に言及した北川冬彦《きたがわふゆひこ》（一九〇〇～一九九〇）の二篇の詩「或《あ》る雀」「生活の営み」が掲載された。

発行当日、山下奉文《ともゆき》司令官が宣伝班事務所に現れ、班長阿野信中佐を叱りつけた。詩の内容がけしからんというのである。「或る雀」は、雀が食べ残しのパンを啄《ついば》む話、「生活の営み」は、住民が食用の雑草を摘《つ》む光景を描いたものである。山下将軍は、「こんな文章を、軍人のための詩と云《い》はれるか。敗戦国の住民が、草を摘《つ》んで朝飯に混ぜて食ふ。それがどうしたと云《い》ふのだ。草でも木の実でも、何でもいい。食べられるものを食べる。そこに何の不思議があるか」（三八三頁）と怒鳴《どな》った。詩を書いた北川冬彦本人は、幸い不在であった。

第五章第二節「徴用作家井伏鱒二」で述べたように、この時井伏は、司令官が部屋に来たことに気付かないまま、煙草《たばこ》を吸い続けていたため、「これは何者だ」「こんなものは、内地へ追ひ返してしまへ」（三八四頁）と叱られるおまけまでついてきた。山下奉文の怒りについて、井伏鱒二は次のように推測している。

折も折、山下司令官はマレー住民の食糧問題で危機に追込まれる立場に立たされてゐた。糧食がどこからも来なくなつて、住民の死活問題だと云《い》はれるやうになつてゐた。印度の食糧が来れば暫《しばら》く助かるが、華僑協会がそれを援助するかどうか、二つに一つといふところに来てゐるさうであつた。山下将軍は頭を痛めてゐたに違ひない。その最中にあつて北川君はマレー人の女が雑草を食べてゐると書いた。しかも宣伝班の食堂では、平気で雀にパンを食べさしてゐると書いた。それで司令官は、かつとなつたのではなかつたか。（三八七―三八八頁）

食糧不足の戦時下にあっても、商魂たくましいのが華僑商人である。なかには、この窮状に乗じてひと儲《もう》けを企《たくら》む者もいた。中島健蔵『雨過天晴の巻　回想の文学⑤』（平凡社、一九七七年）には、ある華僑が中島に持ちかけて来た儲け話が紹介されている。多数のジャンク船を所有しているというこの海運業者は、「もしも日本軍の許可が得られれば、ジャンクを使って、インドから大量の米を運んで来てみせる」という。「条件はかんたんだ。運んだ米の半分をわたしの手に残すだけでいい。購入資金も不要である」（二一一頁）。

戦時中、「昭南極楽」と言われた物資豊富なシンガポールも、貿易が途絶しがちである以上、いずれ窮するのは目に見えていた。昭南特別市も食糧不足に頭を悩ませていた。篠崎護《まもる》『シンガポール占領秘録』によれば、大達茂雄《おおだちしげお》市長が東京都長官に転任し、内藤寛一《ないとうかんいち》（一八九七〜?）新市長が着任した一九四三（昭和十八）年七月「頃から戦局が悪化して海上輸送が困難となり、食糧自給の出来ない昭南は、多くの制限が加えられることとなった」。「米の配給は遂《つい》に六斤《きん》（三・六キロ）に減り、子供はその半分で、乳幼児用のミルクなどは影もなく、米の粉の汁かタピオカ澱粉を溶いたお湯を飲ませる始末であった」（九一頁）。

まもなく昭南市民の疎開が決定され、実施担当者となった篠崎護厚生科長は、華僑協会の協力を得て、シンガポール北方百キロ余りに位置するエンダオ（Endau）を疎開開墾地に選んだ。「新昭南」と呼ばれたこの地は、日本の憲兵・警察が立ち入らない場所とされたことで、華人の士気が高く、順調に開拓が進んだ。また、クアラルンプールとマラッカの間に位置するネグリセンビラン州（Negri Sembilan）のバハウ（Bahau）にも「富士村」が建設され、デバルス（Adrian Devals）大司教率いるカトリック教徒やユーラシアンが移住した(4)。

ビハリ・ボースからチャンドラ・ボースへ

当時のマレーには、九十万人におよぶインド系住民がいた。英軍に協力的だったインド人を親日的姿勢に転換させることは、日本の占領政策にとって極めて重要な課題だった。この印僑《いんきょう》工作を担ったのが、藤原《ふじわら》機関（後に岩畔《いわくろ》機関、光《ひかり》機関）である。工作活動の中核は、一九四二（昭和十七）年に結成されたインド国民軍（Indian National Army）にあった。イギリス植民地支配からのインド解放を目指すこの軍の長となったのが、ラス・ビハリ・ボース（Rash Behari Bose 一八八六〜一九四五）、いわゆる「中村屋のボース」である。新宿・中村屋にカレーの味を伝えた人物として、広く知られている。

イギリス植民地のインドで独立運動の指導者だったボースは、英国に追われて一九一五（大正四）年に来日した。日英同盟下で日本の警察に追われたボースを匿《かくま》ったのが、新宿・中村屋の相馬愛蔵《そうまあいぞう》（一八七〇〜一九五四）・相馬黒光《そうまこっこう》（一八七五〜一九五五）夫婦である。ボースはその後、二人の娘相馬俊子《そうまとしこ》（一八九八〜一九二五）と結婚し、日本を拠点にインド独立運動を続ける。大東亜戦争勃発を好機と見た中村屋のボースは、一九四二年五月に東京を立ち、バンコクへと向かった。六月に開催されたバンコクでの会議を経て、ボースはシンガポールに現れた。

一九四二年十月頃までシンガポールにいた作家井伏鱒二は、中村屋のボースを見かけ、詩「昭南所見」（『四季』最終号、一九四四年六月）を作っている。「集会場の草原」はパダン（Padang）の広場、「集会堂の尖塔」はヴィクトリア記念会堂のことだろう。

> 走る走る　一人の印度人が／紫外線よけの眼鏡をかけ／いま熱狂の歓声をあげ／絵から抜け出た韋駄天《ゐだてん》だ／いつさんに自動車を追つて行く／／その車蓋のない自動車に／これは意外／やはり　紫外線よけの眼鏡をかけ／新宿中村屋のボースさんが乗つてゐる／／自動車の行く手には／集会場の草原に　たくさんの人だかり／見よ――青空を　あの集会堂の尖塔に／翩翻《へんぺん》としてひるがへる／印度独立の三色旗（六―七頁）

中島岳志《なかじまたけし》『中村屋のボース』（白水社、二〇〇五年）によれば、マレー半島では一九四二年十一月頃、インド人の派閥分裂が起っていた。「「岩畔《いわくろ》機関とR・B・ボース」、「モーハン・シン［投降した英印軍将校］とその一派」、「インド独立連盟の幹部」の三者がそれぞれ疑心暗鬼の関係に陥り、インド国民軍の運営は空中分解寸前の状況に陥った」（三〇八頁）。そのため、中村屋のボースの奔走にもかかわらず、在マレーのインド人に対する彼の統率力は急速に低下していった。

そこで日本は、切り札として、ベルリンに滞在中の独立運動家チャンドラ・ボース（Subhas Chandra Bose 一八九七〜一九四五）をシンガポールに招くことを決断した。チャンドラ・ボースを乗せたドイツ海軍の潜水艦は、マダガスカル沖で日本海軍の潜水艦と落ち合った。彼は東京を経て、遂《つい》に一九四三年七月二日、シンガポールのインド人たちの前に姿を現したのである。同年十一月に昭南を訪れた文学者佐《さ》藤春《とうはる》夫《お》（一八九二〜一九六四）は、インド人の熱狂について、「祖国復興の意気は燃えあがり、門番、労働者など昭南に多い下層の印度人も今はもう印度へ帰るのだといふ希望で張り切つてゐる」[5]と記している。

しかしこの時、日本軍の戦況は既に悪化していた。同年十月、自由インド仮政府（Provisional Government of Independent India）が成立し、チャンドラ・ボースが主席となったものの、運動は十分な成果を収めないまま敗戦を迎え、インド独立の敵英国が再びシンガポールを支配することになった。現在パダンには、インド国民軍の記念碑が設置されている。

第二節　昭南島の日本文学

徴用作家中村地平

いわゆる大東亜戦争中に、シンガポールの土を踏んだ日本人文学者は数多い。第五章「シンガポール陥落」では、昭南島が赴任地だった南方徴用作家井伏鱒二・中島健蔵・神保光太郎を取り上げた。一方、マレー半島やジャワに配属された文士たちも、内地との往復に際し、この都市に足跡を残している。かつては第二次世界大戦を日本文学の空白時期と考える見方もあったが、少なくとも私が関心を持っている東南アジア旅行記に関しては、特殊な黄金時代だったと言えるだろう。一九四一（昭和十六）年から一九四四年までのわずか三年間に、夥《おびただ》しい数の小説家や詩人が、陸海軍の費用で南方を旅行した。名目は徴用だが、最前線に送られることは稀《まれ》だった。自由な移動が不可能な戦時下にあって、文化人の南方従軍は、陸海軍の飛行機・船・自動車・ホテルを利用した、特権的な旅行にほかならない。

南方徴用作家の一人中村地平《なかむらちへい》（一九〇八〜一九六三）は、シンガポール陥落直後から一九四二年五月末にクアラルンプールへ転じるまで、三か月余りをこの都市で過ごした。井伏鱒二が英字新聞の責任者となったのに対し、中村はインド新聞『Azad Hindustan（独立印度新聞）』の担当となり、二月二十一日にこれを創刊している。インド新聞と言っても、計三種類の異なる言語による新聞が、それぞれ別に発行されていた。事務所は『The Syonan Times』と同じセシル街（Cecil Street）のビルの中にあった。

中村地平の著作に『マライの人たち』（文林堂双魚房、一九四四年）がある。その中の随筆「にせ王子」では、シンガポールの新聞社に現れたニセ印度王子の逸話が紹介されている。ある日インド新聞の主筆ラジャラムが、「印度の王子さまが、受付へお見えになつてゐます」（一一三頁）と中村に伝えた。三人の従者を引き連れた王子は、威厳と気品に満ち溢《あふ》れていた。そして、百五十人余りの従業員を集め、本格的な美しい英語でインド独立の精神を吹き込む演説をした。ところが話が進むにつれ、次のようなことを言い出し、職員に大きな波紋を巻き起こす。

独立運動は、各個人の犠牲、母国への奉仕に於《おい》てなされなければならない。しかるに諸君は、独立印度新聞なる題目のもとに集りながら、他とは比較にならない高禄をはんでゐると聞いてゐる。（中略）諸君は直《ただ》ちに、諸君の俸給を軍に返納し、無給で働くべきである。若《も》し諸君がその事を肯《がえん》じないならば、余《よ》は軍当局にお願ひして、余《よ》自身陣頭に起ち、有能なるジヤーナリスト百名をひきゐてここへ来るであらう、そして諸君の職場に取つて代るであらう（一二九頁）

不審に思った主筆ラジャラムが編集部を挙げて調べたところ、翌日にはニセ王子の身元が判明した。この「とんでもない喰はせもの」は、「もともと役者なんで、戦争前は小さな小舎《こや》の舞台に出てゐた」という。ラジャラムは中村地平に一枚の写真を見せた。「それは、あの王子さまが、サツポータアひとつのまる裸になつた姿を、蛇のやうにくねくねらして、踊つてゐる舞台写真であつた」。男の名前は、「ヴアニヴアサガアル」であった。「奴め、役者だもんで、芝居がうまい筈《はず》ですよ」と主筆は言うのであった。（一三一―一三三頁）

中村地平『マライの人たち』では、東京・昭南間の弾丸列車計画についても触れられている。新幹線の原型となったこの壮大な計画では、東京から標準軌の高速鉄道をシンガポールまで敷設することになっていた。このニュースは、「現地人の間にも、大きな反響を呼びおこした」（一五七頁）。折しも一九四二年六月十一日には、関門海底トンネルが竣工している。同年六月二十六日の『読売新聞』朝刊には、「東京⇅昭南　僅か一週間で　新鉄道・本格的調査へ」という記事が掲載された。同日の『朝日新聞』にも、「東京から一週間で　昭南港へ直通　軌道に乗る大陸縦断鉄道」という記事が見られる。

中村地平はさらに、シンガポールでの体験に基づいて短編小説「支那娘ジン」を書いた。『新潮』一九四三年十二月号に発表されたこの作品は、幼い子供を連れた支那娘ジンが主人公である。この地の新支配者たる日本人たちと交流を重ねる彼女は、自分を捨てた白人男ジョーンを思いながら、「東はやつぱり東だつたのねえ」（五四頁）と、西洋人との恋愛の難しさを嘆くのだった。作中でジンは、映画配給会社の西田に、「なにか仕事（ジョップ）はないでせうか」と尋ねる。シンガポール陥落で生活に窮した現地人たちは、「日本人の顔さへ見れば、仕事・仕事（ジョップ・ジョップ）といふ」（四九頁）と、小説には書かれている。

吉川英治の『南方紀行』

『宮本武蔵』『新・平家物語』などで知られる小説家吉川英治《よしかわえいじ》（一八九二～一九六二）は、一九四二（昭和十七）年八月、画家橋本関雪《はしもとかんせつ》（一八八三～一九四五）と飛行機で東南アジアを巡った。その旅の様子は、『南方紀行』（全国書房、一九四三年）および『南方紀行日誌』によって知ることができる。吉川・関雪、「フクちゃん」で知られる漫画家横山隆一《よこやまりゅういち》（一九〇九～二〇〇一）の三人は、一九四二年八月二十一日、バタビアを離陸して昭南島センバワン（Sembawang）飛行場に着陸、この地に二泊三日ほど滞在した。

フィリピンやインドネシアを経てシンガポールに到着した吉川英治は、ここが華僑中心の特殊な島であることを意識せずにはいられなかった。「全市の屋根から、のべつ人声と生活の雰囲気が立昇つてゐるやうな騒音が感じられるのも、ジャワやフィリッピンにはないことである。何にしてもここへ来ると急に韮《にら》の匂ひが思ひ出され、いたるところに華僑の饒舌が耳につく」（二四二頁）と述べている。一方、陥落直前までこの都市の支配者だった英連邦の白人の地位は、地に墜《お》ちた。「一万人の英濠人捕虜が孜々《しし》として昭南神社の創《た》つ山の土運びをしてゐる。また赤蟻《あかあり》のやうな捕虜がブキテマ [Bukit Timah] の大忠霊塔の下に石を積んでゐる」（二四八頁）と報じている。また、「昭南港の一高地に立つたとき、あの広い視野にみなぎり渡る皇威国風を、海上の軍艦旗にも見、造船所の黒煙にもながめ」（二一七頁）たのだという。

この時昭南島には、多くの日本人文学者が住んでいた。『南方紀行』には、一九四二年八月二十二日の「夜。たくさんな友人達と、市中の一楼上で会ふ。浅野晃《あさのあきら》氏や大木惇夫《おおきあつお》氏はジャワから帰国の途中であつたが、中島健三《ママ》氏、井伏鱒二氏、楢崎氏、小坂井氏、藤田氏などはここの宣伝班としてもう一年近くも孜々《しし》として文化宣揚に当つてゐる人々である」（二三七頁）とある。会場は南天楼という店だった。一方、吉川英治と同行していた日本画家橋本関雪は、シンガポールで将軍に招待された。第二十五軍の山下奉文《ともゆき》、または南方軍総司令官寺内寿一《てらうちひさいち》（一八七九～一九四六）のどちらかだろう。関雪の著書『南を翔《か》ける』（朝日新聞社、一九四三年）から引用したい。

〔昭南島に〕着いたすぐ〇〇将軍の許《もと》から電話で、あす朝十時に迎への車をやるから一人で来いとのこと、翌朝迎への車に乗つて一人で出かけた。車を降りるか降りないに将軍は副官と共に階段の上から「ヤッー」といふ声と共にそこに出て居られた。はち切れサウな元気である。二階の広間へ通されて対坐して居ると、どこからともなく涼風が吹いて来る。安南窯《あんなんがま》の壺の話「ここに英国皇后の油絵が懸つて居たが、博物館へ寄附してしまつた、日本式のものにしたい」そんな風に語られた。（「昭南港①」）

博物館に移された英国王室の肖像画については、コーナー著、石井美樹子訳『思い出の昭南博物館』（中央公論社、一九八二年）でも言及されている（一三三頁）。ただし、コーナーは九月十六日に博物館に運びこまれたとしており、橋本関雪が将軍と会った八月二十二日という日付と時間的に整合しない。両件の絵画は、別作品であったかも知れない。

吉川英治と橋本関雪は八月二十三日、センバワン飛行場からバンコクに向けて飛び立った。『南方紀行』によれば、機上からは「ジョホールの丘の青い屋根と白壁の王宮もうららかな目に拾《ひろ》ふことができた」(二五二頁)という。

佐多稲子と林芙美子

プロレタリア文学者佐多稲子《さたいねこ》(一九〇四~一九九八)と、『放浪記』(一九三〇年)で知られる林芙美子《はやしふみこ》(一九〇三~一九五一)は、一九四二(昭和十七)年十一月十六日、病院船に偽装した志《し》かご丸で昭南に到着した。小山《こやま》いと子(一九〇一~一九八九)、美川《みかわ》きよ(一九〇〇~一九八七)、水木洋子《みずきようこ》(一九一〇~二〇〇三)も一緒だった。(6)

一九四八年六月号の『人間』に発表された佐多稲子の小説「虚偽」は、輸送船がシンガポールに着くところから始まる。船には、従軍作家や報道関係者のほか、「南方の島の役所に事務をとりにゆく十四五人の若い女」や、「商売を開きにゆく料理屋の一組」(一八頁)も乗っていた。「船からは数枚の畳が高々と宙に振られておろされてゐた。小唄の師匠まで連れてきた料理店が、リノリュームの床に敷く用意のものである」(二一頁)。占領後のシンガポールには、一攫千金を狙った邦人が次々とやってきて、料理屋などを開店したが、その一端がうかがわれる記述である。

シンガポールまで女流作家らと同行した中央公論社の黒田秀俊は、敗戦後に『軍政』(学風書院、一九五二年)という南方旅行記を書いている。到着当日の夜、一行は「街はずれの丘陵地帯にある兵舎跡の宿舎についた。(中略)兵舎はコンクリートの三階建で、下手な迷彩が施《ほどこ》してあつた」が、劣悪で殺風景な施設だったため、各新聞社の支局に依頼して、「その公舎に分宿することに」なった(六八―七二頁)。

『朝日新聞』一九四二年十一月十九日の記事「たゞ頭が下る」によれば、二人の女流作家は、十一月十八日に「ジョホール水道の敵前渡過点および昭南島のブキテマの激戦地、フォード会社の両司令官会見の場所などを」見学した。小説「虚偽」の主人公は、「ゴム林に沿つた道路の端に幾つも立てられた卒塔《そと》婆《ば》の、鉄かぶとをかぶせてあるの」や、「ジョホールの長い橋の中ほどで、やゝ崩れた花輪の、水面へ下げて供へてあるのを見」（二〇頁）ている。戦友が戦死者を弔《とむら》ったものだろう。佐多稲子の小説ではさらに、チャイナタウンの混沌とした様子も描かれている。貧しい苦力《クーリー》の多いこの地区を描写した来訪日本人は比較的少なく、このプロレタリア作家の関心のありようがうかがわれる。【図45】

図45　洗濯物が旗のように翻るチャイナタウン。豆腐街の一本東北側にある福建街（Hokkien Street）を描いたもの。松下紀久雄『南を見てくれ』（新紀元社、1944年）、44頁。

街の上に張り出された生活の旺盛なはためきに先《ま》づおどろかされる。二階と三階とどの窓からもいつせいに路上へ向つて、洗濯ものをぶら下げた物干竿《ものほしざを》が突き出されてゐるのである。（中略）それを頭上にした歩道の上は、やつぱり家の中から持ち出された生活のがらくたで狭くなつてゐて、赤ん坊さへ這《は》つてゐるので、露店はみんな車道の上で開かれてゐる。道の上に八百屋や果物屋や、紐やボタンを殆《ほとん》ど直《ぢ》かに並べてゐる。八百屋の店では、南瓜も幾つにも切り分けて、一切二銭ほどで売つてある。（二一一頁）

中島健蔵『雨過天晴の巻 回想の文学⑤』（平凡社、一九七七年）によると、同じく一九四二年十一月十八日の午後、中島が同盟通信社昭南支局で「車に乗ろうとすると、「中島さん！」と叫ぶ女の声が聞こえた。ふりかえると、佐多稲子が道に立っているではないか。軍の報道部の依嘱で、南方戦線の視察に来たのよ、という。林芙美子も一しょという」（一九八頁）。その夜は、女流作家たちの歓迎会が開かれた。佐多稲子は小説「虚偽」で、従軍作家の「一行は、行く先々でいさゝかの困難にもあはなかつた。（中略）ホテルの費用は軍の会計でまかなはれ」、「乗つてゆく自動車は、兵隊の運転するものだつた」（二二一—二二三頁）と述べている。徴兵された一般兵と比較して、南方従軍作家は一種の特権階級だったのである。

一方、林芙美子はシンガポールに関してほとんど文章を残していない。十一月十六日に昭南港に到着し、十一月二十三日にマレー半島のバト・パハ（Batu Pahat）に向かうまで、八日間滞在したことが判明しているのみである。『週刊婦人朝日』一九四三年一月十三・十六日合併号に掲載された「南方初だより——マライからの第一信」には、「昭南島を出発したのが朝の十一時頃でした（中略）ジヨホールバハル［Johor Bahru］を通つて、スクダイ［Sekudai］といふところから、海岸線へ出て、バトパハに着いた頃は三時頃でした」（二二頁）とある。

佐藤春夫の南方旅行

詩人で小説家の佐藤春夫《さとうはるお》（一八九二〜一九六四）が羽田を飛び立ったのは、シンガポール陥落から一年半以上が経過した一九四三（昭和十八）年十月三十日のことだった。陸軍報道班員佐藤春夫は、マニラ・ジャカルタを経由して昭南に着き、昭南旅館（ラッフルズ・ホテル）に宿泊した。到着は十一月五日から七日までの間と推測される。ここに十日間程滞在して再びジャワ島に向かい、翌一九四四年五月の帰国時にもシンガポールに立ち寄っている。

佐藤春夫が一九四三年十二月十四・五日の『朝日新聞』に発表した「昭南に見る建設と防衛」は、当時の国策をなぞった文章にすぎない。しかし、この原稿からは、作家が昭南神社・昭南忠霊塔・日本人墓地を訪れたことが判明する。興味深いのは、一年前とは異なる昭南島の現実に言及していることだろう。市民は連合軍の空襲に備えて、「一度は埋めてしまつてゐた防空壕をまた掘り直し、燈火管制の訓練」をしており、シンガポールは「物資が豊富であるなどといふ話は入城当時のふるいふるいお話」だと述べている。(7) 食料や物資の不足、そして英米豪軍の反撃に悩まされつつあった南方占領地の現実がうかがわれる。

かつて、シンガポールは内地よりも商品が豊富だった。佐藤春夫来訪の一年前、一九四二年十一月に到着した黒田秀俊の『軍政』には、次のようにある。わずか一年の間に、シンガポールの事情が大きく悪化したことがうかがわれる。


物資のなくなつた日本からきたわたしたちは、まるでむさぼるように商店のショウ・ウィンドウをのぞいて歩いた。買物はできるだけつつしむようにと申渡《もうしわた》されていたが、内地で買えない商品や、かねて欲しいとおもつていた品物にたいする誘惑には勝てなかつた。物価の安いということもたしかに大きな魅力であつた。だから、われわれだけでなく、いろいろな種類の日本人が、午前中から商店街にひしめいていた。(七六頁)

児童文学者庄野英二《しょうのえいじ》(一九一五~一九九三)の『赤道の旅』(人文書院、一九七五年)には、佐藤春夫の興味

図46　キャセイ・ビル（Cathay Building）前の広場にて。右より佐藤春夫、武田麟太郎、大佛次郎。1943年11月撮影。

深い逸話が紹介されている。「ある日、ある商社の人（新聞社の人であったかもしれない）が、佐藤先生をマラッカ見物に」車で案内した。案内者は、日本人タイピストのお嬢さんを同行させたが、「ジョホール水道を渡ってからか、あるいはその前からかは聞かなかったが、先生はいつの間にかお嬢さんの手を握ってしまっていた」（二八四頁）。マラッカからの帰途、お嬢さんは気分がすぐれないとの理由をつけて、先に助手席に乗ってしまった。後に佐藤春夫はこう言ったという。「僕は決して、手を握って嫌われたとは思いません。シンガポールについて分かれる時に、彼女は非常にあいそよく、はれやかな顔で私に挨拶をしてくれました（中略）僕はやっぱり恋をしていたのだと思います」（二八五頁）。自信に満ちた大詩人の言葉を聞いた庄野英二は、「内心呆然」としたと述べている。ただし、佐藤春夫の「断《ちぎ》れ雲」によれば、往路はシンガポールから夜行列車でタンピン（Tampin）に行き、そこからマラッカまで車に乗っている。

　シンガポールで撮られた佐藤春夫の写真が、少なくとも三点ある。図46は、キャセイ・ビル（Cathay Building）前にあった三角形の広場で写されたものと推測される。三名の作家が揃《そろ》っていることから、一九四三年十一月九日より二十日頃までの撮影と判明する。また、十一月九日撮影の日本人墓地・二葉亭四迷終焉《しゅうえん》之《の》碑《ひ》での一枚がある（図10）。白服の大佛《おさらぎ》次郎《じろう》が一緒で、図46と服装が一致する。もう一葉は、椰子の木と建物を背景にした単独のもの。『定本佐藤春夫全集』第十一巻（臨川書店、一九九九年）に収められており、「昭和19年　シンガポールにて」とあるが、撮影場所は不明である。

大佛次郎の小説『帰郷』

鞍馬天狗の連作や『パリ燃ゆ』などで知られる大佛次郎《おさらぎじろう》（一八九七〜一九七二）は、佐藤春夫と同じ日程で昭南に到着した。一九四三（昭和十八）年十一月五日から七日までのことと推定される。作家は戦後、昭南島を舞台の一つとする小説『帰郷』（苦楽社、一九四九年）を発表した。

登場人物高野左衛子は、処世術に長けた美人で、「海軍の特別の庇護《ひご》を受け、三十そこそこの若さでシンガポールに来て、高級な料亭を開いてゐる」（七頁）。彼女はシンガポールの娯楽場大世界（Great World）で、元海軍軍人守屋恭吾と再会する。大世界は、リヴァー・ヴァレー路（River Valley Road）とキム・セン路（Kim Seng Road）が交差するあたりに位置しており、現在はショッピング・センターGreat World City となっている。大佛次郎自身この施設に足を運んだのだろう、『帰郷』では大世界が次のように描写されている。

遊園地でパークと称《とな》へられてゐるのはマライ半島の都会には、どこにも在る。中華民国の京劇、新劇だの、マライ人の芝居、映画劇場、ダンスホールなどが、囲ひを設けて入場券を払つて入る敷地の中に一かたまりに塊《かたま》つてゐて、昼間の炎熱が遠ざかつてから、市民が涼みがてら入つて楽しむ場所となつてゐる。シンガポールの町に電球は著るしく不足して来てゐたが、一歩、このパークに入ると、驚くほど明るい。戦争はどこに在るのかと思ふくらゐに不夜城の灯の塊《かたま》りと、浮き浮きした騒音に迎へられる。こ

のシンガポールの「大世界」は、規模も、無論半島随一であつた。（三七頁）

守屋恭吾は、高野左衛子を豆腐街に案内する。豆腐街とは、チャイナタウンにも程近い珍珠街上段（Upper Chin Chew Street）のことである。一九七〇年代までは存在したが、既に再開発され、ホン・リム・コンプレックス（Hong Lim Complex）の敷地の一部になった。

> 豆腐街——と、どうした理由で附けたのか知らないが、シンガポールにしては妙な名前の町に、杏花村といふ京蘇料理があつて、日本人の商社の客を集めてゐた。左衛子も二、三度行つたことがある。徳川夢声が、この店の料理の味が一番うまかつたと日本に帰つて週刊雑誌に書いたのを、誰が親切に渡してやつたのか、杏花村では雑誌の切抜きを硝子《ガラス》張りの額に入れて客席の壁に人に見えるやうに掲げてあつた。（中略）下町の雑然と建てこんだ華僑の街で、道端に老酒の甕《かめ》が積み上げてあり、子供たちが蠅のやうに群がつて遊んでゐるし、三階四階と上に伸びた建物の各階に競争のやうにして洗濯物が干してあつたのを覚えてゐる。（五五頁）

放送芸能家徳川夢声の『夢声戦争日記』第一巻（中央公論社、一九六〇年）一九四二年十二月十七日の条には、確かにこの店の記述が見られる。「自動車を飛ばして、豆腐街という変つた町名の横丁にある《ママ》。小さな汚ならしい店に案内された。杏花村中是酒家という看板が出ている。炊玻璃蝦《トウホウレイヘイ》と芙蓉蟹《フーヨウハイ》の御馳走になつたが、びつくりするほど美味かつた。福建料理であるとか」（二三四頁）とある。

『帰郷』の高野左衛子は、昭南島で料亭を開いた女将《おかみ》という設定だが、実際にこのような人物も多かったようだ。佐多稲子や林芙美子が乗った船にも、「商売を開きにゆく料理屋の一組」がいた。陥落後のシンガポールでは、日本人向けの新手《あらて》の料理屋が数多く開店している。北町一郎《きたまちいちろう》（一九〇七～一九九〇）の小説『星座と花』（東成社、一九四三年）には、当時存在した飲食店などの実名が登場する。「タイガーの天丼」「南天の焼ビーフン」「大東亜のすき焼」、バー「ライジングサン」、「東京食堂」「日光食堂」「山水園」、ラッフルズ・ホテル裏の「南星」、ラッフルズ・プレイス（Raffles Place）近くの「清風軒」や書店「成武堂」、オーチャード（Orchard）の「安南コーヒー園」などである。このうち「南天」は、吉川英治も足を運んだ南天楼のことだろう。

第三節　昭南を訪れた文化人

画家藤田嗣治と宮本三郎

日本占領下のシンガポールには、多くの南方派遣従軍画家がやってきた。一九四二（昭和十七）年から翌年にかけては、昭南を舞台にした絵画や素描が数多く制作されている。シンガポールにおける日本人画家の活動は、戦時中に最も盛んになった。

昭南島を訪れた代表的な洋画家に、藤田《ふじた》嗣治《つぐはる》（一八八六～一九六八）および宮本三郎《みやもとさぶろう》（一九〇五～一九七四）がいる。藤田嗣治は、エコール・ド・パリの芸術家としてフランスで名声を得た。第二次世界大戦中は戦争画を主導し、戦後フランスに帰化した。一方、宮本三郎は、第五章第一節「マレー作戦」で取り上げた《山下、パーシバル両司令官会見図》（図38）の作者である。徴用作家中島健蔵《なかじまけんぞう》（一九〇三～一九七九）は、『雨過天晴の巻　回想の文学⑤』（平凡社、一九七七年）で、次のように証言する。

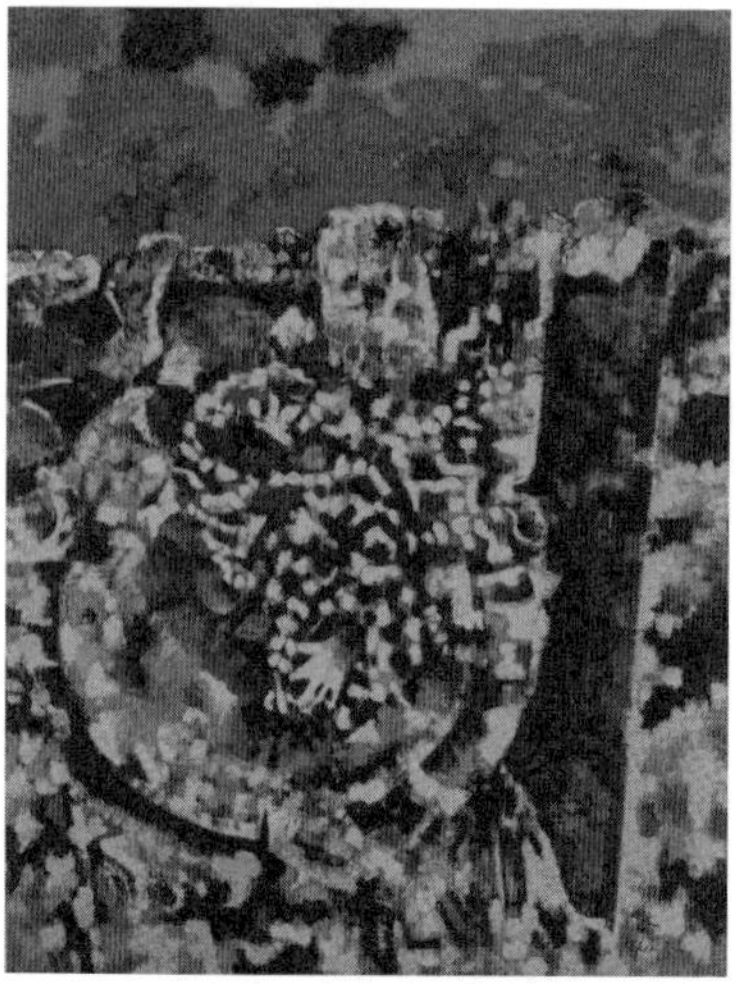

図47　清水登之《南国海辺》1942年、縦116×横91センチ、個人蔵。図録『清水登之展』（栃木県立美術館、1996年）、図122。カラン空港（Kallang Airport）を上空から俯瞰して描いたもの。全方位離着陸可能な円形滑走路が確認できる。中央の大きな円が飛行場の外縁。画面上部が海。幾何学的な面白さが絵の主眼である。

天長節の前の日〔一九四二年四月二十八日〕に、突然、画家の中村研一《なかむらけんいち》があらわれた。一群の画家たちが、戦争記録作品の取材のために来るという噂はあったが、五月にはいると、藤田嗣治をはじめ、川端龍子《かわばたりゅうし》、小磯良平《こいそりょうへい》、吉《よし》岡堅二《おかけんじ》、清水登之《しみずとし》【図47】、宮本三郎、福田豊四郎《ふくだとよしろう》、鶴田吾郎《つるたごろう》、中山巍《なかやまたかし》など、かねてから名を知っていた画家たちが、大挙してあらわれた。藤田、清水、中山の名刺には肩書きがなかったが、ほかの名刺には、いずれも、「陸軍省嘱託、南方派遣画家」と刷りこんであった。（一〇七頁）

これら美術家の多くは、シンガポールを経由して他の占領地域に向かったが、昭南島を主要な取材場所としたのが、藤田嗣治と宮本三郎である。興味深いことに、第六章第一節「日本占領下での統治」で取り上げた『思い出の昭南博物館』（中央公論社、一九八二年）の著者コーナー博士が、この二人の画家らしき人物と出会っている（九二—九三頁）。

一九四二年四月頃《ママ》、コーナーが勤務する昭南博物館に、「貧相な顔つきの二人の日本人画家が」現れた。「制作のための美術材料を手に入れる場所はないかというのである」。目的のアパートに案内すると、

「二人の画家は予期していたより数倍の戦利品を発見したので、大喜びだった」。二人は、二日後の月曜日にそれらを取りに来ると言って引き上げたが、コーナーは先回りして日曜日に画材を掠奪《りゃくだつ》し、博物館の標本室に隠してしまった。これは、おそらく五月三日の日曜日のことだろう。その五月三日に、中島健蔵は藤田嗣治をブキ・ティマ（Bukit Timah）に案内している。この取材に基づいて制作されたのが、第五章第一節「マレー作戦」で論じた《シンガポール最後の日（ブキ・テマ高地）》（一九四二年）である（図36）。

わたくし［中島健蔵］は藤田嗣治の要請に応じて、五月三日、ブキテマあたりの激戦地の跡へ一しょに行った。破壊された戦車がころがっていて、まだ戦場そのままであった。藤田嗣治は、戦車の中から、屍《しし》臭《ゆう》が残っていそうな鉄カブトなどを拾い出して、持ち帰るという。その様子を見ながら、わたくしは、こんな機会に、こんな場所で、彼と知り合ったことを考えて、何ともいえないふしぎな気がした。その翌日、平山大尉が着任、何かと多忙になったので、わたくしはそのまま画家たちと別れてしまった。川に重油を流され、火をつけられて苦戦した部隊の話を聞いた川端龍子が、火炎に包まれた河中の不動明王をかくといい出し、軍の方では、その題材は困ると干渉してひと騒ぎあったという噂を聞いたが、この事件にはかかわり合わずにすんだ。（一〇八頁）

内地帰国後のアトリエで、《シンガポール最後の日》（図36）を描く藤田自身を戯画化した小品がある。画室で蚊取線香を焚《た》き、硝煙《しょうえん》漂う戦場をイメージしている図である【図48】。一方藤田嗣治は、《シンガポール最後の日》のほかに、《神兵の救出到る》という油画も残している【図49】。植民地風バンガロー（一戸建て）の屋内を描いた作品である。絵の主眼は、兵隊よりむしろ、西洋風の室内細部に向けられている。主題を軍部の意向に合わせつつ、細密な屋内描写という自分自身の美術的関心を実現している。

『宮本三郎南方従軍画集』（陸軍美術協会出版部、一九四三年）は、この画家の南方スケッチおよび随筆を収めた書籍である。特に注目したいのは、チャンギーの収容所で、パーシバル中将（Arthur Ernest Percival

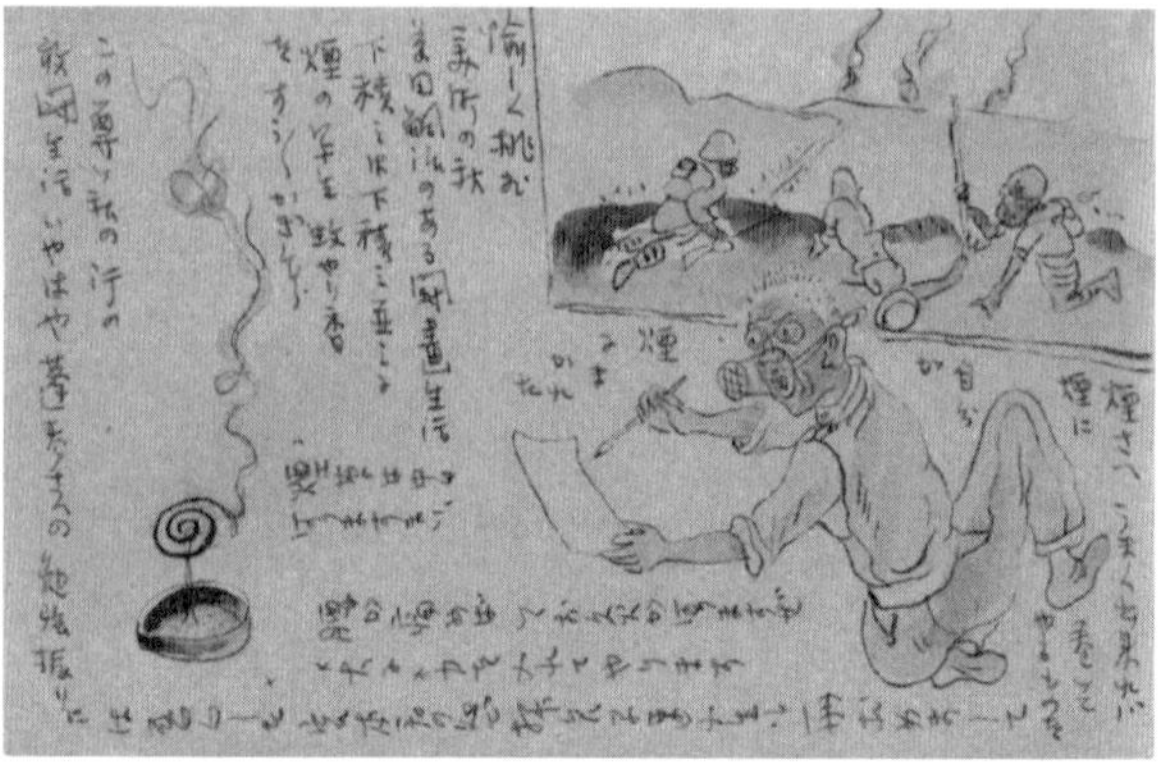

図48　1942年10月３日付山口蓬春宛、藤田嗣治書簡。山口蓬春記念館蔵。右上は、制作中の《シンガポール最後の日（ブキ・テマ高地）》。

図49　藤田嗣治《神兵の救出到る》1944年、縦192×横257センチ、東京国立近代美術館。日本人が西洋人に虐げられたアジア人を救出するという、大東亜共栄圏構想に沿った図像。

一八八七〜一九六六）、トランス准将（Kenneth Sanderson Torrance 一八九六〜一九四八）、ニュービギン准将（Thomas Kennedy Newbigging 一八九一〜一九六八）を写生していることである。『画集』には、山下奉文《ともゆき》将軍を描いている写真も収録されている。これらは、《山下、パーシバル両司令官会見図》に生かされた。

洋画家荻須高徳の素描

パリの街角を描いたことで知られる洋画家荻須高徳《おぎすたかのり》（一九〇一〜一九八六）は、フランス語が堪能だったこともあって、仏印《ふついん》（フランス領インドシナ）に派遣された。仏印は、現在のヴェトナム・カンボジア・ラオスに相当する。その従軍記録が、『大東亜戦争画文集　仏印』（新太陽社、一九四四年）である。この本は、二十数頁を昭南島の記述に割《さ》いており、画家のシンガポール見聞記や素描が収められている。

荻須高徳は、一九四二（昭和十七）年三月十三日、飛行機で仏印からシンガポールに足を延ばした。ジョホール水道（Johor Straits）やセレター（Seletar）軍港を見下ろしながら、機体はカラン（Kallang）空港に着陸した。『大東亜戦争画文集　仏印』には、カラン飛行場の素描が添えられている（六四頁）。宿泊は、島崎藤村も泊まったカトン（Katong）海岸のシー・ヴュー・ホテルであった。（図29）

つい先頃《さきごろ》迄《まで》は、海岸の海を見る豪華ホテルとしてメイエール［最高級］の邸宅等と軒をつらねて椰子の林の中にあつた此《こ》の大ホテルは、白木《しらき》に墨痕《ぼっこん》あざやかに書きしるされた新しい日本名の「南明閣」と変つてゐる。タキシードのボーイならぬカーキーの兵隊さんが受付にならび、前と同じやうに髭《ひげ》むじやらの印度人ボーイは、兵隊さんの命令で荷物をもつて部屋に案内してくれる。海岸にしつらへてあつた見事なプールは英兵が破壊して何重もの鉄條網に代へ、ホテルの庭にまでトーチカをこしらへてゐた（中

図50　荻須高徳《昭南島》1942年、『大東亜戦争画文集 仏印』（新太陽社、1944年）、70頁。丘上の右側の建物が灯台、左側が電波塔。

略）黄色や、赤い小旗を先端につけた、内地では余り見かけないすばらしい自動車が絶えず玄関に横づけになる。その度に受付の軍人の「敬礼!!」が高らかにひびきわたる。（六五頁）

このホテルでは、元支配人ガーバー氏が働いていた。中立国スイスの人物なので、収容所に送られることがなかったのである。ガーバー氏は荻須高徳に、シンガポール占領直前の様子を語っている。近くのカラン飛行場に投下される日本軍の爆弾が、まるでホテルに落とされているようで、非常に恐ろしかったこと。英豪の軍人がヤケ酒を飲み始めたこと。それが怖くて、陥落直前に大量のウイスキーを焼却したこと、などを語った。この日本人画家は、ホテルの裏庭に高級ウイスキーの空瓶が山のように積まれてあったのを目撃している。

『大東亜戦争画文集 仏印』には、合計十九点のシンガポール関連のスケッチが見られる。「甚《はなは》だ物騒な裏町にしか感じられなかつた街角で、スケツチを始めると、たちまち誰かが椅子を持ち出してすゝめてくれる。印度人の巡査が来て、人だかりを追つぱらつてくれたり、なか〳〵のサービスである」（七三頁）と荻須高徳は述べている。ここでは、写生地が特定できる素描作品から、一点だけを紹介したい【図50】。これは、現在のクラーク・キー（Clarke Quay）の路地カニング・レーン（Canning Lane）よりフォート・カニング（Fort Canning）の丘を北東方向に望んだ風景である。丘上の灯台およびワイヤーで支えられた塔を手がかりにして、写生位置を特定できる。かつて港を見下ろすことができたフォート・カニングには、灯台が立っていた。現在は、復元された旧灯台が場所を移して建てられている。斜面に樹木が繁っているため、今この場所から丘の上を見通すことはできない。

荻須高徳には、こんな挿話もある。コーズウエイ（Causeway）のたもとでスケッチをしていると、「うしろの小屋で看視に当つてゐる兵隊さんが親切にも椅子とテーブルを持ち出してくれた」。ところが通行人は、机に座ってペンを動かしているこの日本人を見て、「検閲が始つたとでも思つたらしく橋を渡つて来る住民が、前に、行列で土下座してしまつた」（八二―八三頁）。荻須高徳はひと月ほど昭南島に滞在し、再び飛行機でサイゴンへと戻ったのだった。

芸能慰問団の来訪

昭南島には、芸能人の慰問団もやってきた。井伏鱒二『徴用中のこと』（講談社、一九九六年）によれば、「総軍または陸軍省の斡旋《あっせん》で派遣された団体」は待遇が劣悪だったが、「マレー軍司令部が直接招聘《せうへい》した団体」（一四〇頁）は厚遇された。漫談師大辻司郎《おおつじしろう》（一八九六～一九五二）は前者、放送芸能家徳川夢声《とくがわむせい》（一八九四～一九七一）は後者だった。シンガポールを統治していた山下奉文《ともゆき》の第二十五軍が、その上層の南方軍総司令部と仲が悪かったためである。

漫談師大辻司郎らの慰問団は、宣伝班事務所があった十七階建てのキャセイ・ビル（Cathay Building）の大ホールで興行した。彼は、内地は食糧不足で「一家ぢゆうで一つの牛肉鍋をつつくのに、牛肉一片を漸《やうや》く箸にはさんだのは一人きりしかなかつた」という話をした。もちろん、誰も笑う者はなかった。翌日、井伏鱒二が「宣伝班の事務所へ行くと、若い少尉が大辻に電話して「自粛しろ」と怒鳴《どな》つてゐた」

（一四一頁）。

一方、一九四二（昭和十七）年十一月五日に楽洋丸《らくようまる》で到着した徳川夢声の慰問団は良い待遇を受けた。一行には、マレー鉄道タンジョン・パガ（Tanjong Pagar）駅三階のホテルが割り当てられた。徳川夢声はこの施設に失望しているが、昭南では良い部類の宿である。彼は朝食堂に行き、宿泊者が尉官級ばかりであることに気付き、比較的優遇されていることを悟ったのだった。この駅は二〇一一（平成二十三）年に廃止になったが、建物は現存している。『徴用中のこと』によれば、井伏鱒二は詩人北川冬彦の自動車に便乗して、ホテルに夢声を訪ねた（一四一頁）。それは十一月十二日頃のことで、井伏はオーストラリア産ウイスキーを美味《うま》いと賞《ほ》めたと、『夢声戦争日記』第一巻（中央公論社、一九六〇年）にある（二〇五頁）。

戦時下のシンガポールを訪れた慰問団の全貌はまだ明らかになっていないが、井伏鱒二は『徴用中のこと』で、陥落後「暫《しばら》くすると、斉田愛子《さいだあいこ》が芸能慰問団［江口・宮慰問舞踊団］の一員として「暁《あかつき》に祈る」や「シンガポールを陥《おと》しても」などを歌ひに来た。金子君の妹さんも根岸興行系統の慰問隊に加はつて歌ひに来た」（二二六頁）と述べており、内地から続々と芸能人が到着したことがうかがわれる。

大阪毎日新聞社の企画による江口・宮慰問舞踊団も、昭南島を訪れた。宮操子《みやみさこ》『陸軍省派遣極秘従軍舞踊団』（創栄出版、一九九五年）には、この慰問団の思い出が記されている。一九四二年七月二日に天城《あまぎ》丸《まる》で門司港を出発した総勢二十名は、七月下旬に昭南港に到着した。この書籍には、司令部を表敬訪問した一行の写真（二二〇—二二一頁）や、昭南劇場での公演写真（二三六—二三七頁）が掲載されている。舞踊団の巡業は、傷病兵が入院している病院まわりから始まった。

私たちが行くと「またお会いできてうれしい」「今回も楽しませてもらいました」となつかしそうに声を

かけてくれる人たちがいた。「どこかで会ったような……」と思ったら彼らは中国で舞台を観《み》てくれた兵隊さんたちだった。（中略）中には「舞台を観《み》るのはこれで三度目なんですよ」とうれしそうに話してくれる人もいた。私は年月を経てまた彼らと巡り逢《あ》えたことに感慨深いものを感じたが、彼らの中には手がなかったり足がなかったり……身体の一部を失った人たちもたくさんいた。（二三四―二三五頁）

江口隆哉・宮操子らは、一九四二年八月頃、ジョホール王から宮殿での晩餐会に招待されている。王様は始終ニコニコして愛想が良く、楽しい時間を過ごしたが、問題はスパイスの効《き》いた料理だった。「会が終了する頃にはすでに口の中は「火事状態」。真っ赤にほてった顔からは今にも火が出そうだった。帰り際私の赤い顔を見た王様は「相当アルコールをお飲みになったんですか」とお聞きになった。実のところ私［宮操子］はほとんど飲んでいなかったが、口をしっかり閉じたまま笑顔をつくってうなずいた」（二四九頁）のだった。

詩人月原橙一郎《つきはらとういちろう》（一九〇二～一九八九）は、詩「おどるふるさと――江口・宮慰問舞踊団へ」を作っている（二五二―二五三頁）。「そこに、われ、／ふるさとの肌を見たり。／／あゝ、おどれ、／おどるふるさとはよきかな。」とあるように、異郷で見る日本人の踊りに、兵隊は内地への郷愁をかきたてられたのである。一行は、一九四二年十一月中旬にシンガポールを離れた。

軍歌「戦友の遺骨を抱いて」

シンガポール陥落に際して誕生した歌に、「陥《おと》したぞシンガポール」「シンガポール陥落の歌」「牙城《がじょう》陥落」「シンガポールに凱歌《がいか》あがる」「昭南島初だより」「光みつる昭南島」「空は晴れた昭南島」「シンガポールだより」などがある。(8) なかでも有名なのは、逵原実《つじはらみのる》作詞、松井孝造作曲の「戦友の遺骨を抱いて」だろう。

一、一番乗りをやるんだと　力《りき》んで死んだ戦友の
遺骨を抱いて今入る　シンガポールの街の朝
二、男だなんで泣くものか　噛《か》んでこらえた感激も
山からおこる万才《ばんざい》に　思わず頰が濡れてくる
三、負けずぎらいの戦友の　遺品《かたみ》の国旗《はた》をとり出して
雨によごれた寄せ書きを　山の頂上に立ててやる
四、友よ見てくれあの凪《な》いだ　マラッカ海の十字星
夜を日についだ進撃に　君と眺めたあの星を
五、シンガポールは陥《おと》しても　まだ進撃はこれからだ
遺骨を抱いて俺は行く　守ってくれよ戦友よ

興味深いことに、作家井伏鱒二がこの軍歌の誕生にかかわっており、『徴用中のこと』でいきさつが語られている。山下パーシバル会見の翌日二月十六日のことである。

一人の下士官が手帳を私たちのところに持つて来て、「かういふものを作つたですが、物になつたら何とかしてもらへんでせうか」と云《い》つた。手帳は軍属の原嘉章［詩人月原橙一郎《つきはらとういちろう》］が受取つた。その下士官

は名前が辻原《ママ》実で、伊勢松坂出身の軍曹《ぐんそう》だと自己紹介した。原君はシンガポールに入城した翌々日、手帳を長屋君に見せた。暗い歌詞だが、云《い》ふことだけは、いやに本当のことを云《い》つてゐて迫力がある。七五調だから曲づけは易しいだらうと思つて、「建設戦」に歌曲の募集広告を出してもらひに、陣中新聞編輯の佃軍曹のところに持つて行つた。（中略）作曲の応募者はみんな兵隊ばかりで、模倣の曲が多くて、ろくなものはなかつた。それでセネタ［Seletar］軍港に来てゐた海軍軍楽隊に曲づけを頼むため、桜井少尉がセネタへ歌詞を持つて行つた。作曲はAとBと二つが出来て来た。宣伝班ではAの方を採用し、「建設戦」に歌詞と作曲を発表した。忽《たちま》ち全軍に拡がつた。すぐ内地でも歌はれるやうになつてゐるのがわかつた。（二〇五―二〇六頁）

「戦友の遺骨を抱いて」をシンガポールで歌ったのが、江口・宮慰問舞踊団である。宮操子《みやみさこ》『陸軍省派遣極秘従軍舞踊団』によれば、歓迎会で将校が歌ったこの軍歌に感激した宮操子は、早速これを公演に取り入れ、「一人が遺骨を抱き私［宮操子］が国旗を持って三人で踊る作品にしたてた」。この歌が「始まると会場はシィーンと静まり返りあちらこちらからすすり泣く声が聞こえた」という（二三八―二三九頁）。井伏鱒二も、この舞台を見ていた。『徴用中のこと』によれば、「江口が踊り、石井亀次郎《いしいかめじろう》と斉田愛子《さいだあいこ》が交《かは》る交《がは》る歌つた。斉田愛子は声を出す前から、もう兵隊たちを涙もろくさしてしまつた。絶唱であつた」（二〇六頁）。「戦友の遺骨を抱いて」で、兵隊達を最も泣かせたのは、意外なことに、五番の「まだ進撃はこれからだ」という部分だった。「シンガポールを陥落させさへすれば、戦争は終ると思ひこんでゐた兵が多かつたから」（二〇四頁）である。

昭南島と日本映画

戦時下にあって、映画は数少ない娯楽であるとともに、戦争遂行や大東亜共栄圏のプロパガンダの手段でもあった。シンガポール陥落に関係する主要な映画として、『マレー戦記 進撃の記録』（日本映画社、一九四二年）、『マレー戦記 昭南島誕生』（日本映画社、一九四二年）、島耕《しまこう》二《じ》（一九〇一～一九八六）監督『シンガポール総攻撃』（大日本映画製作株式会社、一九四三年）の三本を挙げることができる。シンガポールでは、『The Fall of Singapore』と題した宣伝映画が原地住民向けに公開された【図51】。ポスターには「A Nippon Eiga Sya Production」とあるから、『マレー戦記 進撃の記録』または『マレー戦記 昭南島誕生』を上映したものと推測される。

図51 『The Fall of Singapore』の映画ポスター。Wong Hong Suen, *War-time Kitchen: Food and Eating in Singapore 1942-1950*, (Singapore: EDM, 2009), p. 52.

この二本の『マレー戦記』が記録映画であるのに対し、『シンガポール総攻撃』は劇映画である。大映社長で作家の菊池《きくち》寛《かん》（一八八八～一九四八）は、自社制作の『シンガポール総攻撃』について、『映画旬報』一九四三（昭和十八）年四月二十一日号で自画自讃している。「密林戦とか白兵戦の全貌を描き得ると云《い》ふことは、劇映画の強味ではないかと思ふ。十ケ月にあまる現地撮影も、今までの戦争劇映画にはなかつたことだし、この映画の重味になつてゐることは確かである」（二二頁）と菊池寛は主張する。しかし、この作品は『マレー戦記』の後塵を拝しており、評判は必ずしも良いものではなかった。

一方日本軍は、陥落後のシンガポールで膨大な量の映画を押収した。これらは検閲を経て、現地の映画館で上映された。井伏鱒二は、「映画を見る癖がついて現地人経営の映画館にもよく入った」という。マレー映画、チャイナ映画、インド映画はそれぞれ専門の館で興行された。日本人向け特別上映は、宣伝班事務所が入る「キャセイ・ビルの大東亜劇場と称する大ホール」で行われ、「風と共に去りぬ」「ファンタジア」「独裁者」などを、「日本軍に都合の悪いところをカットして」上映した（一四五―一四六頁）。映画検閲には、文芸評論家中島健蔵もかかわった。『雨過天晴の巻　回想の文学⑤』には次のようにある。シンガポール住民が娯楽に飢えていた様子もうかがわれ、大変興味深い。

時間を持てあましているわたくしは、時々、映画の検閲を手つだった。接収したフィルムはかなりの量で、その中から一般に公開してさしつかえないもの、軍の慰問用に映写可能なものを選び出す仕事である。（中略）わたくしが、一般公開を承認したものの一つにインドの長篇映画の『シャクンタ−ラ』があった。神話を主題としたモノクロの作品だったが、長いばかりでお粗末なものだった。（中略）この映画が市中の映画館で上映された時には、大へんな数のインド人たちが押しかけ、ひしめきあっている群衆の頭の上に飛びのって、頭を踏んで走ったやつがいたという噂まで聞いた。（一二三―一二四頁）

一九四二年四月頃、井伏鱒二が神保光太郎と、「ナッシム・ロード［Nassim Road］からキャセイ・ビルの宣伝班事務所に行く途中に出来た映画館」（二四六―二四七頁）に行くと、井伏自身が原作を書いた『秀子の車掌さん』がかかっていた。作家は映画配給前に日本を離れたため、この地で初めて作品を見たのである。監督成瀬巳喜男《なるせみきお》（一九〇五〜一九六九）、女優高峰秀子《たかみねひでこ》（一九二四〜二〇一〇）主演のこの映画には、「悲壮なところも色つぽいところも皆無《かいむ》」（一四九頁）で、兵隊には不評だった。しかも、山越えのボロバスが登場する。井伏鱒二『徴用中のこと』から引用しよう。

成瀬監督は撮影に入る前にバスを侘《わび》しげに見せるため、わざわざ赤土をまぶした銹色《さびいろ》のペンキですつかり車体を塗りつぶさせたのであつた。これが映画自体としては不運であつた。宣伝班附の桜井中尉がそこに難色があると指摘した。マレーの現地人がこの映画を見たら、日本内地ではこんなきたないバスを動かしてゐるのだと思ふので、日本の国辱になると云《い》つた。さう云《い》へばそれに違ひない。桜井中尉はその通り宣伝班の尾高少佐に進言して、この映画は上映禁止になつた。（一四九―一五〇頁）

映画監督小津安二郎

代表作『東京物語』（一九五三年）で知られる映画監督小津安二郎《おづやすじろう》（一九〇三～一九六三）は、敗戦をはさむ二年七か月ほどをシンガポールで過ごしている。監督と仲間たちは、国策映画の制作を命じられ、一九四三（昭和十八）年六月、それぞれ別の飛行機でシンガポールにやってきた。監督助手秋山耕作《あきやまこうさく》（一九〇三～一九五四）、カメラマン厚田雄春《あつたゆうはる》（一九〇五～一九九二）、脚本家斎藤良輔《さいとうりょうすけ》（一九一〇～二〇〇七）を含む計四名が先発隊である。

小津安二郎は、当初はフジホテル、後にキャセイ・ビルに滞在した。第六章第一節「日本占領下での統治」では、インド国民軍（Indian National Army）について述べたが、その活躍を描く記録作品『オン・トゥー・デリー』を撮影する予定であった。ところが、インパール作戦の戦況悪化により、計画は頓挫《とんざ》する。小津は、内地の後発撮影隊に出発を見合わせるよう連絡したが、電報はうまく届かず、十八名もの小津組スタッフが、一九四四年六月に昭南島に到着してしまった。一行に、シンガポールでやるべき仕事はなかった。

一方、キャセイ・ビルに事務所を構えていた宣伝班は、接収した映画フィルムを豊富に持っていた。井伏鱒二『徴用中のこと』によれば、「日本の富士道者の御師《おし》、祈禱師、火渡りの術、山伏などの風俗を外国人が撮影したフイルム」や、「『風と共に去りぬ』といふアメリカ映画や、ヒトラーをからかつた『独裁者』といふチャップリン出演の映画など」もあり、町全体で「約三万巻の映画フィルム」が存在していた（一四四―一四五頁）。

そこで小津安二郎は、暇に任せてアメリカ映画を堪能《たんのう》した。内地に住んでいたら、決してできなかったことである。小津は昭南島で作品を残さなかったが、この時の膨大な外国映画鑑賞が、後の仕事の栄養になったことは疑いない。監督が見たアメリカ映画として、『風と共に去りぬ』『市民ケーン』のほか、『駅馬車』『怒りの葡萄』『タバコ・ロード』『わが谷は緑なりき』『北西への道』『レベッカ』『西部の男』『ファンタジア』『ダンボ』などが知られている。

一九四五年八月十五日の敗戦を、一行はシンガポールで迎えた。断片的に撮影されていたフィルムは、全て焼却された。撮影隊は軍人と行動を共にせず、非戦闘員として収容されるべきだと、小津安二郎は考えた。これは極めて正しい判断だった。一旦は軍と共にクルアン（Keluang）まで移動した小津組は、議論の末に踵《きびす》を返し、九月七日に再び一般邦人抑留地ジュロン（Jurong）に到着した。

一九四五年十一月二十三日、第一次引揚船大安丸がシンガポールを出港した。ところが撮影隊全員分の乗船枠が与えられなかったため、小津安二郎は自ら進んで抑留所に残っている。その後監督は、ジュロン収容所内で発行されていた日刊新聞『自由通信』や週刊『文化週報』に積極的にかかわった。(9) 結局監督らは、第二次引揚船朝嵐丸《ちょうらんまる》で一九四六年一月二十六日にシンガポールを離れ、同年二月十二日に帰国した。
戦後の小津作品『お茶漬の味』（一九五二年）には、断片的にシンガポールの思い出が登場する。佐分利《さぶり》信《しん》の演じる佐竹茂吉は、戦友平山定郎（笠智衆《りゅうちしゅう》）の経営するパチンコ店に行く。戦時中にシンガポールにいた二人は、次のような会話をする。この懐旧の情は、脚本を手がけた小津安二郎自身のものでもあっただろう。

平山　しかし あの時分は楽しかったですなア シンガポール…
佐竹　あ丶 だが戦争はもうごめんだね いやだね
平山　あ丶 同感！　わしもいやです 真っ平ですわ
　　でも どうなっとりますかなぁ 今 ノース・ブリッジ…
佐竹　あ丶 どうなってるかねぇ
平山　よかったですなァ 椰子の林…
佐竹　あ丶 空が綺麗でね 夜になると星がよく見えて…
平山　そうです そうです！　あの星… 南十字星… よかった ほんと よかった！(10)

この会話の後、シンガポールが懐《なつ》かしくなったパチンコ屋店主平山定郎は、感に堪えず、軍歌「戦友の遺骨を抱いて」を歌い出すのであった。

注

（1）小宮輝之『物語　上野動物園の歴史』（中央公論新社、二〇一〇年）、一一六―一一七頁。なお、同書一一八頁によれば、戦時下の上野動物園に猛獣処分命令を出したのは、元昭南市長の大達茂雄東京都長官であった。
（2）昭南神社の詳細については、大澤広嗣「昭南神社――創建から終焉まで」、『シンガポール都市論』（勉誠出版、二〇〇九年）、一五〇―一六〇頁、による。
（3）田中克己『南の星』（創元社、一九四四年）、八五―八六頁。笠置季男《ブキ・テマ戦跡記念碑》は、『戦争と美術1937-1945』（国書刊行会、二〇〇七年）、図二四七。
（4）エンダオ・バハウ疎開に関しては、篠崎護『シンガポール占領秘録』（原書房、一九七六年）、シンガポール市政会編『昭南特別市史』（日本シンガポール協会、一九八六年）、および次の文献による。*Syonan Years 1942-1945: Living beneath the Rising Sun* (National Archives of Singapore, 2009), pp. 258-287.
（5）佐藤春夫「昭南に見る建設と防衛」、『定本佐藤春夫全集』第二十七巻（臨川書店、二〇〇〇年）、一六九頁。
（6）南方旅行の体験を子供向けに語った、美川きよ『南ノ旅カラ』（文松堂書店、一九四四年）がある。内容は概説的である。
（7）佐藤春夫「昭南に見る建設と防衛」、『定本佐藤春夫全集』第二十七巻（臨川書店、二〇〇〇年）、一七〇頁。
（8）『昭和流行歌総覧（戦前・戦中編）』（拓植書房、一九九四年）による。
（9）関正「ジュロン抑留所の想い出」、『KAWADE 夢ムック　文藝別冊　小津安二郎』（河出書房新社、二〇〇一年）、九〇―九九頁。および、貴田庄「シンガポールの小津安二郎と「文学覚書」」、『文学界』第五十九巻第二号、二〇〇五年二月、一七八―一九一頁。
（10）『小津安二郎名作映画集10＋10　第四巻　お茶漬の味』（小学館、二〇一一年）、字幕。

第七章　第二次世界大戦後

第一節　チャンギー刑務所

レンパン島・ガラン島での抑留生活

日本のシンガポール占領が正式に終了したのは、敗戦から約一か月後の一九四五（昭和二十）年九月十二日である。この日、市庁舎（City Hall）で降伏文書の調印式が行われた。英国側代表は提督ルイス・マウントバッテン（Lord Louis Mountbatten 一九〇〇～一九七九）、日本側の代表は陸軍大将板垣征四郎《いたがきせいしろう》（一八八五～一九四八）であった。降伏にともない、日本の民間人はジュロン（Jurong）の収容所に移動させられた。当初軍人と行動を共にしていた小津安二郎らが、民間人に合流した方が良いと的確に判断し、ジュロン収容所に赴いたことは、第六章第三節「昭南を訪れた文化人」で述べた通りである。

一方、マレー半島付近にいた約十万人の日本人将兵は、その多くがリアウ諸島（Kepulauan Riau）のレンパン島（Pulau Rempang）に移動させられ、復員の順番を待った。この島は、シンガポールの南東約六十キロに位置する。児童文学者で陸軍大尉だった庄野英二《しょうのえいじ》（一九一五～一九九三）も抑留者の一人で、ジョホールのレンガム（Renggam, Rengam）からシンガポール経由で移送された。一九四五年十一月のことである。『鶏冠詩人伝《けいかんしじんでん》』（創元社、一九九〇年）によれば、「レンパン島では密林を開拓し、農耕や漁撈《ぎょろう》による現地自活を要求されていた。食料が乏しく抑留者は空腹に苦しんだ」（二一九頁）。

島では、「イギリス東南アジア軍司令部発行の日本語新聞がときどき配付されたが、私［庄野英二］のジャワ時代の上司や同僚は続々と絞首刑《こうしゅけい》に処せられて」おり、自分も「いつ逮捕されるかもしれないという不安で気の休まる日はなかった」（二一九頁）。戦時中、ジャワのチラチャップ俘虜《ふりょ》収容所に配置され、連合軍捕虜をジャワから内地に移送する輸送指揮官を務めたことがあったからである。作家が無事帰国できたのは、翌一九四六年六月のことだった。『庄野英二全集』第九巻（偕成社、一九七九年）所収の随筆「はり絵」には、次のようにある。

［レンパン島の］上陸地点にはドス黒くむくんだ栄養失調の浮浪兵が、煙草《たばこ》の吸いがらをひろいにまわったり残飯を乞《こ》いにくるしまつであった。私たちは靴下に一本の米と若干の乾《かん》パンのほかなんの食料をも所持することは許されず、将来のくいぶちは島を開墾して現地自活をするよりしかたがなかったのである。（中略）翌年［一九四六年］の春ごろには（春といってもこよみのうえだけのことで）開拓地のタピオカ（木芋《きいも》）や野菜もとれるようになり、島の兵隊たちの気分は明るくなっていった。（一〇九―一一〇頁）

海軍によって南方に派遣されていた歌手藤山一郎《ふじやまいちろう》（一九一一～一九九三）は、レンパン島南隣のガラン島（Pulau Galang）に収容された。藤山一郎『歌声よひびけ南の空に』（光人社、一九八六年）によると、彼は

「毎晩八時ごろから夜中の二時ごろまで、この島のイギリス将兵の慰問に狩りだされた」。英国軍人も、「遠く祖国から離れて東洋の異郷に来たためか、日夜、郷愁に想いをはせていた」（一九四―一九五頁）。

歌は、彼らの要望によって、主にイギリス《マ》民謡《マ》の「庭の千草《ちぐさ》」や「旅愁」などや、フォスター名曲集であった。一曲歌い終わるごとに大きな歓声と拍手が起こった。そして、気がつくと、その野外演芸場のはるか彼方《かなた》で、日本軍の捕虜たちが聴き耳を立てているのだった。私は、そうした仲間たちを意識して、ときに日本の民謡を歌ったりした。彼らは、イギリス側に気兼ねをして、拍手こそしなかったが、しんみりと、その民謡を聴いていた。（一九五頁）

チャンギー刑務所の日本人

敗戦後のチャンギー刑務所（Changi Prison）には、多くの日本の軍人がBC級戦犯容疑者として収容された。華僑粛清事件の総責任者河村参郎《かわむらさぶろう》（一八九六～一九四七）が絞首刑《こうしゅけい》になったことは、第五章第二節「徴用作家井伏鱒二」で取り上げたとおりである。チャンギーでは、百数十名が死刑となったほか、終身刑や有期刑を言い渡された者も多かった。監獄内の様子は、大門幸二郎《だいもんこうじろう》（一九一八～?）の『シンガポール第七号軍事法廷』（そしえて、一九九〇年）に詳しい。英豪軍は日本人に対し、報復的な虐待行為を行った。大門大尉がタイからチャンギー刑務所に到着した時のことである。

突然、私は腰の辺《あた》りに激しいショックを感じ、その衝撃でその場に転倒した。急いで立ち上がろうとすると、再び激しいショックを頭に受けた。余り突然のことで、ここで何事が起こっているのかピンとこない。思わず頭を抱えて蹲《うずくま》った。（中略）今度は背中を嫌《いや》というほど蹴《け》られ思わずウーンと呻《うめ》き声を発した。（中略）死の恐怖が背筋を走った。私は無意識の内に身を硬くして、彼らの襲撃を防ぐのに懸命になった。（八〇―八一頁）

食料も意図的に少なく配給され、収容者はみな飢餓に苦しんだ。さらに追い打ちをかけるように、作業や体操を強要された。「屋外作業は草刈りや土運びの肉体労働で、座っているだけでも体力が消耗していくような食事で、なおかつ肉体労働を強制」し、作業に出ない者は、「赤道直下の太陽が照りつける炎天下に集合させられ、落下傘部隊の体操を強制」した。「体操させるのは保健のためであると言っているが、飢餓線上にある我々にとっては、苦痛以外の何ものでもない。これは明らかに虐待行為であった」（九三頁）。

陸軍大尉大門幸二郎は、タイで捕虜移送の責任者を務めた。行軍中の死者もなく、暴行も、暴行を命じたこともなかったにもかかわらず、証言が捏造《ねつぞう》され、裁判によって重労働十年の刑が言い渡された。後に減刑され、一九五〇（昭和二十五）年八月上旬に出所、英国船タイリア号で帰国している。チャンギーでは、「夏空を画《か》ぎりて高し獄《ごく》の塀《へい》」「追い立てる獄吏《ごくり》の声や炎天下」（二二七・二二八頁）といった俳句を作っている。

一方、タイの俘虜《ふりょ》収容所長だった陸軍大佐中村鎮雄《なかむらしげお》（一八八五～一九四七）は、戦勝国側による裁判を経て、チャンギー刑務所Pホールで処刑された。その日記や手記が、中村達雄《たつお》編『立ち上がる国祈る――中村鎮雄巣鴨チャンギー日記』（熊日出版、二〇〇八年）に収められている。刑務所内での「英蘭兵による虐待は言語に絶す。殊《こと》に英兵に於《お》て然《しか》り。或《あるい》は漸《ようや》く生る丈《だけ》の食糧を与えたり。労働、殴打、蹴《け》る、突く等々枚挙《まいきょ》に遑《いとま》あらず。オートラム刑務所にては毎夜なぐり込みにて各室悲鳴絶えず」（一四六頁）というのが、監獄内の実態であった。国際法に反した、非人道的行為と言えよう。絞首刑《こうしゅけい》の様子は、監房にまで聞こえてきた。十名が処刑された一九四七年二月二十五日の日記には、次のようにある。

万歳三唱後相当の時間ありて、ガチャーンと音せり。中々此《こ》の時間の状態大《おお》いに感ずるに余りあり。第四回［の処刑］は万歳を叫び続け居る中に音せり。宣告より執行迄《まで》の十氏の態度実に見上げたり。（中略）逝《ゆ》く人は「今から行きます。皆さんお元気で頑張って下さい」と別れを述《の》ぶれば、送るものは「元気で行きなさい」と返す。死するものに「元気で行きなさい」とは何と言う悲壮な言葉ぞや。チャンギーならでは見られぬ図なり。（一二二―一二三頁）

一九四七年三月二十六日にPホールで処刑された中村鎮雄《しげお》は、「敗戦のにゑと散りゆく我はまたただ立ち上がる国祈るのみ」（一四九頁）という辞世の歌を残している。「敗戦国家の犠牲者として国家を代表して死して逝《ゆ》く」（一四七頁）というのが、この軍人の率直な思いであった。

東京都大田区池上本門寺《いけがみほんもんじ》のすぐ近く、照栄院《しょうえいいん》の妙見堂《みょうけんどう》には、シンガポールチャンギー殉難者《じゅんなんしゃ》慰霊碑がある。この寺の田中本隆氏、のちの日蓮宗管長日淳上人《にちじゅんしょうにん》（一九一四～二〇一〇）は、チャンギー刑務所で教誨師《きょうかいし》を務めた。その縁で、関係者が資金を出し合って、一九八三年四月に建立したものである。教誨師とは、刑務所収容者の精神的な支援を行う人を指す。陸軍少佐中村鎮雄《しげお》も、死刑執行の直前、僧侶田中本隆氏から御経を上げてもらい、引導《いんどう》を渡された。巣鴨遺書編纂会編『復刻 世紀の遺書』（講談社、一九八四年、初版一九五三年）は、戦犯として刑死した軍人の遺書を集めたものだが、少なくともチャンギー刑務所百十三名、オートラム刑務所（Outram Prison）七名の法務死者が確認できる。これらの文章にも、僧侶田中氏が登場する（三五二・四三九頁）。

きけ　わだつみのこえ

チャンギーで刑死した者の中には、学徒もいた。高知高校から京都帝国大学に進学し、満二十八歳で処刑された木村久夫《きむらひさお》（一九一八〜一九四六）である。その手記が、日本戦没学生記念会編『きけ　わだつみのこえ』（岩波書店、一九九五年）に掲載されている（三一三—三三六頁）。なお、初版本は一九四九（昭和二十四）年の刊行である。陸軍上等兵木村久夫の文章は、家族や国への思いのほか、学問への強い憧れに溢《あふ》れており、特に注目されてきた。なお、『きけ　わだつみのこえ』で親しまれてきたこの手記は、公表に尽力した恩師塩尻公明《しおじりこうめい》（一九〇一〜一九六九）によって添削・編集されたものである。

ＢＣ級戦犯の裁判は、連合軍による報復的なものであった。木村久夫は、「「ニコバル」島駐屯《ちゅうとん》軍のために敵の諜者《ちょうじゃ》を発見した当時は、全軍の感謝と上官よりの讃辞を浴び」たが、「一ケ月後起った日本降伏のためにたちまちにして結果は逆になった」（三一六頁）。スパイとされた島民は、裁判なしで斬首《ざんしゅ》された。木村上等兵は処刑にかかわっていない。しかし、保身を謀《はか》った数名の士官らは、軍律会議を経て銃殺したと述べるよう、部下に命令した。その結果、裁判では旅団長が銃殺刑になったものの、他の将校は有期刑または無罪とされた。逆に、スパイ容疑者の取調べに当った木村久夫らが、最も重い絞首刑《こうしゅけい》になったのである。

> 我々罪人を看視しているのは、もと我軍《わがぐん》に俘虜《ふりょ》たりし「オランダ軍」の兵士である。かつて日本軍兵士

より大変なひどい目に遇《あ》わされたとかで、我々に対するシッペイ返しは相当なものである。殴《なぐ》る蹴《け》るなどは最もやさしい部類である。（中略）我々の食事は朝、米粉《こめこ》の糊《のり》と夕方に粥《かゆ》を食う二食で、一日中腹がペコペコで、ヤット歩けるくらいの精力しかない。（三一八―三一九頁）

木村久夫の手記は、田辺元《たなべはじめ》『哲学通論』（岩波書店、一九三三年）という本の余白、および父親宛の遺書に書かれていた。「私の熱情はやはり学の道にあった」と述べるこの学徒兵は、「死ぬまでにもう一度これを読んで死に就《つ》こうと考え」、チャンギー刑務所Pホールの「「コンクリート」の寝台の上で遥かなる故郷、我が来《こ》し方《かた》を想いながら」、読書に耽《ふけ》った（三一三頁）。木村久夫はこの文章で、自らの潔白を述べるとともに、職業軍人たちの人格的愚劣さに憤《いきどお》っている。『きけ　わだつみのこえ』収録の辞世計十一首のうち、五首を引用しておこう（三三五―三三六頁）。

みんなみの露と消えゆく命もて朝がゆすする心かなしも
かすかにも風な吹き来《こ》そ沈みたる心の塵の立つぞ悲しき
明日という日もなき命いだきつつ文《ふみ》よむ心つくることなし
おののきも悲しみもなし絞首台《こうしゅだい》母の笑顔をいだきてゆかん
風も凪《な》ぎ雨もやみたりさわやかに朝日をあびて明日は出《い》でなん

『きけ　わだつみのこえ』に掲載された木村久夫の文章は、戦後日本の精神史に大きな影響を与え続けることになった。牛村圭《うしむらけい》『「戦争責任」論の真実』（ＰＨＰ研究所、二〇〇六年）によれば、塩尻公明、唐木《からき》順三《じゅんぞう》、神谷美恵子《かみやみえこ》、鶴見俊輔《つるみしゅんすけ》、ジョン・ダワー、山折哲雄《やまおりてつお》らが、この手記に言及している。劇作家木下順二《きのしたじゅんじ》（一九一四～二〇〇六）には、木村久夫をモデルにした戯曲「夏・南方のローマンス」（一九七〇年）がある。また、二〇〇四（平成十六）年には、同じく木村久夫をモデルとした、浅利慶太《あさりけいた》（一九三三～　）演出の劇団四季ミュージカル「南十字星」が上演された。チャンギーで刑死したこの一学徒は、理不尽に命を絶たれたBC級戦犯の象徴的な存在として、現在も強い関心を集め続けていると言えよう。

占領下日本からの船客

シンガポールでのBC級戦犯の裁判は、一九四七（昭和二十二）年には終了していたが、チャンギー刑務所には、まだ多くの日本人が有期刑などに服していた。一方で、連合軍占領下の日本からは、早くもヨーロッパへと向かう船客が、わずかながら現れ始めていた。洋画家荻須高徳《おぎすたかのり》（一九〇一～一九八六）は、戦後最も早く欧州航路を旅した日本人の一人である。『パリ画信』（毎日新聞社、一九五一年）によれば、画家は一九四八年十一月二日または三日に、ラングレー・スコット号でシンガポールに到着している。第六章第三節「昭南を訪れた文化人」で述べたように、荻須高徳は日本占領下のシンガポールに滞在した経験があり、当然、六年半前の記憶と比較することになる。また、物資不足の日本との対比も意識されたことだろう。上陸はできなかったが、波止場は市街地のすぐ近くだった。

シンガポールの街は、戦前以上の繁華をとりもどして、ラフルスクエヤー《ママ》［Raffles Place］のあたり横切ることのできなくらい、自動車の往来がひんぱんである。こんな立派な英国製品をいっぱいならべたデパートが、いくつも前もあったのかと、目を見はるあざやかさである。（中略）華僑や印度の人たちの、

町のにぎやかさと、品物の豊富さは、布地類が棚を圧し、靴は店頭にはみ出している。（一六―一七頁）

一方、小説家遠藤周作《えんどうしゅうさく》（一九二三～一九九六）は、一九五〇年六月十九日、フランス留学のため、ラ・マルセイエーズ号でシンガポールを通過した。日本人の上陸は禁止されていた。『遠藤周作文学全集』第十五巻（新潮社、二〇〇〇年）所収の日記には、「ある程度までの国家的権力がなければどうにもなるものではない」（一三頁）とある。まだ独立を回復していない被占領国の悲哀である。貧しい敗戦国の留学生遠藤周作は、四等船客だった。「どんな馬鹿でも一等船客でありさえすれば、彼等は船中における万《マ》福《マ》的自尊心を充たしうる。四等船客は代りに最大の屈辱を味わわされる。これは西欧の本国と植民地との関係だ」、「もう四等なぞには絶対のらない。少なくとも二等でなければ、快適な船旅はおろか人間以下の扱いである」（十三頁）と、若き日の作家は述べている。

フランス政府給費留学生遠藤周作の乗る船がシンガポール港に停泊していたその日、先に紹介した陸軍大尉大門幸二郎は、あと二か月弱で出所の予定だった。帰国間近かの日本人ＢＣ級戦犯と、フランスに赴くエリート留学生の人生が、シンガポールの地で交差し、時代は大きく変わろうとしていた。日本はこの二年後、一九五二年四月二十八日の講和条約発効によって、ようやく独立を取り戻すことになる。

第二節　客船から飛行機へ

対日感情の悪さを感じる町

戦後のシンガポール寄港者は、多くが対日感情の悪さに言及している。一例として、一九五六（昭和三十一）年六月頃に欧州航路を旅した詩人高良留美子《こうらるみこ》（一九三二～　）の小説風旅行記『時の迷路・海は問いかける』（オリジン出版センター、一九八八年）を取り上げよう。政治的に革新側に立っていた高良留美子の分身「有子」は、「自分を日本人だとはあまり考えていなかった」（一七六頁）という。すなわち、自らを進歩的知識人とみなし、日本を外から批判する資格のある特権的存在だと思い込んでいたのである。フランス郵船ヴェトナム号でシンガポールに到着した有子は、この地の対日感情が悪く、「日本人は上陸できないかもしれないという話」（一七三頁）を聞き、「菊の御紋章のついたパスポートに守られてここまで旅行してきた」（一七七頁）ことをようやく自覚する。

透明な空気を透して、港に停泊している船の灯の向こうにひときわ明るい一群の灯が見えた。シンガポールの街の灯だ。それは有子の眼に、これまで寄港したどの港の灯よりも美しく、透明に、そして鉱石のように硬く映った。それは彼女を拒否した灯だった。日本人であるがゆえに彼女を拒《こば》んでいる街の灯なのだった。（一七五頁）

幸い翌日に上陸できた有子は、エスプラネード（Esplanade）を散策し、「ここが英国の支配地」にほかならず、「シンガポールにも大英帝国の足跡は歴然として」（一七八頁）いることに気付く。その後は、日本領事館や日本人墓地を訪問した。

一九六四年、高良留美子と同じヴェトナム号で欧州に向かった長谷川照子《はせがわてるこ》（一九三八～？）という人物も、対日感情の厳しさに言及している。『愛《いと》しの貴婦人ヴィエトナム号』（新風舎、二〇〇三年）によれば、戦後の欧州航路を運航したフランス三姉妹船に、ラオス号、カンボジア号、ヴェトナム号があった。インドシナ半島のフランス植民地の国名を冠した、いかにも帝国主義的な船名である。六月十九日午後四時、ヴェトナム号はシンガポールに入港した。長谷川照子は昼間に海岸などを散策したが、「対日感情が良くないシンガポールの街を、夜は出歩かない方が安全であると、聞いていたので」、夜は船にとどまった。「街の夜景が、活《い》き活《い》きとして美しい」（九二頁）と、この日本人旅行者も夜景に触れている。一九六四年六月の体験を記録した旅行記『愛しの貴婦人ヴィエトナム号』は、欧州航路船客によるシンガポール寄港のほぼ最終期の事例として注目される。

一方、戦後のシンガポールには、戦時中を懐《なつ》かしむマレー人の声も存在した。作家北杜夫《きたもりお》（一九二七～二〇一一）は、一九五八年十一月二十八日、水産庁の漁業調査船照洋丸《しょうようまる》の船医として、シンガポールに上陸した。『どくとるマンボウ航海記』（中央公論社、一九六〇年）によれば、植物園で一人のマレー人が北杜夫に向かって、「「カシラー、ナカ！」などというのを聞いたときには皮肉っているのかと思ったが、だんだんと話を訊《き》いてみるとむしろ懐《なつか》しがっているので、かえって妙な気持《きもち》にならざるを得ない」（三六頁）と書いている。

別なマレー人の若者は、北杜夫の博物館見物に「わざわざ二時間も同行して案内してくれた。彼は「ミヨトウカイノ……」と多少おかしな節《ふし》で唄《うた》い、それ以上日本語を覚えていないことを大変残念がっていた」（三九頁）。「見よ東海の空明けて」は、軍歌「愛国行進曲」の冒頭の一節である。なお、北杜夫は、船内新聞で読んだ情報として、シンガポールで沈没した軍艦の引き揚げ作業に言及している。

シンガポールでは第二次大戦末期撃沈された日本海軍の補助巡洋艦T丸の引揚作業を行なっているが、船内に残る遺体三十の霊がこれを邪魔している。サルベージ会社支配人の言葉によると、すでに船をひきあげる太い鋼鉄の綱が四度も真中から切れ、人夫《にんぷ》たちはどこからともなく現われる手に平手打ちをくらわされる始末。支配人自身もシャツ姿の幽霊が沈艦に立っているのを見たという。また幽霊は支配人の夢枕にあらわれ、引揚作業をつづけるならシンガポールに我々の住居を見つけてくれ、我々は日本には帰りたくない、と述べたという（四六頁）

敗戦から十三年、シンガポール港内にはまだ日本の沈没船があり、戦争の痕跡《こんせき》がはっきりと残っていた。第五章第二節「徴用作家井伏鱒二」で取り上げた伊号第三十潜水艦も、撤去されたのは、北杜夫訪問の翌一九五九年のことだった。

北杜夫『どくとるマンボウ航海記』

北杜夫の『どくとるマンボウ航海記』で何よりも印象的なのは、買い物のストレスである（二八―三三頁）。入港した船内には物売りが押し寄せ、「甲板や廊下を無遠慮に歩きまわる」。「街にはいるとバナナ売りやら金の交換屋やらが寄ってくる」。「マライ人の若者が寄ってきて五十枚入りの古切手を売りつけようとする」。「日本人とみると、うるさく呼びかけ」る。「露店になるほど掛値《かけね》が多いから（中略）まず言い値の半分くらいに値ぎり、それからしばらくヤカマシク言い争わねばならぬ」。「運がわるいと贋札《にせさつ》を掴《つか》まされる怖《おそ》れもある」。「買物をするには多分の体力と気力を要」するのである。現在の快適で近代的な買物天国からは想像できない、貧しく遅れたシンガポールの姿がそこにある。

注目したいのは、北杜夫がシンガポールで訪れた場所が、戦前の欧州航路の船客とほとんど変わりないことである。植物園、博物館、新世界（New World）、娼婦街、チャイナタウン、カトン（Katong）らしき海岸の料理店。彼が足を運んだダンスホール南天楼は、昭南島時代にあった南天楼と同一の店であろうか。一九五八（昭和三十三）年時点のシンガポールには、まだオーチャード路（Orchard Road）のショッピングセンターも、セントーサ島（Sentosa Island）のリゾートも、現代的な高層ホテルも存在していない。新世界については、次のように書かれており、日本人観光客の落とすお金があてにされていたことがわかる。

ここは射的《しゃてき》、電気自動車、各種の商店から映画館やダンスホールなどがある広い娯楽場である。場内のコートでは、バレーボールみたいなもの［セパタクロー］を足でやっているが、これはとても我々の真似のできるところではない。（中略）。「車鬼」というバケモノ屋敷は、内容はわざと記さぬが、位置の見当識《オリエンテイション》の混乱を巧みに利用してあってけっこう怖《こわ》い。（中略）［南極観測船］宗谷《そうや》が金をおとしていったので、新世界のビヤホールの前には日本語で書かれた看板まで出してある。「日本ノ皆サンへ。日本語ノ解ル姑娘ノ居リマスオ二階ヘドウゾ御遠慮無クオ出下サイ。オ値段食物ニ付イテ御相談イタシマス」（三四―三五頁）

図52　北杜夫がインド人美少女を見かけたWAKO。Liu, Gretchen, *Singapore: A Pictorial History 1819-2000* (Singapore: Archipelago Press, 1999), p. 265.

北杜夫の作品には、戦前の旅行記には見られない施設が、三つ登場している。第一は、水族館（Van Kleef Aquarium）である。これは、一九五五年から一九九一年まで、フォート・カニング（Fort Canning）近くのリヴァー・ヴァレー路（River Valley Road）にあったもの。第二は、一九三七年に作られたタイガー・バーム・ガーデン（Tiger Balm Gardens）、現在のハウ・パー・ヴィラ（Haw Par Villa）である。昆虫好きの北杜夫は、ここで蝶を帽子で追いまわした。第三は、ＷＡＫＯという店。銀座の和光とは無関係だが、北杜夫はここでインド人の絶世の美少女を見かけた【図52】。

彼女はそこの売り子で、私がはいってゆくと、彼女はこの世のものならずうるおった大きな瞳でこちらを見つめた。私はすんでのところでバッタリ倒れてしまうところであったが、気丈《きじょう》にも倒れず、店内の一隅に店をだしている金の交換屋の男に、あれは何国人であるかをひそかに問うた。（中略）よく見ていると、店にはいってくる客にはみんな同じような目つきをしており、早まって倒れてしまわなくてよかった。（一八四―一八五頁）

シンガポールを描いた戦後の美術

日英独仏の豪華客船が行き交っていた華やかな欧州航路は、第二次世界大戦を経て、大きく姿を変えた。日本とヨーロッパを結ぶ定期客船は、専らフランス船中心の運行となった。サンフランシスコ講和会議を経て独立を回復した日本は、ただちに欧州航路の復活に動き出す。一九五二(昭和二十七)年六月二十四日、平安丸が横浜を出港し、日本郵船欧州定期航路が再開した。しかし、これは貨物船であり、戦前のような客船の華やかさを取り戻すことはできなかった。また、航空機の発達によって、時間のかかる船旅は旅行者に敬遠されるようになった。この傾向にとどめを刺したのが、第三次中東戦争だった。一九六七年六月から一九七五年六月まで、スエズ運河は八年間も閉鎖されたままとなる。幕末一八六二(文久二)年の竹内遣欧使節団以来、日本に近代文明をもたらし続けた欧州航路は、およそ百年の歳月を経て、終にその役割を終えたのである。

飛行機でシンガポールを訪れた洋画家に、小寺健吉《こでらけんきち》(一八八七〜一九七七)がいる。一九六五年一月頃に三週間ほど滞在し、多くの絵画を残した。『小寺健吉画業五十年記念画集』(美工出版、一九六五年)には、シンガポールに取材した十七点の作品が収録されている。航空機で東南アジア旅行に出かけたこの洋画家は、『小寺健吉画集』(日動出版部、一九七七年)で、「中々面白い熱帯風景とマレー情調を発見し、非常に興味を感じた」(一四二頁)と述べている。小寺健吉の眼は、マレー人のカンポンや華人の伝統的なショップハウスなどに向けられている【図53】。

一方、戦時中のシンガポール滞在経験を戦後の創作に活用したのが、前衛画家神原泰《かんばらたい》(一八九八〜一九九七)である。この芸術家は、高級住宅地ビショップスゲート(Bishopsgate)に住んでいた。現オーチャード駅の南西一キロの場所にあたる。神原泰は戦後、シンガポールを主題とする散文詩を数点発表したが、その一部は『定本神原泰詩集』（昭森社、一九六一年）で読むことができる。また、図録『シンガポール・乳房――神原泰絵画展』（日動サロン、一九七二年）には、「シンガポール・乳房」という総題を持つ絵画が二十七点収録されている。しかし、どれも抽象画である。その「序文」を引用しよう。

私は太平洋戦争の中間期に陸軍から徴用されて、当時日本が昭南と名付けて居たシンガポールにあった南方燃料廠《ねんりょうしょう》に勤務させられた。内地の陸軍省からは私を大切に取扱うようにとの訓電が来て居たのでシンガポールに於《お》いて私は、「僧正の門の路《ビショップス・ゲート・ロード》」と呼ばれた路《みち》の拠《よ》りどころになった僧正の家をペンキを塗りかえ綺麗に修理してから宿舎として与えられ、自動車もあり、コックやボーイの住宅も附属して居て戦争の最中としては恵まれ過ぎた身分のようであった（以下略）

図53　小寺健吉《青物市場（シンガポール）》1965年、縦80.5×横100センチ、東京国立近代美術館蔵。再開発される前のチャイナタウンだろうか。

時代が下るが、日本画家平山郁夫《ひらやまいくお》（一九三〇～二〇〇九）は、一九八七年二月、タイ・シンガポールへ取材旅行に出かけた。『西から東にかけて』（日本経済新聞社、一九八八年）には、セントーサ島から見たシェントン・ウエイ（Shenton Way）一帯の高層ビル群の絵が掲載されている。シルクロードをたどる旅を続けてきたこの画家にとって、「経済面における躍進」を続けるシンガポールは、「整然として、いささか落ち着きのなさを覚えるほど」（六〇頁）であった。平山郁夫は、「発展の理由」として、英語の普及をあげる。これこそが、「情報や金融のセンターとして資源の乏しい国が繁栄する道」であり、「小さな国の大きな実験」（六〇頁）だと述べている。

庄野英二のシンガポール再訪

欧州航路が役割を終えたことにより、日本人にとってのシンガポールは、客船寄港地から、飛行機で訪れる現代的な観光都市・商業都市へと、大きく変化していった。第二次世界大戦中、軍人として昭南島に何度か立ち寄ったことのある児童文学者庄野英二《しょうのえいじ》（一九一五〜一九九三）は、一九七二（昭和四十七）年七月二十五日に再びこの都市を訪問した。もちろん、空路である。

『赤道の旅』（人文書院、一九七五年）には、深夜にパヤ・レバー空港（Paya Lebar Airport）に到着し、「ホテルへ車で向かう途中の市街の美しいのに感心しました。まるで清潔な公園の中を走っているようでした」（三三三頁）とある。二十七年前と比較して、「市街が美しくなっていることにも驚きました。戦争中に訪れた時にもきれいな町だと思いましたが、今はもっと美しく比べものになりません」（三三四頁）と感嘆する。シンガポール観光の象徴マーライオン像が設置されたのは、作家来訪二か月後の一九七二年九月十五日のこと。シンガポール政府はこの頃すでに、積極的な観光開発に着手していた。

『庄野英二全集』第十巻（偕成社、一九七九年）所収「シンガポールの二日間」でも、一九七二年七月のシンガポール滞在について語られている。小説家が宿泊したのは、「新しい二十階建てのホテル、以前にはこんなホテルはなかった」（八二頁）という、ハイヤット・ホテル（Hyatt Hotel）だった。現在のグランド・ハイヤット・シンガポールである。庄野英二が泊まった前の年、一九七一年十月一日に開業した。シンガポールに現代的な高層ホテルが建設されるようになったのは、専ら一九七〇年代に入ってからのこと。後に取り上げるマンダリン・ホテル（Mandarin Hotel）も、同じく一九七一年に営業を開始している。昭南島時代をよく知っている庄野英二は、都市の激しい変貌ぶりに驚かされるばかりだった。そして、タクシーの中で戦時中を秘かに回想する。

しばらく走るうちに、何本も何本も、満開の白い花の木があった。私は、井伏鱒二氏が、「花の町」と題して、シンガポールの小説を書いたことを思いだしていた。私は以前、戦争中に数回、シンガポールへ出張したことがあったが、そのときは、白い花の木にお目にかかった覚えはなかった。それに、「花の町」というほど花には気がつかなかった。あのころは戦いの最中で、花などあまり咲いていなかったのであろうか。それとも花を見るだけの心のゆとりがなかったためであろうか。（八四頁）

この変化の要因には、精神的余裕の問題もあるだろうが、むしろシンガポール政府が推進していたガーデン・シティ構想による緑化運動の成果と考えるべきだろう。一九六三年、リー・クワン・ユー（李光耀 Lee Kuan Yew 一九二三～二〇一五）は、国民生活の向上および海外からの投資促進のため、国土緑化の必要性を提唱した。そして、一九六〇年代後半から、本格的に事業を進めていった。庄野英二が訪れた一九七一年には、緑化運動が、少しずつ成果を出していた時期と思われる。ここにも、都市シンガポールの変貌を見ることができる。

植物園を訪れた文学者は、ラン園（Orchid Garden）に、「アメリカ人らしい団体客がさかんに写真をとって」（八四頁）いるのを目撃する。第二次世界大戦を経て経済的に豊かになった大国アメリカでは、海外旅行の大衆化が進んだ。その主要な観光目的地の一つとして、シンガポールがしっかり団体旅行客を確保している様子がうかがわれる。一方、タクシーでパダン（Padang）付近を通りかかった時、庄野英二は大きなモニュメントに目を止めた。一九六七年に建てられた「日本占領時期死難者人民記念碑」（Civil War Memorial）である。

こんなモニュメントは以前にはなかった。「あれは？」私は運転手に問いかけた。そして、すぐにしまったと思った。（もうたずねなくても想像がついた。）中国人の運転手は、私をふり返って、返事をためらっていた。人のよい運転手は、私に申しわけのないような表情をして見せた。（申しわけのないのはこちらだ。）私は一日本人として、この中国人運転手にもおわびの言葉をいいたかった。（八六―八七頁）

一九七二年の庄野英二のシンガポール訪問は、戦争を回顧する旅であると同時に、経済発展へと向かう新しい国家の姿を発見する旅でもあった。

戦跡探訪小説『地を潤すもの』

作家曾野綾子《そのあやこ》（一九三一～　）は、小説『地を潤《うるお》すもの』（毎日新聞社、一九七六年）を出版している。一九七四（昭和四十九）年に、主人公水島譲がシンガポールの戦跡を訪ねるという内容である。雑誌『諸君』に連載された篠崎護《しのざきまもる》（一九〇八～一九九一）の文章を利用しつつ、マレー作戦、シンガポール攻略戦、華僑粛清事件、華僑協会強制献金など、シンガポール陥落から昭南島時代にかけての歴史が語られてゆく。

主人公の弟水島団《だん》は、チャンギー刑務所で戦犯として処刑された。その真相を探るべく、水島譲はタイ・マレーシア・シンガポールを訪れる。小説の末尾では、弟が人違いで死刑となったことが判明する。『地を潤すもの』の魅力は、戦争に関する記述よりもむしろ、一九七四年のシンガポールが描かれている点にある。一九六五年に独立したシンガポールは、その前年に発足した観光振興局を中心として、観光客誘致に力を入れていた。主人公水島譲が東京・田町を歩いていると、旅行代理店に貼《は》られているシンガポールのポスターが目に入る。「港が見え、島があり、海が蒼《あお》い。手前の花の赤さで南方だと思った」（三〇頁）というその広告写真は、マウント・フェーバー（Mount Faber）からの眺望を写したものだった。

このポスターにあるマウント・フェーバーは、完全な観光地である。すぐ隣の島［セントーサ島］まで、ケーブルカーのようなものがついているらしい。それらは港の上をゆっくりと眺めながら行くことになるらしいが、その光景はつまり、新しいシンガポールの心意気を示す代表的な景色ということになるのだろう。（三一頁）

これは、今日の観光都市シンガポールの姿そのものである。現在も営業中のこのロープウエイは、一九七四年二月十五日に開通したばかりだった。ちょうどこの月、曾野綾子はシンガポールを訪れている。小説家は、完成間もないこの乗り物を利用した可能性がある。正に、「新しいシンガポールの心意気を示す代表的な景色」だった。主人公が宿泊するのも、現代的な高層ホテルである。「オーチャード路《ロード》という賑《にぎ》やかな通りに面」（二一四頁）した十七階の部屋とあるから、一九七一年に開業したマンダリン・ホテル、現在のマンダリン・オーチャード・シンガポールと特定できる。
『地を潤すもの』では、急速に郊外開発が進んでいることにも触れられている。「何しろ、あちこちで埋立てをしてますからね。そのために山の土をけずって海岸へ持って行ってしまう。山がどんどんなくなりましてね」（八七頁）、「いたる所、藪《やぶ》や岡が切りとられて、そこに大きなアパート群が一種の無国籍的な味気なさで立ち並びかけていた」（一三三頁）。ここには、全島が高層団地で覆《おお》われ、国民の大多数が政府開発のＨＤＢ住宅に住む、今日のシンガポールの原型がある。

主人公が街を歩くと、「《シンガポールを清潔に保ちましょう《キープ・シンガポール・クリーン》》なんて合言葉なんか作って、国造りに夢中になって」（一四三頁）いる様子がうかがわれる。このキャンペーンは、一九六八年十月一日に始まったものである。「工事場のドリルの音がしきりに響いて来る。それは新しいシンガポールの物音なのだろうか」（一九五頁）と、国家建設のただなかにあるシンガポールの姿が描かれている。

一九七〇年代は、シンガポール政府が工業化を進めた時期でもあった。「空気は微《かす》かに排気の臭《にお》いがしていた。シンガポールというと、花の香りがしていそうに思っていたのだが、ここも思いのほか、集中的な工業化が進んでいて、東京と同じことになっているのかも知れない」（二一四頁）。「このちょっと先が、ジュロンの工業地帯なんです」（二二三頁）とあるように、政府は一九六〇年代よりジュロン（Jurong）を工業団地化し、日本をはじめとする世界の企業の工場を誘致した。

池波正太郎のグッドウッド・パーク・ホテル

戦後のシンガポールの民間飛行場は、カラン空港（Kallang Airport）からパヤ・レバー空港（Paya Lebar Airport）、さらにチャンギー空港（Changi Airport）へと変遷した。一九三七（昭和十二）年開港のカラン飛行場は、芝生の円形全方位滑走路だったが、昭南島時代に日本軍の手でコンクリート舗装された。その滑走路跡が、オールド・エアポート路（Old Airport Road）である。戦後の乗客増加にともない、空港は一九五五年八月、パヤ・レバーに移り、一九八一年七月には、現チャンギー空港が開業する。国際的に高い評価を得ているこの大空港の基礎を作ったのは、実は日本軍であった。戦時下の一九四三年九月に建設が始まり、翌一九四四年末に最初の飛行機が飛び立った。

初期のチャンギー空港に降り立った日本人の一人が、作家池波《いけなみ》正太郎《しょうたろう》（一九二三〜一九九〇）である。彼は、一九八二年十二月初旬に二泊だけシンガポールに滞在した。バリ島を主目的地とした旅行記『ルノワールの家』（朝日新聞社、一九八五年）では、今日につながる観光都市の様相が、典型的に描かれている。池波正太郎は、「完成したばかりの、実に宏大《こうだい》な、立派な」（一三頁）チャンギー空港に到着した。飛行場からは、「すばらしい舗装道路」を走って、「頭上を被《おお》うかとおもわれるほどの樹木の緑の濃厚さ」（一四頁）に驚きつつ中心部に向かう。経済的な発展を続けるシンガポールは、「観光都市としての洗練が行きわたり、最新の設備を誇る近代建築の高層ホテルが中心に林立している」（一五頁）。「観光都市としては、すべての条件がととのい、治安がよい」上に、「何よりも、買い物がたのしみ」（三〇頁）な街である。これは、現在のシンガポールそのものと言うべきだろう。

小説家が訪れた場所も、典型的なシンガポールの観光地だった。ニュートン・サーカス（Newton Circus）の屋台街、トライショー（Trishaw）乗車、植物園、チャイナタウン、スリ・マリアマン寺院（Sri Mariamman Temple）、エリザベス・ウオーク（Elizabeth Walk）、ヴィクトリア記念会堂（Victoria Memorial Hall）前のラッフルズ像、マーライオン公園、博物館、ラッフルズ・ホテルのティフィン・ルーム、マンダリン・ホテルのショッピング・センターなど。まさに現代の観光旅行そのものである。また、この旅行記の特徴の一つとして、サマセット・モーム（William Somerset Maugham 一八七四～一九六五）への言及があることが挙げられる。戦前の日本人の旅行記には全く見られない記述である。

宿泊したグッドウッド・パーク・ホテル（Goodwood Park Hotel）を、この作家は大層気に入った。古い建物を利用したこのホテルは、「シンガポール随一の格式を保ちつづけようと」しており、「古典的なホテルに、落ちつきと、忘れがたい東南アジアの雰囲気をもたらしている」（一五頁）と評価する。老舗《しにせ》好きの池波正太郎らしい文章と言えよう。

> ホテル〔グッドウッド・パーク〕は、シンガポール目抜きの大通り〔オーチャード《ママ》・ストリート《ママ》〕から、ちょっと小高い丘へあがったところにある。芝生の前庭の向こうの白亜の大玄関は、バロック風の外壁とヴィクトリア風のエッチングに飾られてい、その頭上に、いかにも、かつての白人たちが好んだ東洋風異国趣味の塔が建っている。この建物は、一八九九年にドイツ人のクラブ（兼）ホテルとして建てられたが、第一次世界大戦後、敗退したドイツに替わって建物を買いとったユダヤ人某が、はじめてホテルを開業したのだった。（中略）わずかにグリーンの色を秘めた明るいグレイの天井と壁。ロビーには客が群れてもいないし、ロビーの奥のコーヒー・ラウンジは、一目見ただけで腰を落ちつけたくなる。（一四―一五・一八頁）

村上龍の『ラッフルズホテル』

快適な観光都市としてのシンガポール像は、村上龍《むらかみりゅう》（一九五二～　）の映画『ラッフルズホテル』（一九八九年）、および小説『ラッフルズホテル』（集英社、一九八九年）にも見られる。ラッフルズ・ホテルは、創業一八八七（明治二十年）の名門ホテルだが、一九八九（平成元）年三月から二年半、営業を中止して大規模な改修工事を行った。村上龍・野沢尚《のざわひさし》『シナリオ ラッフルズホテル』（集英社、一九八九年）の「製作日報」からは、ホテルでの撮影が休業直後の一九八九年三月に行われたことがわかる。西洋人の牙城《がじょう》ラッフルズは、戦前の日本人旅行客にはあまり利用されなかった。このホテルを日本人が郷愁や観光の対象にするようになったのは、一九八〇年代以降の新しい現象である。

ラッフルズホテルは確かに他のどのホテルにもない雰囲気を持っている。ロング・バー［Long Bar］、ライターズ・バー［Writers Bar］、ティフィン・ルーム［Tiffin Room］、エリザベザン・グリル［Elizabethan Grill］、すべてが観光の名所になっていて、風格のあるセンチメンタリズムに充ちているのだ。パームコート［Palm Court］と呼ばれる中庭には、東南アジアの片隅に残った哀愁の英国を味わいに来た宿泊客がいる。（八五頁）

場所の持つ意味が変化したのは、チャイナタウンも同様だった。この街はもはや、洗濯物がはためく生活感に溢《あふ》れた貧民街ではない。「遺産としてというか、観光のための名所作りというか、そのためだけに取り壊しを免《まぬが》れて残っている場所」（八九頁）となっていた。

登場人物の一人で、ヴェトナム戦争を体験したフリーカメラマン狩谷俊道は、全てを捨ててシンガポールへ行ってしまう。戦前にも見られた、逃避地としてのシンガポールである。「スラム街に身を潜《ひそ》めて、ドリアンを運ぶ人夫《にんぷ》になったり、忘れ去られたような島で漁師をして暮らす、教会の修復工事なんかもいいいな」（五八―五九頁）と、狩谷俊道は言う。一方で彼の友人は、シンガポールに支店を作ろうとしていた。「友人がシンガポールに開設を計画していたのは、東南アジア市場での新素材売り込みの窓口となり、かつジャンク・ボンドその他の新金融商品を売買するような会社だった」（六四頁）。今日の東南アジアは、日本の企業活動の最前線であると同時に、放浪旅行の目的地でもある。村上龍の小説は、日本人にとってのシンガポールが持つ二面性を、巧みに取り入れていると言える。

シンガポールを研究する者にとって特に興味深いのは、『ラッフルズホテル』にセキン島（Pulau Sakeng）が登場することだろう。小説で観光ガイドは、漁師の島に行きたいという女優本間萠子の求めに応じて、彼女をセキン島に案内している。シンガポールの南西にあるセキン島は、一九九九年からゴミの埋立地となった。それ以前は、わずかな島民のみが住む交通不便な小島であり、およそ観光客が足を踏み入れるような場所ではない。「シンガポールの島は全部ゴルフ場か石油コンビナートの貯蔵タンクになってるんだ、そうだな、今でも細々と漁をしてるのはプラウ・セキン島くらいのものかな」（九一頁）とある通りである。映画『ラッフルズホテル』には、この島で撮影された場面がある。水上集落や椰子林が残っており、まるで今村紫紅《いまむらしこう》の《熱国之巻《ねっこくのまき》》（一九一四年）（図13）に描かれたような素朴な南洋風景が展開する。村上龍は、大正期までの日本人が見た幻の風景を求めて、この離島をロケ地に選んだと思われる。

映画『ラッフルズホテル』は、昭和の時代が幕を閉じた平成元年に公開された。幕末に漂流民音吉が足跡を残してからほぼ一世紀半。シンガポールと日本人とのかかわりの長い歴史をふり返る時、果てしなく遠くに来たという感慨を、私は禁じ得ないのである。

あとがき

一九九二（平成四）年七月三日、僕は初めてチャンギー空港に降り立った。シンガポール国立大学日本研究学科に助教の職を得て、シンガポールの土を踏んだのである。二十五歳だった。今は亡き林連祥《りんれんしょう》先生が、第一ターミナルの出口で出迎えて下さった。時は夕刻。タクシーは高速道路を西へと走り、大学内の宿舎に向かう。熱帯の鮮やかな光。道路脇に延々と続く椰子の並木。左手にちらりと見える青い海。白く輝く積乱雲。林立する高層住宅。美しく整備された緑地帯。僕は、この非現実的な光景に、ほとんど酔っていたと思う。僕のシンガポールとのかかわりは、こうして始まった。

帰国後数年経った二〇〇〇年、僕は日本シンガポール協会の機関誌に、短い文章を連載することになった。「日本人のシンガポール体験」と題して、調べたことを気楽なエッセイの形で少しずつ発表してゆく形である。連載は二〇一一（平成二十三）年まで十二年間、五十回にわたって続いた。連載終了前に、人文書院の井上裕美さんより出版のお話を頂戴した。それから十年近くが経過し、ようやくこの本の刊行に至った。本当に長くお待たせしてしまった。

確か一九九一年のある日、道玄坂の中華料理店で行われた研究室の懇親会の席上であったと思う。平《ひら》川祐弘《かわすけひろ》先生が僕の席に近づいてこられ、「君、シンガポールに行く気はありませんか？」とおっしゃった。当時私は東京大学大学院の修士二年生で、これから論文を書き始めるところだったので、「そのうちに海外に行きたいと思っています」と、いたって漠然と答えたように記憶している。所詮《しょせん》は酒の席での話であり、こちらはまだ修士論文すら提出していない未熟な学生である。まあ来年頃には、またおいおい相談させていただこうと思って帰宅した。ところが翌日、大学に顔を出して先生にご挨拶をすると、「決意は固まりましたか？」と来た。このようなわけで、私はいたって偶発的に、シンガポール国立大学で日本語を教えることになった。

私は平川祐弘先生の書かれた文章から、夏目漱石が洋行の途上でシンガポールに立ち寄り、日記に記録を残していることを知った。赤道直下の島に漱石がやってきて、あちこち観光をしているというのが、何とも意外に感じられた。文豪と熱帯リゾートの組み合わせが、いかにも突飛に思われたのである。

そこで漱石を手始めにして、シンガポールについて何らかの文章を残している日本人文学者の資料を探し始めた。すると驚いたことに、非常に多くの著名人がこの町を訪れている。福沢諭吉はシンガポールで元漂流民の音吉に会った。森鷗外はこの港を漢詩に詠んだ。永井荷風の『ふらんす物語』はシンガポールで話が終わる。二葉亭四迷が火葬され、井伏鱒二が働いた。映画監督小津安二郎は、二年半もこの地で生活している。藤田嗣治は大作《シンガポール最後の日》を描いた。僕はしだいに、日本人とシンガポールとのかかわりについて、その全貌をまとめてみたいと思うようになった。

そもそも、日本人がシンガポールについて書いた文章や絵画を論じることには、どのような意義があるのだろうか。もちろん、シンガポールに興味のある読者は、きっと本書に関心を持って下さるだろうと思う。しかし、もう少し視野を広げるならば、『日本人のシンガポール体験』は、日本人が世界をどのように見てきたのかという、地球規模の比較文化的探求の一部をなしている。

たとえば、杉田英明《すぎたひであき》氏の『日本人の中東発見』（東京大学出版会、一九九五年）は、日本人が中東をどのように表象してきたのかを研究した良書である。アフリカに関しては、藤田《ふじた》みどり著『アフリカ「発見」——日本におけるアフリカ像の変遷』（岩波書店、二〇〇五年）がある。パリと言えば、今橋映子《いまはしえいこ》氏の名著『異都憧憬　日本人のパリ』（柏書房、一九九三年）を忘れることができない。あるいは、和田博文《わだひろふみ》氏らによる『言語都市・上海』（藤原書店、一九九九年）、『言語都市・パリ』（藤原書店、二〇〇二年）、『言語都市・ベルリン』（藤原書店、二〇〇六年）、『言語都市・ロンドン』（藤原書店、二〇〇九年）などがある。地理的に近い朝鮮半島や台湾や大陸に関しては、さらに多くの書籍が出版されている。本書は、このような比較文化研究の流れの中に位置づけることができるだろう。

　一方、『日本人のシンガポール体験』は、戦後の日本で盛んになった「文学散歩」の海外版でもある。文学散歩は、野田宇太郎《のだうたろう》（一九〇九〜一九八四）に始まるとされる。文学者の足跡を日本各地に訪ね、町を歩くのは非常に楽しい。シンガポールの街も全く同じである。ブギス・ジャンクションのショッピング・センターは、夏目漱石が昼食をとった日本人町の跡地に建っている。ロイド・ロードには井伏鱒二が住んでいた。カトン海岸は金子光晴や斎藤茂吉ゆかりの地。二葉亭四迷が火葬されたのは、ケント・リッジ公園の近く。ドービー・ゴート駅前のキャセイは、徴用作家らが勤務し、小津安二郎が住んでいた場所。高浜虚子と横光利一は、植物園で吟行を行った。シンガポールと日本人とのかかわりは、地球大の巨視的な比較文化の眼で論じることもでき、また、微視的な街歩きによって知ることもできるのである。

　『日本人のシンガポール体験』を執筆するために、僕はこの二十年余り、シンガポール中を歩きまわった。この間のシンガポールの発展は、実にみごとなものである。当初はバスを乗り継いで行かなければならなかった不便な場所に、地下鉄が通った。しかも、朝夕は大混雑である。シンガポール川は河口で堰《せ》き止められ、巨大な貯水池になった。かつて日本人船客が散歩したエスプラネードの海岸は、沖合まで埋め立てられ、海辺の風情は消えていった。かつて戦場だった郊外の丘には、モダンな高層住宅が次々と建てられていった。

シンガポールの発展を、僕はまるで自分自身が大きくなってゆくような気持ちで見つめてきた。そして、嬉々《きき》としてこの本を書きすすめていったのである。初めてシンガポールに降り立ったあの日から四半世紀、僕は本書の刊行を、少し感傷的な気持ちで見守っている。

平成二十九年三月十日

広島・鉄砲町にて　　西原大輔

地図3　シンガポール中心市街図

①植物園　②タングリン門　③ニュートン・サーカス　④タングリン・クラブ　⑤グッドウッド・パーク・ホテル　⑥ハイヤット・ホテル　⑦マンダリン・ホテル　⑧音吉邸跡　⑨音吉埋葬地　⑩スリ・ヴィラマカリアマン寺院　⑪スリ・スリニバサ・ペルマル寺院　⑫新世界跡　⑬カラン空港跡　⑭日本人町跡　⑮ローチョー　⑯旧日本総領事館　⑰桜ホテル跡　⑱キャセイ・ビル跡　⑲ラッフルズ・ホテル　⑳グッド・シェファード教会　㉑博物館　㉒フォート・カニングの丘　㉓タンク・ロード駅跡　㉔セント・アンドリュース教会　㉕パダン　㉖クリケット・クラブ　㉗アデルフィ・ホテル跡　㉘市庁舎（シティ・ホール）　㉙オテル・ドゥ・ルーロップ跡　㉚ヴィクトリア劇場およびヴィクトリア・コンサート・ホール　㉛エスプラネード　㉜フラトン・ビル　㉝ボート・キー　㉞コリア・キー（ジョンストン桟橋跡）　㉟ラッフルズ・プレイス　㊱クラーク・キー　㊲ホン・リム・コンプレックス　㊳スリ・マリアマン寺院　㊴オートラム監獄跡　㊵タンジョン・パガの港跡　㊶旧ケッペル駅　㊷チョン・バル　㊸マウント・フェーバー

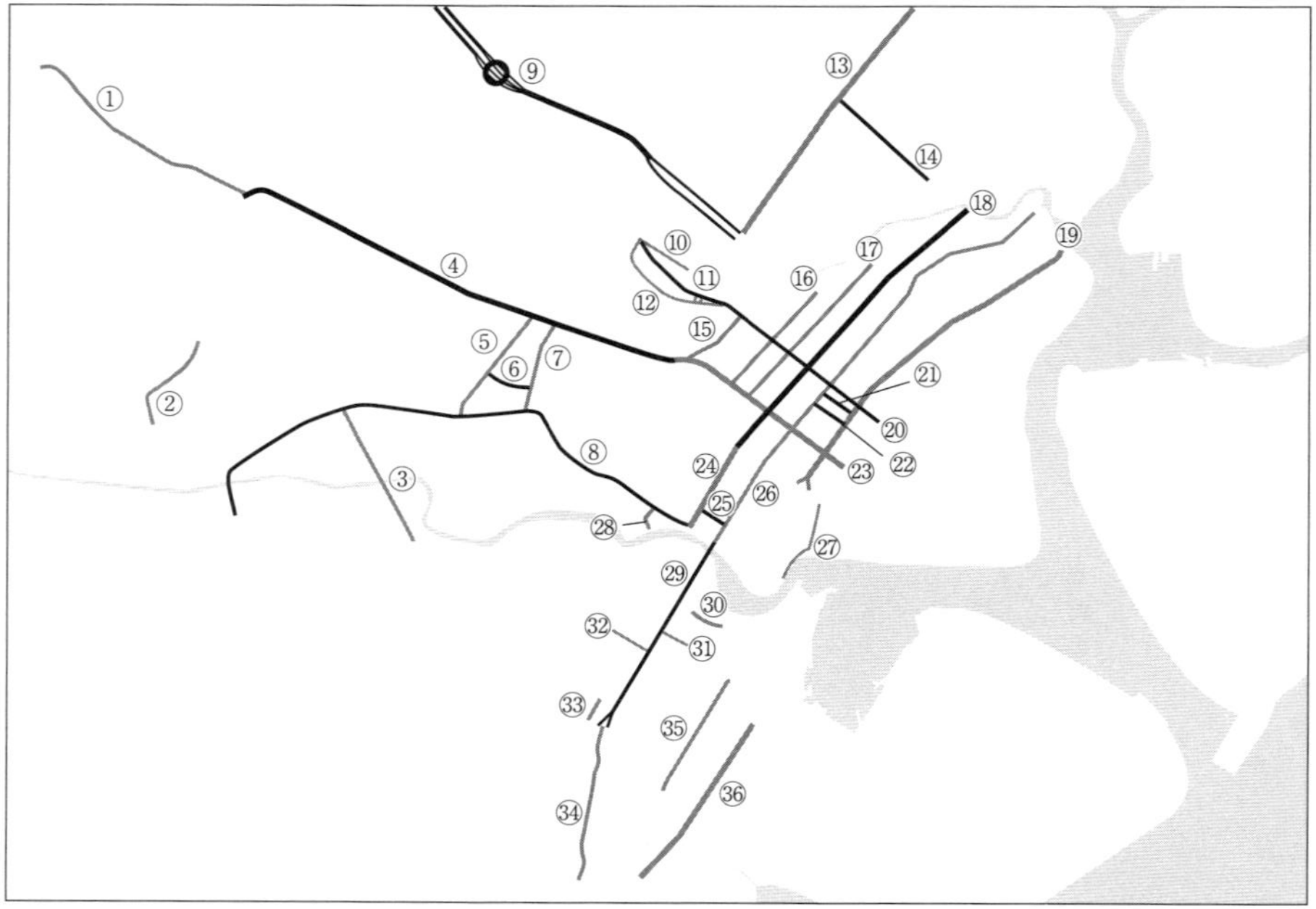

地図2　シンガポール中心部道路図

①ナッシム路　②ビショップスゲート　③キム・セン路　④オーチャード路　⑤キリネー路　⑥ロイド路　⑦オクスレー路　⑧リヴァー・ヴァレー路　⑨ブキ・ティマ路　⑩アッパー・ウイルキー路　⑪ウイルキー路　⑫ソフィア路　⑬セラングーン路　⑭キッチナー路　⑮プリンセップ街　⑯ウオータールー街　⑰クイン街　⑱ヴィクトリア街　⑲ビーチ路　⑳ミドル路　㉑パービス街　㉒シア街　㉓ブラス・バサ路　㉔ヒル街　㉕ハイ街　㉖ノース・ブリッジ路　㉗エリザベス・ウオーク　㉘カニング・レーン　㉙サウス・ブリッジ路　㉚サウス・カナル路　㉛福建街　㉜旧豆腐街　㉝バンダ街　㉞タンジョン・パガ路　㉟セシル街　㊱シェントン・ウエイ

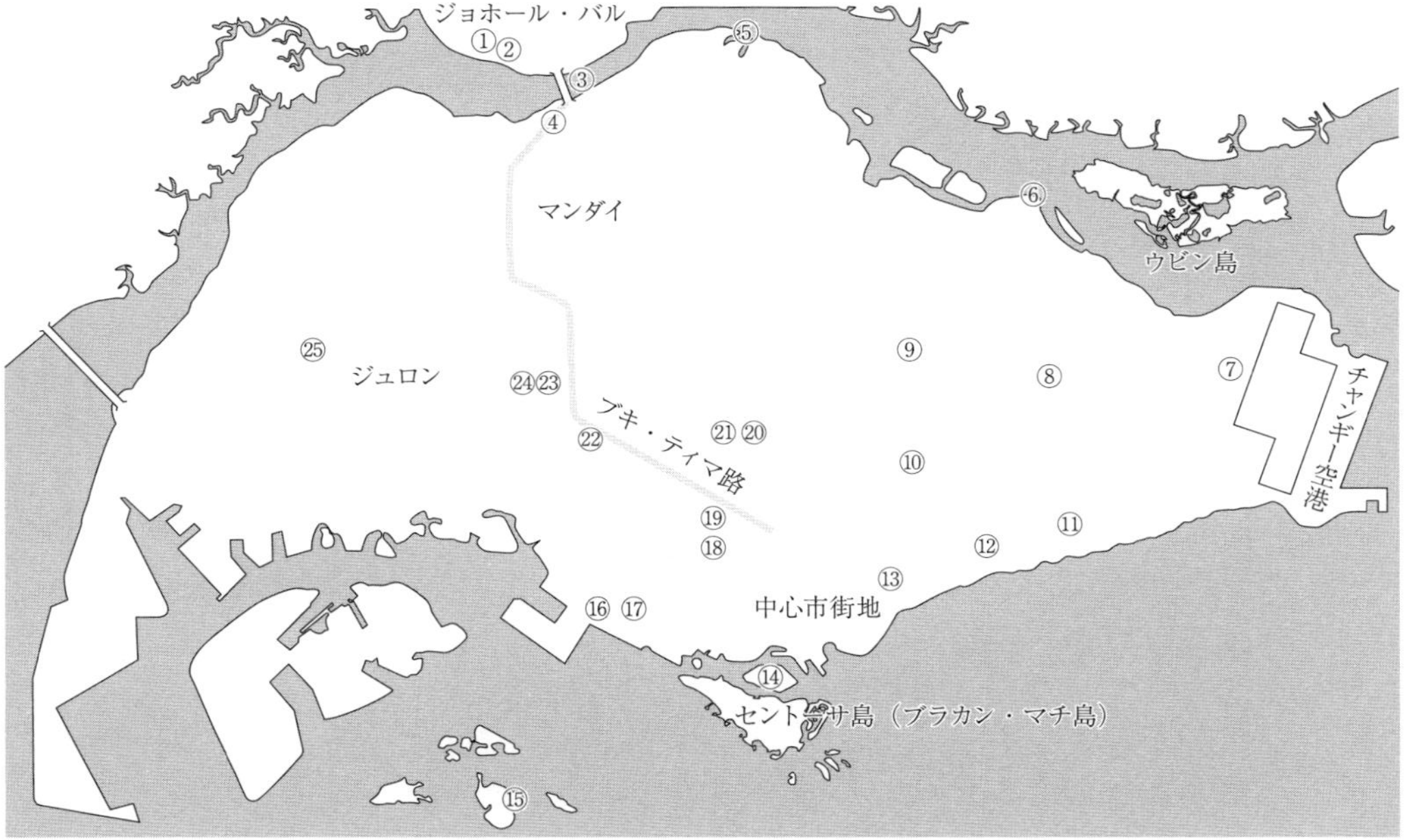

地図1　シンガポール全島図

①アブ・バカ・モスク　②ジョホール王宮　③コーズウエイ　④ウッドランド駅　⑤セレター軍港　⑥タンジョン・ポンゴール　⑦チャンギー刑務所　⑧パヤ・レバー空港　⑨日本人墓地公園　⑩アルカフ・ガーデン跡　⑪シグラップ　⑫タンジョン・カトン　⑬カラン空港跡　⑭ブラニ島　⑮セキン島　⑯ハウ・パー・ヴィラ　⑰ブキ・チャンドゥ（オーピアム・ヒル）　⑱植物園　⑲旧ラッフルズ大学　⑳マックリッチ貯水池　㉑昭南神社跡　㉒ブキ・ティマ三叉路跡　㉓旧フォード工場　㉔昭南忠霊塔跡（ブキ・バトック）　㉕チョア・チュー・カン政府墓地

南旅館　36, 47, 68, 110, 230, 235, 274-276, 283
『ラッフルズホテル』（村上龍）　275-277
ラ・マルセイエーズ号　261
蘭印　14, 141, 142, 144, 145, 184
ラン園（Orchid Garden）　270
ラングレー・スコット号　260
リアウ諸島（Kepulauan Riau）　197, 253
リヴァー・ヴァレー路（River Valley Road）　233, 266, 284
りおでじやねいろ丸　72, 157
『陸軍省派遣極秘従軍舞踊団』（宮操子）　242, 245
リトル・インディア→インド人街
「留学日誌」（芳賀矢一）　56, 75
領事（館）　103, 105-107, 128, 129, 139, 140, 147, 149, 168, 169, 210, 211, 263, 283
レパルス（軍艦）（Repulse）　180
レンガム（Rengam, Renggam）　254
レンパン島（Pulau Rempang）　253, 254
ロイド路（Lloyd Road）　181, 193, 194, 197, 281, 284
ローチョー（Rochor）　49, 283
『六人の報道小隊』（栗原信）　172, 173, 175, 177
ロング・バー（Long Bar）　68, 276
『倫敦』（長谷川如是閑）　60, 66

わ　行

「われは知らず」（神保光太郎）　198

143
松尾旅館　55-57, 111, 112
マックリッチ貯水池（MacRitchie Reservoir）　197, 216, 217, 285
マドラス号　38
『マライの人たち』（中村地平）　224, 225
マラッカ（Malacca）　44, 45, 55, 74, 221, 232, 244
—海峡（Strait of —）　1, 16, 34, 44, 70, 139
マラバー街（Malabar Street）　100
マリティーム・メサジェリ社　67
マリナー号　19
マレー街（Malay Street）　100, 104, 105, 108
マレー号　20
《馬来作戦絵巻》（福田豊四郎）　173, 176, 177
『マレー戦記 昭南島誕生』　246
『マレー戦記 進撃の記録』　246
マレー鉄道　98, 242
『マレー蘭印紀行』（金子光晴）　132, 141, 142, 144, 145
マワイ護謨園　96
マンダイ（Mandai）　91, 285
マンダリン・ホテル（Mandarin Hotel）　270, 272, 274, 283
三島丸　124
三井　56, 67, 68
—物産　67-69, 76, 129
—三池炭坑　67, 68
三菱商事　129
みどり丸　196
ミドル路（Middle Road）　129, 135, 138, 284
南十字星　150, 244, 250, 260
『南の風』（獅子文六）　161
『南の肌』（円地文子）　108
『南を翔ける』（橋本関雪）　227
ムアール（Muar）　96
『夢声戦争日記』（徳川夢声）　216, 218, 234, 242
メイヤー路（Meyer Road）　159
メンザレエ号　51
モリソン号　18

や　行

八雲（軍艦）　147
靖国丸　80
《山下、パーシバル両司令官会見図》（宮本三郎）　178, 235, 239
大和館　109
大和商会　73, 110, 123
ユーロップ号　34, 35
『洋行奇談新赤毛布』（長田秋濤）　105
横浜正金銀行　42, 61, 129, 190
『輿地誌略』（内田正雄）　43, 74

ら　行

ライターズ・バー（Writers Bar）　276
羅越国　12-14, 17, 39
ラオス号　263
楽洋丸　242
ラッフルズ大学（Raffles College）　196, 210, 285
ラッフルズ灯台（Raffles Lighthouse）　35
ラッフルズ博物館（Raffles Museum）、昭南博物館　55, 90, 97, 115, 120, 121, 202, 211-216, 227, 236, 237, 263, 265, 274, 283
ラッフルズ・プレイス（Raffles Place）　122, 129, 137, 235, 260, 283
ラッフルズ・ホテル（Raffles Hotel）、昭

ブギス・ジャンクション（Bugis Junction） 100, 281
ブキ・チャンドゥ（Bukit Chandu） 71, 285
ブキ・ティマ（Bukit Timah） 172, 174-176, 226, 229, 237, 285
一路（一 Road） 22, 123, 174-176, 217, 284, 285
《ブキ・テマ戦跡記念碑》（笠置季男） 218, 251
ブキ・バトック（Bukit Batok） 218, 285
フジホテル 248
富士丸 196, 197
藤原機関 221
扶桑館 104
二葉亭四迷終焉之碑 69, 72, 147, 232
仏印 14, 208, 239, 240
福建街（Hokkien Street） 229, 284
プラウ・バタム→バタム島
ブラカン・マチ島（Pulau Blakang Mati）→セントーサ島
ブラス・バサ路（Bras Basah Road） 109, 122, 284
フラトン・ビル（Fullerton Building） 189, 283
ブラニ島（Pulau Brani） 88, 285
フランス船、フランス郵船 25, 34-36, 38, 51, 53, 82, 101, 146, 157, 261, 263, 267
『ふらんす物語』（永井荷風） 39, 61, 62, 65, 67, 82, 87, 106, 280
プリハートメリーホー 28
プリンス・オブ・ウエールズ（軍艦）（Prince of Wales） 180
プリンセップ街（Prinsep Street） 168, 284
プリンツ・ルードヴィヒ号 83
プロイセン号 55, 56
平安丸 267
『米欧回覧実記』（久米邦武） 41
『米僊漫遊画乗』（久保田米僊） 16, 48-50
ペドラ・ブランカ島（Pedra Branca） 34
ペナン、彼南（Penang） 78, 88, 155, 216
『伯林留学日記』（山口青邨） 76, 162, 167
ベンクーレン（Benkulen, Benkulu） 1
「奉使日記」（杉浦譲） 36, 40, 63, 75
宝順丸 18
ホースバラ灯台（Horsburgh Lighthouse） 34
ボート・キー（Boat Quay） 1, 27, 121, 283
ポール・レカ号 146
ボルネオ（島） 92, 107, 108, 119, 189, 200
ぼるねお丸 93
本願寺 53, 68, 205
ポンゴール（Punggol） 92, 93, 146, 148, 285
香港 20, 26, 65, 78, 84, 110, 112, 115, 119, 130, 131, 179
ホン・リム・コンプレックス（Hong Lim Complex） 234, 283

ま 行

マーライオン（Merlion） 26, 142, 143, 269, 274
マウント・フェーバー（Mount Faber） 272, 283
マカオ 18, 20
マクファーソン路（MacPherson Road）

104, 106, 138, 281, 283
日本占領時期死難者人民記念碑　271
日本総領事館→領事（館）
日本郵船　61, 69, 70, 78, 85, 86, 94, 129, 149, 161, 267
ニュートン・サーカス（Newton Circus）　274, 283
ネグリセンビラン州（Negri Sembilan）　221
《熱国之巻》（今村紫紅）　88, 89, 277
ノース・ブリッジ路（North Bridge Road）　49, 110, 186, 250, 284

は　行

パービス街（Purvis Street）　123, 284
パーム・コート（Palm Court）　276
ハイ街（High Street）　48, 49, 153, 284
ハイヤット・ホテル（Hyatt Hotel）　269, 270, 283
ハイラム街（Hylam Street）　81, 100, 104, 108
ハウ・パー・ヴィラ（Haw Par Villa）　266, 285
白山丸　79, 85, 92, 135, 150
白鳥湖（Swan Lake）　50
博物館→ラッフルズ博物館
箱根丸　69, 80, 93, 145, 148, 154-156, 166
パシル・パンジャン（Pasir Panjang）　69-71, 153
パタニ（Patani）　171
バタビア　131, 226
バタム島（Pulau Batam）　187
パダン（Padang）　36, 46, 47, 120, 121, 222, 223, 271, 283
『八十日間世界一周』（川島忠之助訳）　41, 42
バト・パハ（Batu Pahat）　96, 124, 139, 230
「花の街（町）」（井伏鱒二）　192-194, 205, 270
バハウ（Bahau）　219, 221, 251
パヤクンブ（Payakumbuh）　188
パヤ・レバー空港（Paya Lebar Airport）　269, 273, 274, 285
原ステッキ店　81
『巴里絵日記』（橋本邦助）　89
『パリ画信』（荻須高徳）　260
ハリマホテル　110
榛名丸　66, 97, 146, 148, 149, 157, 167
バンコク　222, 228
『万国地誌略』（藤井惟勉）　43, 74
バンダ街（Banda Street）　100, 108, 284
P&O 社　67
ビーチ路（Beach Road）　123, 284
東本願寺　53
光機関　221
『彼岸過迄』（夏目漱石）　50, 59-61
ビショップスゲート（Bishopsgate）　267, 268, 284
「尾蠅欧行漫録」（市川渡）　16, 19, 27-29, 35, 39, 63, 75
平野丸　83, 149
ヒル街（Hill Street）　109, 189, 284
ビルマ　14
備後丸　100
《檳榔子の細道》（和田三造）　123
ファーズ号　82
フィリピン　14, 226
フォート・カニングの丘（Fort Canning Hill）　21, 28, 49, 153, 240, 241, 266, 283
フォード工場、フォード会社（Ford Factory）　176, 177, 229, 285

279, 285
一路（一 Road）　171
チュアン・ホー・アヴェニュー（Chuan Hoe Avenue）　72
チョア・チュー・カン（Choa Chu Kang）　22, 285
『徴用中のこと』（井伏鱒二）　172, 174, 176, 181, 182, 184, 187, 189, 190, 192, 194, 198, 200, 203, 209, 210, 219, 241, 242, 244, 245, 248, 249
朝嵐丸　249
チョン・バルー（Tiong Bahru）　186, 283
チラチャップ俘虜収容所　254
『地を潤すもの』（曾野綾子）　271-273
剣山丸　56, 68
ティフィン・ルーム（Tiffin Room）　274, 276
天長節　197, 203, 210, 236
『東海道中膝栗毛』（十返舎一九）　44, 152
豆腐街　229, 234, 284
ドービー・ゴート駅（Dhoby Ghaut Station）　281
『時の迷路・海は問いかける』（高良留美子）　262
『徳川昭武幕末滞欧日記』　38, 63, 75,
『どくとるマンボウ航海記』（北杜夫）　81, 263, 264
『独立印度新聞』（Azad Hindustan）　224
《土人の顔（其一）（其二）》（朝倉文夫）　121, 122
《土人部落の一部》（小野竹喬）　126, 127
図南クラブ→シンガポール・クリケット・クラブ
『渡仏日記』（高浜虚子）　76, 80, 145, 154, 156
トムソン路（Thomson Road）　94, 197

な　行

中村屋　221-223
ナッシム路（Nassim Road）　181, 196, 247, 284
「夏・南方のローマンス」（木下順二）　260
『南海一見』（原勝郎）　93, 94
南進（論）　13-15, 17, 22, 100, 165
南天楼　227, 235, 265
『南方紀行』（吉川英治）　226-228
『南方紀行日誌』（吉川英治）　226
南方軍総司令官　73, 227
南方軍総司令部　241
『南方圏有用植物図説』（渡辺清彦）　216
『南方文化施設の接収』（田中館秀三）　212
南方雄飛　13, 94
《南溟の夜》（横山大観）　127, 128
「南洋華僑の排日」（金子光晴）　133-135
『南洋日日新聞』　73, 97, 128, 139, 161
『南洋の五十年』（南洋及日本人社）　103, 117, 155, 159
『南洋の雄姿』（飯塚茂）　94, 146, 159
ニコバル島　258
『西ひがし』（金子光晴）　138, 139
西本願寺　68
日新（ゴム）園　93, 94
日本人倶楽部　81, 128, 136, 142, 145
日本人墓地（公園）（Japanese Cemetery Park）　11, 69, 71-73, 75, 110, 157, 162, 231, 232, 263, 285
日本人町（街）　55-57, 81, 100, 101,

セラポン要塞（Fort Serapong）　174
セラングーン（Serangoon）、一路（一 Road）　72, 84, 92, 107, 131, 132, 155, 159, 284
セレター（Seletar）、一軍港　147, 166, 172, 239, 245, 285
《セレター軍港》（清水登之）　166, 167
宣伝班（Propaganda Department）　172, 174, 181, 182, 184, 190-193, 195, 197, 198, 219, 220, 227, 241, 245, 247, 248, 249
セント・アンドリュース教会（St. Andrew's Cathedral）　21, 27, 283
セントーサ島（Sentosa Island）、ブラカン・マチ島　174, 176, 185, 186, 195, 265, 268, 272, 285
センバワン（Sembawang）　226, 228
「戦友の遺骨を抱いて」　204, 243-245
宗谷（南極観測船）　265
総領事（館）→領事（館）
ソクチン（Sook Ching）→華僑粛清事件
ソフィア路（Sophia Road）　138, 284

た　行

タイ（泰）　14, 142, 255, 256, 268
大安丸　249
タイガー・バーム・ガーデン（Tigar Balm Gardens）　266
大黒屋ホテル　107, 128, 131, 132
第五師団　171, 216
第三次中東戦争　267
第十八師団　171
大世界（Great World）　135, 197, 233, 234
大東亜劇場　189, 200, 247
『大東亜戦争画文集 仏印』（荻須高徳）　208, 239, 240
第二十五軍　171, 196, 227, 241
太平天国の乱　19, 30, 35
大本営　169, 192, 197, 198
タイリア号　256
台湾　24, 197, 281
タウン・ホール（Town Hall）　124
『高丘親王航海記』（澁澤龍彦）　11, 17
宝塚　14
竹内遣欧使節団　16, 19, 22, 24-30, 32, 34, 36, 37, 45, 48, 52, 62, 63, 267
玉川（ガーデン）　145, 155, 159
ダルフォース（Dalforce）　184
弾丸列車計画　225
タングリン・クラブ（Tanglin Club）　66, 283
タングリン門（Tanglin Gate）　50, 283
タンク・ロード駅（Tank Road Station）　98, 283
タンジョン・カトン（Tanjong Katon）→カトン
タンジョン・パガ（Tanjong Pagar）　26-28, 37, 53, 56, 62-64, 82, 98, 155, 283
一駅（一 Station）　242
一路（一 Road）　49, 284
タンジョン・ポンゴール（Tanjong Punggol）→ポンゴール
丹波丸　125
タンピン（Tampin）　232
『チベット旅行記』（河口慧海）　104
チャイナタウン（Chinatown）　100, 229, 234, 265, 268, 274, 276
チャンギー（Changi）　146-148, 162, 168, 214, 238, 255-258, 260
一監獄、一刑務所（一 Prison）　170, 171, 181, 185, 186, 253, 255-260, 272, 285
一空港（一 Airport）　42, 143, 273, 274,

『嘉坡通信報知叢談 志別土商人物語』（矢野龍渓） 46
《新嘉坡土人水上生活》（今村紫紅） 89
『シンガポール日報』 130, 139
《シンガポールにて》（野長瀬晩花） 126
新嘉坡日本小学校 157, 158
「新嘉坡の一夜」（水上滝太郎） 82, 105
「新嘉坡の一夜」（与謝野鉄幹） 106, 116
「新嘉坡の数時間」（永井荷風） 61, 62, 67, 82, 106
『新嘉坡の宿』（森三千代） 71, 84, 92, 97, 107, 128, 130, 131, 141
新港（New Harbour） 26, 27, 37, 51, 53
シンゴラ（Singora） 171, 172
新世界（New World） 135, 197, 265, 283
『陣中新聞』 203, 245
《真如親王》（川端龍子） 11, 15, 16
真如親王供養塔 11
『真如親王伝研究』（杉本直次郎） 13
真如親王奉讃会 13
《神兵の救出到る》（藤田嗣治） 237, 238
水族館（Van Kleef Aquarium） 266
スエズ運河 267
スクダイ（Sekudai） 230
ステレツ 129, 130
ストレーツ・タイムズ、—社（The Straits Times） 182
スマトラ（島） 44, 45, 55, 59, 69, 92, 144, 188
スラバヤ 130
スラングン→セラングーン
スリ・ヴィラマカリアマン寺院（Sri Veeramakaliamman Temple） 131, 283
スリ・スリニバサ・ペルマル寺院（Sri Srinivasa Perumal Temple） 132, 283
スリ・マリアマン寺院（Sri Mariamman Temple） 274, 283
スリ・メダン（Seri Medan） 96
スレンバン（Seremban） 129
諏訪丸 96, 165
「西航記」（福沢諭吉） 19, 28, 29, 34, 40
『星座と花』（北町一郎） 235
『星洲日報』 187, 188
星州楼 123
『聖書』 18, 20
『西洋旅案内』（福沢諭吉） 45-55
『西洋道中膝栗毛』（仮名垣魯文） 43-45, 152
清涼館 146-148, 162
『世界一周啞旅行記』（二川凌雲） 93
『世界国尽』（福沢諭吉） 43, 74
石炭 2, 26-28, 37, 38, 42, 51, 62-64, 67-69, 76, 82, 83
『赤道の旅』（庄野英二） 231, 269
『赤道を行く（新嘉坡案内）』 81, 142, 145, 146
セキン島（Pulau Sakeng） 277, 285
女衒 106-109, 130
『女衒 ZEGEN』（今村昌平） 108
セシル街（Cecil Street） 182, 183, 224, 284
セナイ、士乃（Senai） 93, 155
セネタ→セレター
セネット・エステート（Sennett Estate） 143
ゼネラル・パーマー号 20

娘子軍（からゆきさん）　22, 57, 58, 73, 100-103, 106-110, 120, 122, 140, 148, 187
《昭南》（中村研一）　166
昭南劇場　242
昭南植物園→植物園
「昭南所見」（井伏鱒二）　222
昭南神社　216-218, 226, 231, 251, 285
『昭南タイムズ』（The Syonan Times）　181-186, 189, 200, 209, 210, 224
昭南忠霊塔　216, 218, 219, 226, 231, 285
「昭南島に題す」（高村光太郎）　179
昭南特別市　185, 198, 209, 210, 220
『昭南特別市史』　210, 215, 251
昭南日本学園　198-205, 208, 210
昭南博物館→ラッフルズ博物館
昭南旅館→ラッフルズ・ホテル
照洋丸　81, 263
植物園（Botanic Garden）　50, 51, 55, 60, 87, 90, 91, 97, 108, 128, 155, 161, 181, 196, 211-216, 263, 265, 270, 274, 281, 283, 285
ジョホール（Johor）　12, 13, 60, 68, 93, 95, 96, 98, 99, 129, 150, 167, 169, 173, 174, 176, 181, 206, 214, 228, 229, 253
—・バル（— Bahru）　11, 73, 95, 155, 172, 230, 285
ジョホール王宮（Istana Besar）　98, 150, 155, 243, 285
ジョホール河（Johor River）　94
ジョホール水道（Johor Strait）　92, 98, 146, 147, 165, 166, 171-174, 229, 232, 239
《ジョホール水道渡過》（中山巍）　173
ジョホール政庁（Johor Government Office Building）　173
ジョンストン桟橋（Johnston's Pier）　26, 161, 283
じよん・りつとる百貨店（John Little）　137
《白壁の家（昭南市郊外戦跡）》（栗原信）　175
シロソ要塞（Fort Siloso）　174
『シンガポール——運命の転機』（辻政信）　169
「新嘉坡落つ」（三好達治）　179, 180, 191
《シンガポール海岸所見》（堅山南風）　88, 89
シンガポール川（Singapore River）　1, 26, 32, 129, 281
「シンガポール陥落」（高村光太郎）　179, 180
「シンガポール陥落に際して」（谷崎潤一郎）　14
シンガポール・クリケット・クラブ（Singapore Cricket Club）、図南クラブ　153, 202, 285
新嘉坡堅夏書院　20
シンガポール号　39
《シンガポール最後の日》（栗原信）　174
《シンガポール最後の日》（藤田嗣治）　175, 176, 237, 238, 280
《シンガポール上陸第一歩》（岡田謙三）　174
《シンガポール所見》（横山大観）　79, 127
『シンガポール占領秘録』（篠崎護）　168, 169, 171, 181, 188-190, 210, 220, 251
『シンガポール総攻撃』（島耕二監督）　246
『シンガポール第七号軍事法廷』（大門幸二郎）　255

《黄流》(濱田台兒)　173, 174
コーズウエイ (Causeway)　167, 171, 173, 206, 241, 285
ゴープラム (gopuram)　131
コタ・ティンギ (Kota Tinggi)　96
コタバル (Kota Bahru)　171
ゴタベリイ号　53
ことぶき亭　144, 145
『子供の見た欧羅巴』(北原俊子)　80, 165
近衛師団　171
ゴム・護謨
―園　50, 60, 84, 93-97, 104, 124, 128, 139
―熱　60
―林　59, 60, 72, 124, 229
天然―　2
コリア・キー (Collyer Quay)　26, 283
コンコルド・ホテル (Concorde Hotel)　23
コンノート要塞 (Fort Connaught)　174

さ　行

サイゴン　50, 65, 211, 241
『在南三十五年』(西村竹四郎)　71, 72, 109, 110, 121-124, 136, 145, 161
サウス・カナル路 (South Canal Road)　183, 284
サウス・ブリッジ路 (South Bridge Road)　284
サガラーン号　101
桜ホテル　138, 139, 283
薩摩藩　18, 37-39, 78
サトゥム島 (Pulau Satumu)　35
佐渡丸　94, 97, 112, 119
讃岐丸　57, 58, 61, 62, 67, 68, 87, 125
サマセット駅 (Somerset Station)　181
サラングン→セラングーン
三五公司　94, 124
『三十三年之夢』(宮崎滔天)　56, 111
シア街 (Seah Street)　110, 284
シー・ヴュー・ホテル (Sea View Hotel)　125, 159, 239
ジェマジャ島 (Pulau Djemadja)　119
シェントン・ウエイ (Shenton Way)　268, 284
志かご丸　228
シグラップ (Siglap)　22, 23, 285
師子州　12
市庁舎、シティ・ホール (City Hall)　28, 210, 211, 253, 283
「支那娘ジン」(中村地平)　225
『じやがたら紀行』(徳川義親)　96
『じやばめぐり』(川喜田半泥子)　80, 81, 146
ジャラン・ジュロン・ケチル (Jalan Jurong Kechil)　175
ジャラン・ブッサル通り (Jalan Besar)　135
ジャワ、爪哇、―島　42, 64, 96, 97, 130, 131, 146, 223, 226, 227, 230, 254
上海　19, 29, 30, 39, 65, 78, 84, 110, 115, 130, 134, 135, 188, 281
自由インド仮政府 (Provisional Government of Independent India)　223
『十三階段を上る』(河村参郎)　186, 208
『出洋日記』(高田善治郎)　75, 81, 113
ジュロン (Jurong)　174, 249, 251, 253, 273, 285
『乗槎筆記』(斌椿)　54

香取丸　161, 166
カトン（Katong）　124, 125, 127, 141-146, 151, 155, 159, 161, 162, 239, 265, 281, 285
カニング・レーン（Canning Lane）240, 284
賀茂丸　69, 70, 96, 126
からゆきさん→娘子軍
カラン空港、カラン飛行場（Kallang Airport）　236, 239, 240, 273, 283, 285
ガラン島（Pulau Galang）　253, 254
「河明り」（岡本かの子）　88, 148, 166, 207
河内丸　85
「還東日乗」（森鷗外）　51, 74
カンボジア号　263
咸臨丸　25
『帰郷』（大佛次郎）　233, 234
『きけ わだつみのこえ』　258, 259
北ドイツ・ロイド社　67
北野丸　161
キッチナー路（Kitchener Road）　135, 284
「君が代」　200, 204, 211, 219
キム・セン路（Kim Seng Road）233, 284
キムヒン街　123
キャセイ・ビル（Cathay Building）176, 177, 189, 190, 193, 200, 232, 241, 247-249, 281, 283
《牛車》（土田麦僊）　126
杏花村　234
「虚偽」（佐多稲子）　228-230
喜楽　155
キリネー路（Killiney Road）　194, 284
クアラルンプール（Kuala Lumpur）206, 207, 221, 224
クイン・ストリート（Queen Street）198, 201-203, 284
苦力　27, 62, 63, 67, 82-84, 95, 124, 134, 141, 154, 155, 229
薬子の変　11
グダン、上庫（godown）　103, 129, 130, 141
グッドウッド・パーク・ホテル（Goodwood Park Hotel）　273, 275, 283
グッド・シェファード教会（Cathedral of the Good Shepherd）　27, 283
クラーク・キー（Clarke Quay）　240, 283
クルアン（Keluang）　249
『軍政』（黒田秀俊）　228, 231
軍政監部国語学校　202
『鶏冠詩人伝』（庄野英二）　254
「月光」（北川冬彦）　206, 207
ケッペル（Keppel）
—駅（— Railway Station）　98, 283
—港（— Harbour）　26, 194
—要塞　175
ケロン（kelong）　192, 195
「遣欧使節航海日録」（野沢郁太）　19, 28
『建設戦』　190, 219, 245
ケント・リッジ公園（Kent Ridge Park）　71, 281
「航海日記」（岩松太郎）　36
「航西日乗」（成島柳北）　53, 54, 74, 75, 114, 115
『航西日記』（渋沢栄一）　37, 38, 55
「航西日記」（森鷗外）　50-54, 74, 114
『航南瑣話』（朝倉文夫）　94, 99, 102, 119
《攻略直後のシンガポール軍港》（矢沢弦月）　166

157, 284
『雨過天晴の巻 回想の文学⑤』(中島健蔵) 175, 196, 202, 203, 205, 207, 220, 230, 235, 247
『歌声よひびけ南の空に』(藤山一郎) 254
ウッドランド(Woodlands) 98, 285
ウビン島(Pulau Ubin) 147, 171, 285
《瀛洲進貢》(橋本関雪) 126
エコー号 25, 35
エスプラネード(Esplanade) 47, 126, 153, 262, 282, 283
エリザベザン・グリル(Elizabethan Grill) 276
エリザベス・ウオーク(Elizabeth Walk) 274, 284
エルネスト・シモン号 157
エンダオ(Endau) 219, 221, 251
王宮→ジョホール王宮
「欧行記」(益頭駿次郎) 19, 30
「欧行日記」(淵辺徳蔵) 19, 35, 40, 63, 75
『欧洲紀行』(横光利一) 77, 156
『欧洲芸術巡礼紀行』(国画創作協会同人他) 79, 126
『欧洲見物』(桜井鷗村) 75, 86, 113
欧州航路 51, 54, 55, 58, 60, 62, 64, 65, 67, 68, 77, 78, 80, 82-84, 93, 94, 100, 104, 105, 115, 124, 125, 131, 133, 152, 156, 161, 165, 260, 262, 263, 265, 267, 269
『欧西紀行』(高島祐啓) 27, 28, 31
『欧米巡回日誌』(野津道貫) 64, 75
『欧米に遊びて』(芝時孝) 167
『欧米の旅』(野上弥生子) 80, 114-116, 207
『欧米漫遊留学案内欧洲篇』(瀧本二郎) 80
大阪商船 157
オージン号 25, 26, 34
オーチャード(Orchard) 23, 235
—駅(— Station) 267
—路(— Road) 3, 23, 161, 194, 212, 265, 272, 275, 284
オートラム監獄、オートラム刑務所(Outram Prison) 111, 112, 170, 257, 258, 283
オーピアム・ヒル(Opium Hill) 71, 285
オールド・エアポート路(Old Airport Road) 274
『岡義武ロンドン日記』 92, 114-116
オクスレー路(Oxley Road) 23, 194, 284
『啞之旅行続編』(末広鉄腸) 102, 116
『お茶漬の味』(小津安二郎) 250, 251
オテル・ドゥ・ルーロップ(Hotel de l'Europe) 36, 46, 47, 51, 153, 283
『思い出の昭南博物館』(コーナー) 211, 214, 216, 227, 236
オランダ 38, 137, 258
『女たちへのエレジー』(金子光晴) 136-138

か 行

「懐往事談」(福地源一郎) 35, 40
『海外日録』(浅野長勲) 63, 75, 113-115
『環海詩誌』 30, 40
『外遊十二年』(三上正毅) 85
快楽世界(Happy World) 135
華僑協会 188-190, 220, 221, 271
華僑粛清事件 184, 186, 188, 255, 271
「歌劇 真如王記」 14
鹿島丸 165, 167
カセイ・ビル→キャセイ・ビル
『カタカナシンブン サクラ』 205

事項索引

あ行

アーサーズ・シート（Arthur's Seat）　22
「愛国行進曲」　204, 210, 264
アウア号　41
「暁に祈る」　204, 242
浅間（軍艦）　147
熱田丸　66, 68, 73, 83, 106, 149, 157
アッパー・ウィルキー路（Upper Wilkie Road）　168, 284
アッパー・ブキ・ティマ路（Upper Bukit Timah Road）　175
アデルフィ・ホテル（Adelphi Hotel）　189, 283
アナンバス諸島（Kepulauan Anambas）　119
アブ・バカ・モスク（Abu Bakar Mosque）　99, 155, 285
アヘン、阿片、一工場　71, 134, 153, 154
「阿片工場」（吉行エイスケ）　71, 152, 154
天城丸　242
『アラビアン・ナイト』　46, 48
アルカフ・ガーデン（Alkaff Garden）　92, 142, 143, 285
アルフェー号　36
アロー戦争　30
アンペラトリス号　38
イースト・コースト・パークウエイ（East Coast Parkway）　143
『「イエスかノーか」』（石井幸之助）　177
イオ・チュー・カン（Yio Chu Kang）　94
イギリス東インド会社　1
池田遣仏使節団　25, 36
伊号第三十潜水艦　194, 264
石原産業　73, 96
イスタナ公園（Istana Park）　23
和泉丸　104
『板垣君欧米漫遊日記』　64, 75, 113
『愛しの貴婦人ヴィエトナム号』（長谷川照子）　263
イラワデー号　58
岩倉使節団　41
岩畔機関　221, 222
インド国民軍（Indian National Army）　221-223, 248
インド人街、リトル・インディア（Little India）　84, 131, 132, 135
インド独立連盟　222
『印度は語る』（野口米次郎）　96, 114, 115
ヴィクトリア街（Victoria Street）　129, 284
ヴィクトリア記念会堂（Victoria Memorial Hall）　186, 222, 274
ヴィクトリア劇場（Victoria Theatre）　120, 121, 124, 283
ヴィクトリア・コンサート・ホール（Victoria Concert Hall）　186, 283
ウイルキー路（Wilkie Road）　138, 284
ウインチェスター号　29
ヴェトナム　35, 50, 239, 276
ヴェトナム号、ヴィエトナム号　262, 263
ウオータールー街（Waterloo Street）

森三千代　71, 84, 92, 97, 107, 124, 128, 130, 131, 141, 162
森山多吉郎　30

や　行

矢加部氏　107
矢沢弦月　166
安井曾太郎　125, 162
矢野龍渓（文雄）　46-48, 58, 100-102, 116
山折哲雄　260
山川老人　168
山口青邨　72, 76, 148, 162, 167
山崎朋子　57
山崎直方　165
山下奉文　171, 176-178, 184, 190-192, 210, 211, 219, 220, 227, 235, 239, 241
山下雄太郎　84, 114
山田毅一　86, 114
山田長政　14
山本鼎　91, 115
山本実彦　186, 187
横光利一　69, 77, 154-156, 281
横山大観　79, 124, 127, 128
横山隆一　226
与謝野晶子　78, 81, 83, 113, 149, 151
与謝野鉄幹　106, 116
吉岡堅二　236
吉川英治　226-228, 235
吉田博　143
吉行エイスケ　71, 152-154

ら　行

ラジャラム　224, 225
ラッフルズ、トーマス・スタンフォード（Sir Thomas Stamford Raffles）　1, 2, 20, 26, 27, 120, 121, 215, 274
リー・クワン・ユー、李光耀（Lee Kuan Yew）　62, 199, 201, 208, 270
李鴻章　56
リデロウ、ロバート（Robert Liddelow）　23
リトル、マーティン（Martin Little）　23
リトル、ロバート（Robert Little）　23
リム・ナン・セン（Lim Nang Seng）　143
笠智衆　250
リヨン（梁兆鴻）　183
リン・カナン　186, 187, 189
林文慶（Lim Boon Keng）　189, 190
レンベルガン　183

わ　行

ワイルド少佐（Cyril Hew Dalyrimple Wild）　178
和田三造　121-123
渡辺清彦　214, 216
渡邊渡　189
和辻哲郎　81, 85, 113, 135, 150, 162

斌椿　54
福井菊三郎　68
福沢諭吉　19, 21, 25, 28, 29, 34, 40, 43, 45, 55, 74, 280
福田豊四郎　173, 176, 177, 236
福地源一郎（桜痴）　25, 35, 40, 41
藤井惟勉　43, 74
藤井実　103
藤田嗣治　175, 176, 235-238, 280
伏見宮博英王　147
藤山一郎　254
藤原千多歌　219
二木多賀治郎　70, 73
二葉亭四迷　61, 69-73, 82, 124, 147, 153, 155, 159, 232, 280, 281
淵辺徳蔵　19, 22, 30, 35, 40, 63, 75
古川正雄　82, 113
古山力　183, 185, 210
ブレード氏　169
平城天皇　11
ベネット、ジョン（John Bennett）　22
ペリー　1, 29
ボース、チャンドラ（Subhas Chandra Bose）　221, 223
ボース、ラス・ビハリ（Rash Behari Bose）　221-223
細川護立　13
穂積厳信　14
堀江大給　73
堀江晴行　73
ホルタム（Richard Eric Holttum）　212, 214, 215

ま　行

マウントバッテン、ルイス（Lord Louis Mountbatten）　253
前田青邨　126, 127
前田鉄之助　139
正宗白鳥　167, 207
益頭駿次郎　19, 30
松井孝造　244
松尾兼松　56, 75, 112
松尾芭蕉　152
松木弘安→寺島宗則
松下紀久雄　202, 229
松原晩香　130
松村淳蔵　39, 78
松室孝良　16
松本直治　172, 177
馬奈木敬信　178, 189
丸山友次郎　109
三浦（柴田）環　94, 124, 162
三上正毅　85
美川きよ　228, 251
三木露風　160
水木洋子　228
水原堯栄　15
箕作元八　90, 91, 115
水上滝太郎　82, 83, 105
宮崎滔天　56, 57, 111, 112
宮操子　242, 243, 245
宮本三郎　175, 178, 208, 235, 236, 238
三好達治　179, 180, 191, 208
武者小路実篤　180
村岡伊平次　107, 108
村上龍　275-277
村瀬利兵衛　24
室生犀星　180
モーム、サマセット（William Somerset Maugham）　66, 275
牧谿　91
森鷗外（林太郎）　50-55, 64, 74, 87, 100, 111, 114, 280
森崎和江　57
森田思軒　101, 116

中井桜洲　32-34, 40, 78, 87, 88, 112, 114
永井荷風（壮吉）　27, 39, 61, 62, 64-69, 82, 87, 106, 124, 153, 280
長尾正平　97, 128, 139
中島久万吉　93
中島健蔵　175, 192, 196-198, 200-203, 205, 207, 220, 223, 227, 230, 235, 237, 247
中野光三　73
長野実義　73, 110, 123
中村研一　166, 236
中村鎭雄　256, 257
中村地平　172, 182, 223-225
中村トメ子　110
永山少佐　169, 170
中山巍　173, 236
長屋操　172, 177, 245
夏目漱石（金之助）　1, 50, 55-60, 68, 75, 78, 87, 90, 100, 102, 111, 113-115, 125, 280, 281
波岡惣一郎　219
成島柳北　53-55, 74, 75, 84, 86-88, 90, 114, 115
成瀬巳喜男　247, 248
新島襄　84, 114
二川凌雲　93
西村伊作　121, 122
西村竹四郎（黠南）　71-73, 109, 121-124, 136, 145, 147, 161
西村吉夫　73
西脇順三郎　160
日淳上人→田中本隆
ニュービギン准将（Thomas Kennedy Newbigging）　178, 239
野上弥生子　80, 87, 89, 99, 114-116, 167, 207
野口雨情　180
野口駿尾　70, 124
野口米次郎　86, 90, 96, 114, 115, 161
野沢郁太　19, 28, 29
野沢尚　276
野田宇太郎　281
野津道貫　64, 75
野長瀬晩花　79, 126
野間仁根　192

は　行

パーシバル、アーサー・アーネスト（Arthur Ernest Percival）　176-178, 181, 235, 238, 239, 244
バートウイッスル（William Birtwistle）　214, 215
梅仙（楳仙）師　70, 73
芳賀矢一　55-58, 68, 75, 78, 90, 91, 112, 115
バサパ、ウイリアム・ローレンス・ソマ（William Lawrence Soma Basapa）　92
硲伊之助　125
橋本関雪　126, 127, 162, 173, 226-228
橋本邦助　89
長谷川照子　263
長谷川如是閑　60, 66
長谷場純孝　68, 87, 90, 98, 99, 114-116
畠山義成　38
羽根田弥太　213, 214
濱田台兒　173, 174
林倭衛　125
林芙美子　228, 230, 235
葉山嘉樹　101, 179
原勝郎　93, 94
原嘉章→月原橙一郎
播磨勝太郎　110
平野艶蔵長女春（枝）　73
平山郁夫　268, 269

新村出　13, 15, 39, 151, 163
シン、モーハン　222
末広鉄腸　102, 116
杉浦譲　36, 37, 40, 63, 75
杉田一次　177, 178
杉孫七郎　30, 31, 40
杉本直次郎　13
鈴木宗作　178
スルタン・イブラヒム→ジョホール王
善道キクヨ　106, 148
相馬愛蔵　222
相馬黒光　222
相馬俊子　222
曾野綾子　271, 272
孫文　56, 110-112

た　行

大門幸二郎　255, 256, 261
高丘親王（真如親王）　11-17, 20, 39
高木背水　121, 124
高島祐啓　27, 28, 31, 48, 124, 151
高田善治郎　58, 75, 81, 113
高橋新吉　180
高浜虚子　69, 72, 76, 80, 93, 145, 154-156, 281
高松宮宣仁親王　147
高峰秀子　247
高村光太郎　179, 180, 208
瀧本二郎　80
竹内下野守保徳　25
竹内栖鳳　90, 91, 115, 116, 125
武田麟太郎　232
竹久夢二　160
田中克己　218, 251
田中館秀三　211-215
田中本隆（日淳上人）　257, 258
田辺元　259
谷川大佐　168, 169
谷崎潤一郎　13, 14
タムリン　193
ダワー、ジョン　260
陳嘉庚（Tan Kah Kee）　134, 135
タン・トン・ハイ　183
秩父宮雍仁親王　147, 148
中瓘　12
月原橙一郎（原嘉章）　182, 218, 243, 244
遠原実　244, 245
津田青楓　125
土田麦僊　126
辻政信　169
壺井繁治　180
鶴田吾郎　236
鶴見俊輔　260
デバルス大司教（Adrian Devals）　221
寺内寿一　73, 227
寺島宗則（松木弘安）　25
寺田寅彦　79, 81, 83, 87-89, 91, 113-116
徳川昭武　25, 37, 38, 63, 75
徳川夢声　216, 218, 234, 241, 242
徳川義親　96-98, 148, 211, 213-215, 218
徳川慶喜　37
徳冨愛子　151
徳冨蘆花　72, 76, 81, 87, 93, 99, 100, 113, 114, 116, 144, 145, 151, 159, 163
豊島珠江　219
豊田薫　169, 210, 211
トランス准将（Kenneth Sanderson Torrance）　178, 239
鳥尾小彌太　78, 113

な　行

内藤寛一　221

蔵原伸二郎　180
栗原信　172, 174, 175, 177, 184
黒崎貞次郎　192
黒田重太郎　78, 126
黒田清輝　57, 75, 78, 91, 113, 115
黒田天外　115, 116, 125
黒田秀俊　228, 231
桑原隲蔵　12, 39
郡司喜一　147
慶政　12
小池四郎　14, 15
小泉信三　68, 76
小磯良平　236
小出楢重　125, 126
洪秀全　30
康有為　56, 111, 112
高良留美子　262, 263
コーナー（Edred John Henry Corner）
211-216, 227, 236, 237
郡場寛　213-215
古賀忠道　214
小寺健吉　267, 268
古藤秀三　72, 73, 139
小山いと子　228
近藤末五郎　69, 70
近藤りん　24

さ　行

斉田愛子　242, 245
西東三鬼　161, 163
斎藤武夫　161
斎藤茂吉　66, 67, 73, 76, 146, 148-151, 162, 281
斎藤良輔　248
堺誠一郎　172, 177
嵯峨天皇　11
桜井鷗村　58, 75, 78, 86, 102, 113
佐多稲子　228-230, 235
佐竹義文　78, 113
佐藤惣之助　180
佐藤登満　73
佐藤春夫　72, 180, 223, 230-233, 251
里村欣三　172, 177
佐分利信　250
サベージ　183
塩尻公明　258, 259
志賀白鷹　15
重野成斎　54
獅子文六　161
十返舎一九　43, 44, 152
篠崎護　168-171, 181, 185, 188, 189, 198, 210, 211, 220, 221, 251, 271
柴田剛中　25, 32, 39, 40
芝時孝　167, 168
渋沢栄一　37, 38, 55, 68, 76, 78, 79, 98, 99. 113, 116
澁澤龍彦　11, 15, 17
島耕二　246
島崎藤村　66, 72, 76, 79, 81, 83, 86, 88, 90, 113-115, 145, 157-159, 163, 239
島村抱月　57, 75, 87, 91, 101, 114, 116
清水登之　166, 167, 236
釈宗演　78, 113
宗叡　12
シュッツマン　66
庄野英二　231, 232, 253, 254, 269-271
庄野貞一　99, 116, 166, 207
昭和天皇　93
ジョホール王（Sultan Ibrahim）　96, 98, 214, 243
ジョンス　183
白瀧幾之助　126
シルバー　183
真如親王→高丘親王
神保光太郎　193, 196, 198-205, 208, 210, 223, 247

大槻磐渓　26
大辻司郎　241
オールコック（Sir Rutherford Alcock）　25, 30
岡鹿之助　25
岡田謙三　174
岡本一平　147
岡本かの子　88, 99, 114, 116, 148, 162, 166, 207
岡本太郎　148
岡義武　87, 88, 92, 99, 114-116
荻須高徳　175, 208, 239-241, 260
奥村領事　149
奥山彩子　219
長田秋濤　105
大佛次郎　72, 232, 233
尾高少佐　198, 248
落合芳幾　45
オットソン、アイダ（Ida Ottoson）　23
オットソン、エミリー・ルイザ（Emily Louisa Ottoson）　21, 23, 47
オットソン、ジュリア（Julia Ottoson）　23
オットソン、ジョン・ウイリアム（John William Ottoson）　23, 24
オットソン、ジョン・マシュー（John Matthew Ottoson）→音吉
オットソン、ルイザ・ベルダー（Louisa Belder Ottoson）　21, 23
小津安二郎　193, 248-251, 253, 280, 281
音吉　18-24, 28-30, 47, 277, 280, 283
小野竹喬　126, 127
小野友五郎　25

か　行

ガーバー氏　240
笠置季男　218, 251
堅山南風　88, 89, 125
賈耽　13
仮名垣魯文　43-46, 152
金子光晴　107, 130-147, 281
神谷美恵子　260
唐木順三　259
川喜田半泥子　80, 81, 146
河口慧海　104
川島忠之助　42, 43
川端龍子　11, 15, 16, 236, 237
河村参郎　186, 208, 255
神原泰　267, 268
菊池寛　246
北川冬彦　196, 205, 206, 208, 219, 220, 242
北川法主　73
北原俊子　80, 165
北原白秋　160, 163
北町一郎　172, 182, 235
北杜夫　81, 263-266
木戸孝允　41
木下順二　260
木村久夫　258-260
ギュツラフ（Friedrich August Gützlaff,）　18, 20
ギュツラフ夫人（Mary Gützlaff）　21
清藤幸七郎（呑宇）　111
空海　12
国武少佐　168, 169
久邇宮朝融王　147
久野芳隆　15, 16
久保田米僊　16, 48-50, 124
熊岡美彦　86, 88, 99, 114-116, 144, 145, 162, 166, 207
久米邦武　41, 42
久米桂一郎　81, 87, 88, 113-115
倉金良行　200

人名索引

あ　行

秋山耕作　248
朝香宮正彦王　147
朝倉文夫　94, 99, 102, 103, 119-122
浅野晃　227
浅野長勲　63, 75, 78, 86, 88, 90, 113-115
浅利慶太　260
厚田雄春　248
阿野信　184, 191, 219
阿部真之助　192
安部洋司　215
有島生馬　157, 159
在原業平　11
アルカフ家（Alkaff Family）　143
安藤広重　152
飯塚茂　94, 146, 159
郁華　188
郁達夫　186-188
池田筑後守長発　36
池波正太郎　273-275
石井亀次郎　245
石井幸之助　172, 177, 178
石井善兵衛　215
石井柏亭　121, 124
石田三成　192
石津作次郎　90, 99, 115, 116
伊勢継子　11
征四郎　253
助　75, 78, 113
16, 19, 26-29, 35, 39, 63, 75
1
井伏鱒二　172, 174, 176, 181-196, 198, 200, 203-205, 209, 210, 219, 220, 222-224, 227, 241, 242, 244, 245, 247-249, 255, 264, 270, 280, 281
今村紫紅　88, 89, 125, 277
今村昌平　108
岩倉具視　41
岩田喜雄　95
岩松太郎　36
巌谷小波　78, 91, 113, 116
ウールナー、トーマス（Thomas Woolner）　120, 121
上田友助　25
上田敏　25
ヴェルヌ、ジュール（Jules Verne）　42
内田栄一　219
内田正雄　43, 74
内田良平（硬石）　111
内田魯庵　70
梅屋庄吉・トク　109, 110, 117
江口隆哉　242, 243, 245
円地文子　108
遠藤周作　261
大井憲太郎　109, 110, 117
大石誠之助　109, 122
大岩誠　14, 15
大木惇夫　227
大久保弘一　202
大達茂雄　209, 210, 221, 251
大谷光瑩　53
大谷光瑞　68, 76, 93
大塚智仙　73
大槻玄沢　26
大槻東陽　54

The Travel to the South by Yoshikawa Eiji
Sata Ineko and Hayashi Fumiko
Sato Haruo's Travel to the South
Osaragi Jiro's *Kikyo*
Section 3 Artists and Entertainers in Syonan 235
Painters Fujita Tsuguharu and Miyamoto Saburo
Sketches by Ogisu Takanori
Arrivals of Entertainers
Military Song "Ikotsu wo daite"
Syonan-to and Japanese Movies
Film Director Ozu Yasujiro

Chapter VII After the World War II
Section 1 Changi Prison 253
Life in Detention Camp at Pulau Rempang and Pulau Galang
Japanese in Changi Prison
Listen to the Voices from the Sea
Passengers from Occupied Japan
Section 2 From Ocean Liner to Airplane 262
Feeling Anti-Japanese Sentiment
Doctor Manbo at Sea by Kita Morio
Postwar Paintings on Singapore
Shono Eiji's Revisit to Singapore
Chi wo Uruosu Mono, Pilgrimage to the Battle Fields
Ikenami Shotaro at Goodwood Park Hotel
Raffles Hotel by Murakami Ryu

Epilogue 279

Imprisonment of Shinozaki Mamoru at Changi
The Battle of Singapore
Bukit Timah Junction
The Meeting of Yamashita and Percival
Congratulatory Poems on the Fall of Singapore
Section 2 Ibuse Masuji, a Writer of Pen Force 181
Issuing *The Syonan Times*
Sook Ching
Trying to Find out the Writer Yu Da Fu
50,000,000 Dollar Compulsory Donation
Reprimanded by General Yamashita Tomoyuki
A Serial Novel "Hana no Machi"
Sunken Submarine I-30
Section 3 Writers of the Second Pen Force 196
Arrivals of Nakajima Kenzo and Others
Jimbo Kotaro's Syonan Nippon Gakuen
Syonan Nippon Gakuen in Full Flourish
Promotion of Japanese Language
Kitagawa Fuyuhiko and Black-Market Goods

Chapter VI Syonan Years
Section 1 Rule under Japanese Occupation 209
From Military Rule to Municipal Administration
Tanakadate Hidezou at Syonan Botanic Garden
Tokugawa Yoshichika at Syonan Museum
Constructions of Syonan Shrine and the Syonan Cenotaph
Settlements at Endau and Bahau during the Food Shortages
From Behari Bose to Chandra Bose
Section 2 Japanese Literature in Syonan 223
Pen Force Writer Nakamura Chihei

Prostitutes in Japanese Town
Affirmative and Negative Views on Japanese Prostitutes
Stories and Episodes of Japanese Town
Patriotism of Prostitutes and Pimps
Political Activists
Imprisonment of Miyazaki Toten

Chapter IV Arts and Literature in Taisho and Showa Era
Section 1 Artists at Singapore 119
Spy Travel by Sculptor Asakura Fumio
Painters and Singers in *Thirty Five Years in the South*
Painters on Ocean Liners
A Miserable Exhibition by a Travel Painter
Section 2 Kaneko Mitsuharu and Mori Michiyo 131
Exoticism of Little India
Anti-Japanese Movement by Oversea Chinese in Singapore
A Eurasian and Underground Prostitutes
Japanese Expatriates in Kaneko Mitsuharu's Eyes
Tanjong Katong Beach
Japanese Restaurants in Katong
Seiryokan Hotel in Punggol
Section 3 Writers and Poets at Singapore 149
Yosano Akiko and Saito Mokichi
"Opium Factory" by Yoshiyuki Eisuke
Haiku Poets Takahama Kyoshi and Yokomitsu Riichi
Shimazaki Toson's Lecture at Japanese School
Singapore in Modern and Contemporary Japanese Poems

Chapter V The Fall of Singapore
Section 1 Malayan Campaign 165
Fortification of Singapore by British Forces

Seiyo Dochu Hizakurige by Kanagaki Robun
Yano Ryukei's Translation Novel
Sketches by Kubota Beisen
Section 2 Mori Ogai and Natsume Soseki 50
Mori Ogai's Travel Diary
Narushima Ryuhoku's Travel Diary Referenced by Ogai
Natsume Soseki's One Day Tour
Prostitutes of Japanese Town in Soseki's Eyes
To the Spring Equinox and Beyond by Natsume Soseki
Section 3 Nagai Kafu and Futabatei Shimei 61
France Monogatari by Nagai Kafu
In the Eyes of the Second Generation of Meiji
Difference between Westbound and Eastbound Voyages
Coal of Mitsui Cooperation
Cremation of Futabatei Shimei
Monuments in Japanese Cemetery

Chapter III Travelers' Eyes
Section 1 Port Scenes 77
Throwing Coins from Deck
Flocking Venders
Loading and Unloading by Coolies
Indian Deck Passengers
Section 2 Enchantment of the Tropical City 86
Beauty of Tropical Nature
Customs of Malays and Indians
Zoo and an Animal Trader
World of Rubber Plantation
Lord Tokugawa Yoshichika, the Tiger Hunter
Johor Sultanate
Section 3 Japanese Prostitutes and Political Activists 100

THE JAPANESE IN SINGAPORE

NISHIHARA Daisuke

Contents

Preface 1

Chapter I Before Meiji Restoration

Section 1 Legend of Prince Takaoka 11

Life of Prince Takaoka

Cries for Southward Advance

Kawabata Ryushi and Shibusawa Tatsuhiko

Section 2 Otokichi, the First Japanese Resident 18

A Japanese Called Ottoson

Gützlaff's Translation of the Bible into Japanese

Footprints of Otokichi in Singapore

A Son of Otokichi Naturalized as a Japanese

Section 3 Shogun's Missions to Europe 24

Takeuchi Mission to Europe

Arriving at Tanjong Pagar in the Port of Singapore

An Encounter with Otokichi

Composing Poems

Poems by Shibata Takenaka and Nakai Oshu

A Call at the Port of Singapore on Their Return Trip

Ikeda Mission in 1864

Shibusawa Eiichi's Travel Diary and Others

Chapter II Singapore in Meiji Literature

Section 1 Early Period of Westernization 41

Iwakura Mission and *Around the World in 80 Days*

著者略歴
西原大輔（にしはら・だいすけ）
1967年東京生まれ。聖光学院（横浜）、筑波大学、東京大学大学院に学ぶ。シンガポール国立大学、駿河台大学を経て、現在、広島大学大学院教育学研究科教授。詩人。
著書
『谷崎潤一郎とオリエンタリズム』（中央公論新社、2003年）
『橋本関雪』（ミネルヴァ書房、2007年）
『日本名詩選』全３巻（笠間書院、2015年）
詩集
『赤れんが』（私家版、1997年）
『蚕豆《さんとう》集』（七月堂、2006年）
『美しい川』（七月堂、2009年）
『七五小曲集』（七月堂、2011年）
『掌《てのひら》の詩集』（七月堂、2014年）
『詩物語』（七月堂、2015年）

日本人のシンガポール体験
――幕末明治から日本占領下・戦後まで

2017年３月20日　初版第１刷印刷
2017年３月30日　初版第１刷発行

著　者　西原大輔
発行者　渡辺博史
発行所　人文書院
〒612-8447　京都市伏見区竹田西内畑町９
電話　075-603-1344　振替　01000-8-1103
装幀者　間村俊一
印刷所　創栄図書印刷株式会社
製本所　坂井製本所

落丁・乱丁本は小社送料負担にてお取り替えいたします

ISBN978-4-409-51074-2　C1022

落丁・乱丁本は小社送料負担にてお取り替えいたします